积木宝贝

陪你读懂孩子成长每一步!

有效陪伴

学会陪孩子玩游戏、阅读、做运动、唱歌、绘画、手工、旅行等

共享成长

有效管理夫妻关系、家庭关系、实现自我成长等

读懂孩子

理解孩子的行为、懂得孩子的心理、科学养育孩子

快来开启
满分父母的奇妙之旅吧
积木宝贝助您顺利通关

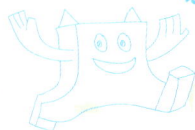

权威专家打开早教成长新视界!

科学早教势在必行

时代在不断进步,经济、科技都在突飞猛进地发展。一直以来,教育始终都是国家关注的重点;加上近年来"二孩政策"的全面放开,早期教育逐渐成为人们愈加关注的焦点,如今更是上升到国家发展战略层面。科学早教的优秀理念在如此繁盛的环境下迅速生根发芽,中国家庭也更加迫切地期待和需要科学的早教,需要真正适合孩子成长发展的科学引导。

——张侃
原中科院心理所所长
国际心理学科学联合会前副主席
中国关心下一代工作委员会
儿童发展研究中心主任

张侃教授

早期教育
既要育儿又要育己

早教是孩子一生中非常重要的过程,我想倡导早期教育必须是以家庭为中心,父母是家庭教育的实施者,父母首先要提升对早教的正确认识,科学早教育儿首先要育己。

——王如文
中国关心下一代工作委员会
儿童发展研究中心科学早教专业委员会主任

王如文主任

积木宝贝科学早教
系统课程体系揭开孩子成长奥秘

课程学阶图
GymAngel Curriculum

在积木宝贝的主修课中，SET三门课程覆盖9个学阶，每个学阶有不同的三维平衡发展指标重点，满足宝宝体能、智能、心理的发展需求。

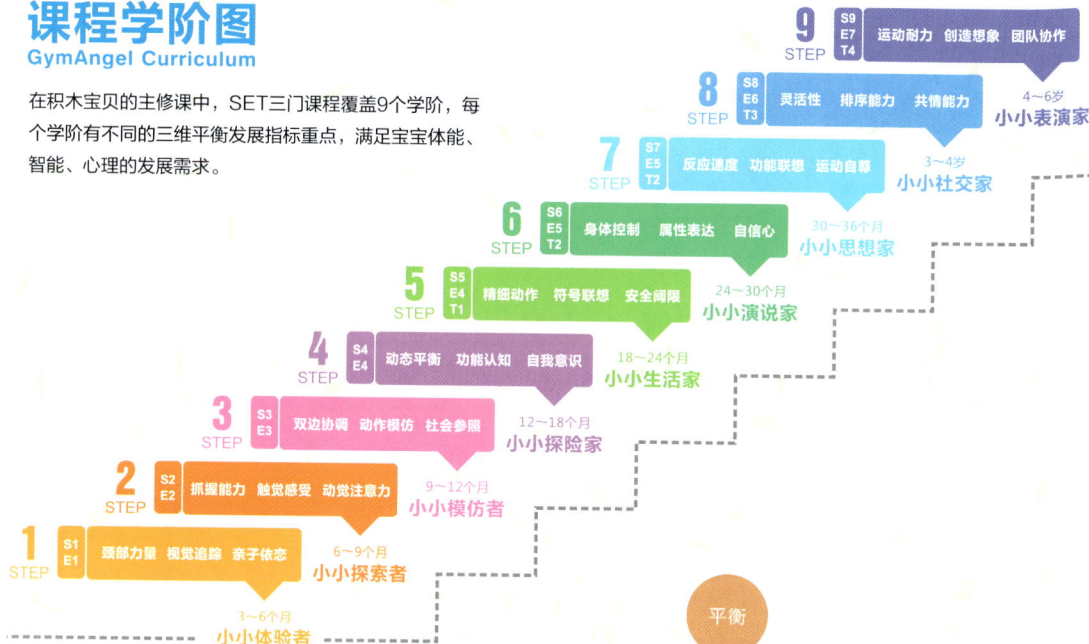

9 STEP | S9 E7 T4 | 运动耐力　创造想象　团队协作 | 4～6岁　小小表演家

8 STEP | S8 E6 T3 | 灵活性　排序能力　共情能力 | 3～4岁　小小社交家

7 STEP | S7 E5 T2 | 反应速度　功能联想　运动自尊 | 30～36个月　小小思想家

6 STEP | S6 E5 T2 | 身体控制　属性表达　自信心 | 24～30个月　小小演说家

5 STEP | S5 E4 T1 | 精细动作　符号联想　安全阈限 | 18～24个月　小小生活家

4 STEP | S4 E4 | 动态平衡　功能认知　自我意识 | 12～18个月　小小探险家

3 STEP | S3 E3 | 双边协调　动作模仿　社会参照 | 9～12个月　小小模仿者

2 STEP | S2 E2 | 抓握能力　触觉感受　动觉注意力 | 6～9个月　小小探索者

1 STEP | S1 E1 | 颈部力量　视觉追踪　亲子依恋 | 3～6个月　小小体验者

三维平衡理论

9项一级发展指标
27项二级发展指标
112个三级发展指标

平衡

速度　　　　　　力量

安全感　　积木运动　　记忆力

意志力　　艺术探索　创意百科　思维能力

目标感　　　注意力

科学测评
正确方法解析孩子成长所需！

小测试　　**你的宝宝发育正常吗？**

你知道吗？

0~6岁的宝宝很多行为表现

在一定程度会影响未来的性格及发展，

积木宝贝科学早教

把0~6岁的孩子分为9大学阶，

每个阶段都有不同的体能、智能、

心理能力三维平衡发展重点。

你的宝宝是小小探险家，
还是小小表演家？

扫描下方二维码关注【积木育儿】

公众号，

回复关键词【满分父母测试】，

快来给你的宝宝进行测试吧！

积木育儿

科学早教精细指标
陪你读懂孩子成长每一步

小·小·体验者（3~6个月）　　**小·小·探索者**（6~9个月）

发育指标（小小体验者）

颈·部·力·量

概念：颈部的肌肉强壮、有力。

重要性：颈部力量较好的宝宝，能够更加灵活地俯卧抬头，可以较早地正面对世界，接受较多的外部刺激，感知觉能力能得到更好的发展。

提高手段：通过俯卧抬头练习可以锻炼宝宝的颈部力量。此外，当宝宝有脖子直立的意识时，妈妈可以多尝试竖着抱宝宝。

视·觉·追·踪

概念：协调的眼动跟随和追踪物体的能力，这一能力是阅读文字材料的基本前提。

重要性：孩子的视觉追踪能力落后会导致孩子在阅读时容易疲劳，注意力集中时间短，或者视觉跟不上老师在黑板上写字的速度。可以通过训练孩子眼球追视、捡视物体的能力，提高视觉的广度和速度。

提高手段：看摆动和移动的物体、追视灯光（在一间较暗的房间内，父母将手电筒的灯光投射到一面墙上，并上下左右匀速移动）。

亲·子·依·恋

概念：指孩子在两岁前寻求并企图保持与母亲或主要抚养人的身体接触和情感联系的一种倾向性。依赖对象一般为母亲。主要表现为微笑、啼哭、咿咿呀呀、依偎、追随等。

重要性：亲子依恋关系发展顺利稳定的孩子，通常会更有安全感，拥有更好的情商和社交能力，以及乐观、信任、互助的个性品质。

提高手段：微笑、爱抚、拥抱、亲吻和生活上的细微照料都可以让宝宝和你在不知不觉间形成最紧密的身体依恋关系和情感链接。

发育指标（小小探索者）

抓·握·能·力

概念：手部抓握的力量。

重要性：婴儿的智慧产生于动作，也有人说："手是外部的脑髓。"在婴儿抓握过程中，既可训练婴儿视觉和手眼协调能力的发展，也可以激发婴儿对外界事物的好奇心。

提高手段：提供抓取、攀登等方面的训练，可以提高宝宝的抓握能力。

动·觉·注·意·力

概念：孩子在运动时心理活动指向和集中于某种事物的能力。

重要性：孩子在运动时的动觉注意力的程度影响了孩子信息录入脑干的正确率和速度。

提高手段：探索球、积木、涂鸦、五感探索游戏等。

触·觉·感·受

概念：触觉感受指的是人类皮肤的皮下组织及关节、骨骼神经体系的综合感觉。

重要性：触觉不佳的孩子，情绪反映会非常敏锐或迟缓，具体表现为胆小，不敢尝试新活动、爱哭、黏人、孤僻、敏感、脾气固执、没有耐心和信心、挑食、厌食等。作为家长，应当经常为孩子按摩，特别是敏感部位，还有常梳头、淋浴（喷头洗澡）等等。

提高手段：不要过分制止孩子的行动，让孩子玩泥沙，用粗糙清洁的毛巾为他擦身体，多让他和同伴玩，并经常接触肌肤。

温馨提示
GymAngel

1.爸爸妈妈愉快的表情和声音，通过视觉、听觉传入宝宝大脑皮层，储存起来，为以后宝宝学说话打下基础。

2.4~6个月适宜添加的辅食：菜汤、奶糕、鸡蛋黄、烂粥、菜泥、果泥等。

温馨提示
GymAngel

1.宝宝出生时体内贮存的铁能够满足他4~6个月的需要，所以过了6个月就要开始给宝宝补充含铁的食物了。

2.用手和嘴去认知和感受"新鲜"物体，这是宝宝在探索世界哦！在确保安全卫生的前提下，请尽量多引导宝宝的探索行为。

小·小·模仿者 （9~12个月）

双边协调

概念： 双边协调是宝宝在行走中，上肢与下肢左右协调完成动作的过程，充分反映了交感神经系统和复交感神经系统对身体活动的支配和调节功能。

重要性： 这种能力对孩子心理发展有重要影响，与孩子的智力发展和个性形成也有很大关系。协调能力的训练可以在同一时间充分调动孩子整个大脑细胞的兴奋活动，促进孩子使用形象大脑和抽象大脑进行细微辨别，强化孩子的形象思维和抽象思维的联合活动能力，提高记忆力，降低心理疲劳程度。

提高手段： 球类运动。

动作模仿

概念： 指仿效特定的动作方式和行为方式。

重要性： 动作模仿是操作技能形成的一个必要阶段。通过模仿，使调节行为方式的动作表象得以检验、巩固与进一步充实。在模仿过程中，作为随意运动生理机制的动觉细胞和运动细胞之间的暂时神经联系逐步确立并巩固起来。

提高手段： 可以指导幼儿模仿各种生物的体态、走、跑、跳、飞、游等动作。

社会参照

概念： 当婴儿处于陌生的、不能肯定的情境时，他往往从成人的面孔上搜寻表情信息，然后再采取相应的行动或作出相应的反应。

重要性： 婴儿的社会性参照能力是个体经验习得的重要方式。社会性参照能力为其它能力的发展，如个体早期认知和社会性的发展奠定了重要基础，婴儿通过父母或照料者给予的正面或负面情绪信号，一方面可以获得他人的认识经验，学习恰当的行为反应，促进感知运动智力的发展。另一方面，还将内化各种情绪反应和情绪体验，促进其个性、社会性的发展。

提高手段： 通过游戏的方式，如猜手中物（可以在右手或者左手中放一个儿童喜欢的物品，让儿童猜物品放在哪一只手，儿童要参照大人脸部的表情，大人可以用笑脸或哭脸让儿童得知物品是放在哪一只手）。

温馨提示

1.模仿是宝宝学习的一种特殊形式，通过观察，模仿成人的动作、语言等，学习一些规则，然后内化于自己的行为中。

2.和宝宝一起"看"图片，慢慢亲近图画书，为今后发展语言、阅读能力打好基础；同时也是建立高质量亲子陪伴的方式。

GymAngel

小·小·探险家 （12~18个月）

动态平衡

概念： 身体在运动中保持身体处于稳定状态的能力。

重要性： 这种能力与孩子的智力发展和个性形成有很大关系。动态平衡能力的训练可以充分调动孩子整个大脑和身体机能的配合，强化孩子的形象思维和抽象思维的联合活动能力。

提高手段： 有控制地沿着直线快速行走。

功能认知

概念： 指对某种物体具有某种功能的认知，如熟练地进行分类、配对和排序。

重要性： 思维发展的重要标志。

提高手段： 创设问题情境。

自我意识

概念： 是对自我身心活动的觉察，即自己对自己的认识，具体包括自己的生理状况（如身高、体重、体态等）、心理特征（如兴趣、能力、气质、性格等）以及自己与他人的关系。

重要性： 自我意识是认识外界客观事物的条件；自我意识是人的自觉性、自控力的前提，对自我教育有推动作用；自我意识是改造自身主观因素的途径，它使人能不断地自我监督、自我修养、自我完善。可见，自我意识影响着人的道德判断和个性的形成，尤其对个性倾向的形成更为重要。

提高手段： 从物品中分离出"我"；从镜子、相片和录像中发现"我"；从成人的评价中确立"我"；从自己的行为中认识"我"；在小朋友中区分"我"。

温馨提示

1.学步的宝宝经常会因为摔倒或者撞到东西而感到难过、愤怒，帮助你的宝宝尽可能地避免挫折感，是爸爸妈妈重要的功课之一。

2.从现在开始，最好鼓励宝宝自己动手吃东西咯！

GymAngel

小小生活家（18~24个月）

发育指标

精细动作

概念：指个体凭借手及手指等部位的小肌肉或小肌肉群的运动，在感知觉、注意等方面心理活动的配合下完成特定任务的能力，它对个体适应生存及实现自身发展具有重要意义。

重要性：3岁前是宝宝精细动作能力发展极为迅速的时期，良好的操作能力是一种基本的素质，是学习任何一种特殊技能的前提条件。操作能力的高低，往往决定宝宝将来学习某种技能的快慢、准确性与牢固程度以及能够达到的水平。

提高手段：触摸抓握；做手指按摩操；戴花手套——帮助宝宝发现小手；主动够物；对捏；投小丸入瓶；一页页翻书等。

符号联想

概念：让孩子看到某个物体，然后根据一定的情景来想象成另外一种东西。

重要性：通过符号联想促进孩子抽象思维能力的发展；在符号联想的过程中会很好地训练语言能力。

提高手段：让孩子开始艺术创作，给他提供不同的纸张（颜色、大小、厚薄和材质都不同）；让孩子见识更多的东西，使他的知识库里面存储更多的、可调用的信息。

安全阈限

概念：指外界引起宝宝安全感觉的最小刺激量。

重要性：培养安全感，促进亲子依恋的良好手段。

提高手段：安全阈限游戏。

温馨提示 GymAngel

1.别指望宝宝真能帮你什么忙，帮倒忙、添乱也不要责备他，培养他爱劳动的积极性、帮大人做事的热情就够了。

2.自我认知意识到达高峰，宝宝会变得缺乏安全感，爸爸妈妈一定要多些耐心，给他更多、更有效的高质量陪伴哦！

小小演说家（24~30个月）

发育指标

身体控制

概念：宝宝在身体运动过程中，控制身体各个部分动作的能力，它是一种综合性的能力，集平衡能力、柔韧性、爆发力等多种身体素质为一体，是大脑中枢神经系统对肌群运动控制能力的体现。

重要性：这种能力对孩子身体发展有重要影响，与孩子的心理发展、智力发展和个性形成也有很大关系。身体控制能力的训练可以促进孩子有意识地支配自己的身体，有利于形象思维和抽象思维的联合活动能力。

提高手段：综合运动，摇摆和悬吊中的动作。

属性表达

概念：指的是表达出一个事物的性质与关系，事物本身固有的性质的各种形式。

重要性：思维能力发展的重要标志。

提高手段：认识大群体与小群体，教给孩子一些有关群体的名称，如家具、运动等；学习分类，把日常生活中的一些东西根据某些相同点将其归为一类等。

自信心

概念：个体对自身成功应付特定情境的能力的评估。

重要性：自信心可使孩子不怕困难，积极尝试，奋力进取，取得更多的知识和经验，争取更好的成绩。

提高手段：认真对待宝宝的要求；赏识孩子的点滴进步，多说"你真棒"；宝宝提出问题，耐心倾听，如果回答不了，老实告诉他；用商量的口气让宝宝做力所能及的事情；给宝宝购买衣服，让他自己挑选颜色和款式等。

温馨提示

1.宝宝开始有符号联想力，多玩角色扮演的游戏，可以很好地促进他想象力的发展。

2.宝宝迎来了人生中第一个叛逆期，爸爸妈妈一定不能心急哦！要找到适合他的方式来引导。

GymAngel

小·小·思·想·家 (30~36个月)

发育指标

反应速度

概念： 速度的表现形式之一。指宝宝对各种刺激产生反应的快慢。例如，在体育游戏过程中，对较身体起动之间的时间；在体育游戏过程中，对较复杂的情节变化作出反应的时间等等。

重要性： 注意在体育活动中培养和发展宝宝的反应速度，不仅有利于宝宝创造良好的条件，而且能为宝宝智力的发展创造良好的条件。

提高手段： 走停游戏、指令性游戏。

功能联想

概念： 指人们打破某种物体固有功能的倾向，考虑原有行为的多个方面。

重要性： 功能打破利于新假设的提出和问题的解决，更能够适应新的问题情景的需要，使思维变得灵活和敏捷。

提高手段： 训练孩子发散思维的能力，丰富孩子的生活，积极开发他的大脑；鼓励孩子积极主动地去思考，比如对待新生事物，家长不应该用统一的标准去评判，而是让他尽可能地去想，不要注重结果，而是要用多元化的方法去引领他，赞扬他的每一个想法。

运动自尊

概念： 宝宝在运动中对自己运动的价值与能力被他人或社会承认或认可的一种主观需要，是人在运动中对自己尊严和价值的追求。这种需要与追求如果得到满足，就会产生运动自信心，否则就会产生自卑感、软弱感、无力感。

重要性： 当宝宝能够做出其他小朋友不能做的动作，就会得到小朋友的羡慕，他就会很有成就感，这是来自同龄人的自尊感；如果宝宝得到父母和老师的赞扬，他会感到高兴，这是来自长辈的自尊感。这种自尊感会让他更容易做出让他人表扬的行为。自尊是人类生命的心理根源，它可以保持一个人生命的健康发展和完满。

提高手段： 自尊是社会比较的结果，最早宝宝是通过父母和老师的评价获得自尊的，儿童都希望自己各个方面都做得很好，常常高估自己的实际能力。培养正确的自尊，让儿童拥有客观实际的自我评价和社会比较能力，需要父母和老师对儿童的行为作出适当的评价。

温馨提示
GymAngel

1.不少"宝宝2岁半的时候就要准备就读托幼机构了，妈妈该考虑是否让宝宝上幼儿园，如果上，要帮助宝宝克服分离焦虑，开始做好入园准备哦！
2.通过孩子的行为表现，识别他的真实意图，尊重孩子的个性，是孩子形成良好自尊的基础。

小·小·社·交·家 (3~4岁)

发育指标

灵活性

概念： 灵活性是指在各种突然变换的条件下，孩子能够迅速、准确、协调地改变身体运动空间位置和运动方向，以适应变化着的外部环境的能力。

重要性： 这种能力对孩子心理发展有重要影响，灵活性的训练可以帮助强化处理紧急事件的能力，促进孩子使用形象大脑和抽象大脑协同工作能力。

提高手段： 行进中的改变动作，弹跳动作。

温馨提示
GymAngel

从咿呀学语到伶牙俐齿，从蹒跚学步到奔跑自如，宝宝终于迎来了第三个生日，3岁是一个里程碑，宝宝从此要进入幼儿园认识新朋友了！

排序能力

概念： 指根据一组物体的某种特性的差异或按某种规则，按序进行排列。

重要性： 排序活动是培养幼儿逻辑思维能力的有效途径，幼儿通过排序可以获得按序排列物体的经验，在思维中逐渐建立起序列结构，帮助幼儿理解数的顺序，促进幼儿的可逆性、传递性、双重性思维的发展，引导孩子学习排序，也是发展数学智能的一个重要方面。

提高手段： 搭积木、叠叠乐、穿珠子、玩套碗等。

共情能力

概念： 指的是一种能设身处地体验他人处境，从而达到感受和理解他人情感的能力。

重要性： 共情能力是自我与他人关系的核心，是社会生活的基础。具有共情特质非常有助于建立健康的人际关系，并在必要时以尊重和得体的方式向他人提供支持与帮助。

提高手段： 父母可以在和孩子聊天时，多强调行为的因果关系；父母是最好的榜样，父母如何对待孩子、家人、同事以及生活中的陌生人，都会影响孩子；多用情感或者言语鼓励，少使用纯物质奖励。

小小表演家（4~6岁）

运 动 耐 力

概念： 耐力素质是指有机体坚持长时间运动的能力。疲劳是一种生理现象，是有机体自我保护的反映。训练会导致机体疲劳，疲劳的产生则限制着有机体继续承受训练负荷。耐力包括：有氧耐力，指机体在氧气供应比较充足的情况下，能坚持长时间工作的能力。无氧耐力，也叫速度耐力，它是指机体以无氧代谢为主要供能形式，坚持较长时间工作的能力。一般耐力，对提高专项运动成绩起间接作用的基础性耐力。专项耐力，与提高专项运动成绩有直接关系的耐力，具体讲是指持续完成专项动作或接近比赛动作的耐力。

重要性： 这种能力对孩子持久力和注意力的发展有积极作用，耐力的训练会增强机体长时间工作的能力，有利于提高专项运动的基础性耐力。

提高手段： 循序渐进地提高运动强度。

创 造 想 象

概念： 是根据一定的目的、任务，在脑海中创造出新形象的心理过程。

重要性： 创造想象力就是指发散性思维，这种思维方式遇到问题时，能从多角度、多侧面、多层次、多结构去思考，去寻找答案。

提高手段： 培养幼儿创造力的主要手段是探究活动，引导孩子大胆地去想和去做，让他进行创造性尝试，给他以"装装""拆拆""试试""玩玩"的自由；丰富宝宝的生活经验，发展宝宝的表象；给宝宝提供合适的环境，激发宝宝想象的欲望；给宝宝轻松的氛围，鼓励宝宝表达自己的想法。

团 队 协 作

概念： 为达到既定目标所显现出来的自愿合作和协同努力的精神。

重要性： 可以调动团队成员的所有资源与才智，并且会自动地驱除所有不和谐、不公正的现象，同时对表现突出者及时予以嘉奖，从而使团队协作产生一股强大而持久的力量。

提高手段： 集体竞争性游戏。

温 馨 提 示

1.多用游戏的方式锻炼孩子想象力，促进他的语言表达能力。
2.开始训练孩子的日常工作能力，例如给爸爸妈妈写信或者画画。

GymAngel

积木宝贝 科学早教 GymAngel®

读懂孩子·陪TA一起闯世界！
Understanding children, exploring the world with them.

陪孩子走过关键六年

科学早教成就满分父母

张侃 主编

化学工业出版社

·北京·

图书在版编目（CIP）数据

陪孩子走过关键六年：科学早教成就满分父母/张侃
主编. —北京：化学工业出版社，2018.5（2018.6重印）
ISBN 978-7-122-31854-1

Ⅰ.①陪⋯　Ⅱ.①张⋯　Ⅲ.①早期教育–家庭教育
Ⅳ.①G781

中国版本图书馆CIP数据核字（2018）第059490号

策　　　划：微视文化传媒（北京）有限责任公司
责任编辑：温建斌　龚风光　　　　　　　特约编辑：宗明明　赵馨蕊
装帧设计：尹琳琳　　　　　　　　　　　责任校对：王　静

出版发行：化学工业出版社（北京市东城区青年湖南街13号　邮政编码100011）
印　　装：河北鹏润印刷有限公司
710mm×1000mm　1/16　印张15　彩插8　字数207千字　2018年6月北京第1版第3次印刷
印　　数：71001—171000

购书咨询：010-64518888（传真：010-64519686）　　售后服务：010-64518899
网　　址：http://www.cip.com.cn
凡购买本书，如有缺损质量问题，本社销售中心负责调换。

定　　价：39.80元

什么才是真正意义上的科学早教和满分父母

科学早教势在必行

家庭是儿童早期发展环境的主体，中国的家庭模式在相当长一段时间里是 4+2+1 的模式，随着"二孩政策"的放开，4+2+2 的家庭模式势必越来越多。婴幼儿数量提升的同时，父母对高质量早教的内心诉求在迅速升温。调查显示，父母期待以儿童早期的脑发育为基础，以身心发展和行为特征为出发点，以幸福健康成长为第一要务。可见，父母将给全社会提出更多、更优质早教的迫切需求。

0～6岁是孩子一生中最关键的6年。0～6岁是脑发育最迅速的时期，决定个体智力发展水平的75%，是语言、创造力、想象力、自信、自尊、良好习惯和积极心态发展的敏感期，也是性格养成、行为方式形成的关键期。

早教的目标就是养成习惯、传递知识、传授人力、传承文明。早教工作的核心，是如何保持和发挥人的天性，包括要积极向善，热爱美好。研究发现，哺乳期的孩子就能够有所分辨。仅仅有天性还不行，还要发展群性，人跟社会是有群体性的，如何保持发扬天性，逐步发展群性，就是早教所要从事的全部工作。

可以说，对父母和全社会来讲，强调早教的科学性、分析和探索科学早教的思想和理念、践行科学早教的方式方法等，是孩子健康成长的基础保障；另一方面，对从业者来说，倡导科学早教、研究科学早教、传播科学早教、实践科学早教的方方面面，不仅是企业得以长足发展的根本竞争力，更是大势所趋、国家所需。

中国早教经历的三个阶段

随着人们对早教认识的由浅入深，中国早期教育的发展也相应经历了三个阶段。

在早教 1.0 时代，大家更多强调身体保育的发展。这个时代让很多人了解到诸如"感统失调"这样的专业术语，各种各样纠正"感统失调"的运动项目和体育活动应运而生。

进入 2.0 时代，很多外来早教品牌涌入国内。人们开始意识到智力发展的重要性。在这个阶段，中国的家长普遍认为：孩子只要学习好便万事大吉。

然而，近年来出现的一系列问题让这些家长感到束手无策。据统计，我国目前有 1500 万名自闭症儿童，平均每 100 个孩子中就有一个自闭症儿童，此外，青少年抑郁症爆发率逐年上升，青少年犯罪率更是居高不下。

家长们感到困惑，为什么自己花费巨大精力培养出的孩子在长大之后不懂得沟通，不知道该怎么与人打交道，甚至没有一个良好的心理状态和心理素质？面对这样的问题，中国早教适时迈向了重视心理培育与体能、智能平衡发展的 3.0 时代，这也是一个逐步迈向科学早教的时代。

到底什么才是科学早教

要想了解什么是科学早教，首先要知道什么是科学。科学是一套知识体系，有五个特点：第一，有理论；第二，可解释；第三，有知识体系；第四，有产品可教学；第五，可评估。基于科学的五个特点，科学早教可以阐述为"是一套基于0～6岁儿童早期教育的知识体系"。大量数据表明，如果实施有效的教育，孩子的表现一定是不一样的。

很多父母在不了解早教的时候，都会觉得孩子的发展应顺其自然，从尊重孩子成长规律的角度看，这么说当然没有问题。但是，如果在孩子成长的过程中出现了问题，我们则需要给予适当的干预，这个过程就像在树木的成长过程中要修剪枝叶、施肥一样，经过了这样的"干预"，小树才能成长得更好。孩子的成长也是一样的，很多父母在教育孩子的过程中存在很多遗憾，小时候都觉得孩子小，长大之后就会好，但是事实并非如此，所以作为父母我们必须知道在什么时候应该以何种方式给予帮助，一时的顺其自然省心省力，却未必是最好的选择。

所以，与其说科学早教是对孩子的早教，不如说，孩子的成长需要科学早教的引导，而父母也需要科学的早教理论和实践经验来指导自己教养孩子的行为。我非常认同积木宝贝提出的科学早教理念，它包含了四个层面：科学早教是一套系统的、专业的早教知识体系；科学早教的核心目标是促进儿童的心理建构和心理拓展；科学早教的主要实施者是父母；早教中心是科学早教的促进者和示范者。积木宝贝科学早教集团走在了中国早教行业的前列，围绕高度卷入的孩子家庭，不仅有了早教的理论基础——强调"体能、智能、心理能力三维平衡发展"的同时，尤其注重婴幼儿心理建构和心理拓展，而且还将这些理论深入早教知识体系中，形成了丰富的"SETP"教学体系。比如，从2005年至今，积木宝贝携手中科院心理所心理健康与儿童心理促进研究室，对全国0～6岁宝宝从体能、体质、体型、专注力、问题解决能力、情绪表达与控制、问题行为、习惯、性格养成、父母教养方式等多方面进行了长达13年的追踪，最终获得12万份有效数据。总结中国宝宝身心发展的特征和规律，积木宝贝提出了儿童健康成长的九大要素。

心理成长三要素：安全感、意志力、目标感。

智力发展三要素：注意力、记忆力、思维能力。

体能促进三要素：平衡、力量、速度。

同时，积木宝贝根据三维九大要素，重点进行了两项工作：一个是开发针对宝宝的课程体系，宝宝处于人生最特殊最敏感的时期，体能、智能、心理都在不断发生着微妙变化，科学早教可以给孩子带来更适宜的成长空间，满足宝宝不同时期的发展需要，比如强调父母在日常教养中的高度卷入，对孩子心理建构进行拓展，让孩子体能、智能和心理三个维度协同发展等，让宝宝能更科学、更健康、更聪明、更快乐地成长。另一个就是开发针对父母的课程体系，通过科学早教，父母可以更好地认识宝宝，了解他们的心里在想什么。孩子逐渐发展自己的自我意识，言谈举止都是有含义的，如果父母不能够读懂孩子的想法，就容易出现错误的引导。由于父母时间紧张，积木宝贝的父母课程体系分为线下父母课堂和线上"科学育儿微学院"微课体系，更大范围地让中国父母受益。

三维九大成长要素的提出不但弥补了中国宝宝成长过程中忽视心理教育的缺陷，而且为父母提供了多维度的评价视角，真正科学、专业和系统地帮助父母读懂孩子，开启了中国早教崭新的"科学"3.0时代！

未来中国科学早教生态建设的探索

据不完全统计，每周父母陪伴孩子的时间平均为100小时，而早教老师陪伴教育孩子的时间一般不超过4小时，父母陪伴孩子的时间是早教老师的25倍。所以，家庭中的父母才是早期教育的主要实施者，而早教中心是父母家庭教育的促进者和示范者。根据2017年科学早教大会上由中国关心下一代工作委员会与新浪微博联合开展的早教数据调查显示，新生代父母最关注的是孩子的心理教育。

对早教机构的选择，功利性的需求已经开始降低，新生代父母更希望在舒适的早教环境中，享受高品质的服务，同时又能获取到育儿知识，用适龄性的游戏，通过亲子活动或互动，来丰富宝宝的体验，让孩子在真正快乐自由的环境里，潜移默化地得到早期教育的各项启蒙和教育。所以，未来既能满足品质需求，又能让妈妈们获取到育儿知识的早教企业会更有竞争力。

以积木宝贝科学早教的教育特色为例：他们通过早教课程设置、科学玩教具、教辅产品等示范给父母们什么是科学的爱。同时开设父母课堂、专家全国巡讲、线上专题视频、线上父母社群等，引导父母更加深入地去了解孩子、懂得孩子、关爱孩子，解决养育问题并能保持自我成长。

积木宝贝借助电视媒体，通过《积木宝贝闯世界》节目，在卡酷少儿卫视、各大省级少儿卫视、互联网等广泛播出，将科学早教理念传递给更多的家长和儿童；从自媒体角度，积木宝贝利用3年时间打造出拥有100万粉丝的育儿微信公众号"积木育儿"，为中国千千万万的父母提供原创育儿视频、音频、文字和答疑解惑；在出版物领域，积木宝贝每年出版多套图书和杂志，通过多种渠道，让更多家长获取科学早教的信息。线下活动中，积木宝贝开设早教论坛，邀请了包括政府职能机构领导、早教专家、儿童心理学家、营养保健专家、童书出版名人、家庭关系指导师、知名早教机构、儿童视频等方面的专业人士，为早教市场的标准化和规范化献计献策、贡献力量。

积木宝贝在新时代、新媒体的环境下，为中国0～6岁孩子家庭打造一套"一站式"科学早教解决方案。

可以说，真正做到哪里有妈妈，哪里有孩子，哪里就有积木宝贝，就有科学早教，没有时间与空间的限制，将知识与快乐传递给每一个中

国家庭和宝宝。由此，中国科学早教已经开始尝试打造立体型、多层次、全覆盖的生态建设和传播。

积木宝贝科学早教经过多年的研究，已经走上了科学早教的正轨，其他早教机构都可以来研究尝试，通过资源整合，使已经获得的且被证明科学有效的经验，能够广泛使用日趋提高。我们在早教方面，还需要做更加细致的工作，使其能够对民族的未来，对每一个家庭，对每一个孩子发挥更好的作用，包括早教的基础研究，早教的应用型研究，早教应该有哪些对应的研究，早教如何和小学教育有机地联合，也包括对社会氛围的研究。

这是一条还在探索中的道路，希望更多的早教品牌能加入科学早教的队伍中来，这必然是一条让更多中国父母、中国0～6岁宝宝受益的道路。

中国父母存在的四大问题和困惑

当下"80后""90后"逐渐成为新一代的父母，这一代父母文化水平高，在育儿方面也和父辈的育儿方式不同，他们更希望用科学的方式去教育孩子，但是，他们同样也是承受高生活压力和工作压力的一代，他们没有多余的时间陪伴孩子，致使孩子并不能享受高质量的亲子陪伴，从而面临四大问题及困惑：不懂孩子，不懂爱；不懂陪伴；不学习，不自我成长；甚至在不经意间做了孩子的坏榜样。相对来说，"满分父母"会摒弃这些育儿陋习，向社会传达更为积极的育儿理念，比如向孩子传递积极乐观的生活态度，为了孩子努力学习科学育儿知识，不断提升对自己的要求，成为孩子成长不缺席的全程陪伴者。通过"满分父母"这一精准定位，强调亲子陪伴和父母卷入的重要性，辩证地呼吁父母需要接受早期教育，最终达成"满分父母"的理想状态。

本书是中国关心下一代工作委员会儿童发展研究中心科学早教专业委员会发起编撰的关于"科学早教与满分父母"系列图书的第一本，旨在通过专业性的文章和参与过早教的父母感受相结合，让更多的0～6

岁孩子以及父母能尽早感受到科学早教的重要价值，能尽早地接触到科学早教。我理解的为人父母应该也是需要考试和证书的，从新手父母到合格父母，需要不断的学习和修炼；从合格父母到满分父母，也是一个漫长的过程。满分应该是在陪伴孩子成长的过程中，不断变好的态度和过程。所以，满分也许是一个无止境的追求过程，希望在陪伴孩子成长的过程中，父母也不断学习成长，让自己和孩子一起变得更好！

希望中国的父母们，读懂孩子，陪他一起闯世界！

张 侃

2018 年 4 月

目录

第二章 父母是科学早教的主要实施者

中国父母存在的四大问题

读懂孩子的心理秘密，用心关爱

目录

第三章　早教中心是科学早教的促进者和示范者

附录　"科学早教成就满分父母"征稿经典语录

第 一 章

对儿童进行心理建构和拓展，是科学早教的主要目标

让孩子更快乐、更幸福，这是早期教育的意义所在。安全感、意志力和目标感，是孩子早期心理能力发展时，非常重要的三个关键词。在本章中，我们将重点阐释这三个关键词对孩子成长的重要性。

安全感

安全感是孩子一生幸福的重要保障

婴儿期的孩子，除了吃、喝、拉、撒的需要，还有爱与安全感的需要。在能够熟练行走、说话之前，孩子要花极大的努力快速成长。他们必须与这个陌生的世界建立信任，才会敢于探索、学习和体验。为孩子建立好的安全感，是父母在孩子早期教育中的第一任务。

什么是安全感？安全感，是个体对可能出现的对身体或心理的危险或风险的预感，以及个体在应对处置时的有力（无力）感，主要表现为确定感和可控感。

好的安全感有助于提升孩子对他人和世界的信任，是自由探索及建立自尊、自信的基础。说通俗一点儿，安全感就是在解决问题的时候能够起关键作用的心理状态，是一种确定感和可控感。安全感建立得好的孩子，是一个在任何环境里都感到自在的孩子。他们在面对任何问题的时候，都能够明白地告诉自己："我确定我能做好，事情在我的控制范围内。"

现在人们在聊天时，会比较频繁地提到一个说法，即"我特别缺乏安全感"。缺乏安全感的人，通常会觉得自己是被拒绝的，容易焦虑，连同人际交往也会受到影响。所以，没有安全感的孩子，不仅在走上社会以后会存在这样那样的问题，而且会影响到成年以后的亲密关系。而安全感建立的关键期，则在0～6岁。所以，从这个角度说，"三岁看大七岁看老"也是有一定科学依据的。

父母是否给了孩子安定的爱，是否传递给孩子强大的内心力量和积极情绪，是否教会孩子解决问题及与人沟通的基本技能等，都会成为孩子走上社会后能否立足的关键因素。而一个缺乏安全感的孩子，很难找到内心的归属，就有可能一直去制造麻烦，永远无法安定下来，伤害自己，也给别人带去伤害。

缺少父母的爱与关注的孩子，安全感更弱，也更容易出现行为上的问题。因为，当孩子有被爱、被关注、被满足的内在需求时，父母因为不了解，或者不在身边，或者即便在身边却因为不懂得而粗暴地阻断孩子需求的满足，所有这些都会让孩子不知所措，孩子便没法学会自然而然地探索这个世界。比如，有的孩子因此而没有主见，还有的孩子因此而变得有攻击性，这都是因为他们没有学会怎样与这个世界顺畅沟通。

1岁3个月之前的远远一直很乖巧，很少发脾气，然而一次带他外出的经历，让我意识到小小的他因我的一次疏忽而缺失了安全感，变成了脾气暴躁的"黏人包"。

那天我和婆婆一起带远远外出，我临时有急事，就把他交给了婆婆，太匆忙就忘记了跟远远打招呼。下午回家，并没觉得孩子有什么异样，可就在我去洗手间、把远远交给婆婆看的时候，远远突然大哭不止，无论如何不让我离开半步，这是以前从未有过的情况，我一时不知所措。

我以为远远只是偶尔耍一下小脾气而已，可我没有想到，他"黏"我的情况愈发严重。只要我不在他的视线范围内，他都会大哭不止，我试过好多种方法，都不奏效。在积木宝贝早教老师的指导下，我了解到孩子的这些行为是因为缺乏安全感。可是安全感究竟是什么？怎样才能让孩子有安全感？

——积木宝贝北京房山绿地中心会员远远妈妈

建构孩子的安全感，父母要懂得如何去爱。所谓"让孩子有安全感"，用一句话说就是让孩子觉得外界很靠谱，在其中感觉很自在。没有安全感的人通常需耗费大量能量去证明一些事，或去逃避些什么……孩子最早的安全感不是自己获得的，而是父母帮助其构建的。要让孩子觉得外界靠谱，那么父母的教养方式就必须要靠谱，因为父母是孩子最先接触到的那个"外界"。我们都宣称爱孩子，可是，不是每个父母都会爱。不是不爱，是不懂爱。

● 孩子觉得外部世界安全与否，首先需要妈妈无条件满足

孩子安全感的建立，从他们谁都不认识的时候就开始形成了。而妈妈则是孩子接触这个世界的第一个亲密对象。妈妈的每一个举动，都对孩子有着深远影响。对小宝宝来说，妈妈的精心照料和无条件满足非常重要。

举个简单例子。比如，妈妈如果是用下面两种方式喂养的，孩子的安全感建构就一定会存在问题。第一种情况是特别"科学"，甚至到了伪科学的地步。书里说，喂孩子应该掐着时间点，比如5个小时一次，一个月之内4个小时一次之类。然后妈妈就成了闹铃，到点儿就喂孩子，不管这孩子睡还是不睡，饿或者不饿。这种喂养方法，会让孩子极度缺乏安全感。因为孩子本来自己待得好好的，就被抱过去开吃。小宝宝的反射是自动的，不由自己控制，妈妈只要把乳头或奶瓶放到他嘴边，孩子就开始吮吸了。可是这过程中，孩子的内心充满纠结——我现在不想吃，可管不了自己的嘴巴。这实际上是一个极度不安全的过程。很多行为刻板的孩子就是用这种方式养出来的。

第二种情况则刚好相反。妈妈很随意，自己想什么时候喂就什么时候喂。这是一种极端情形，但是的确有这样的家长。比如，孩子刚四五个月妈妈就开始上班，甚至不得不加班，陪孩子的时间骤然缩短；再如，妈妈特别喜欢玩儿，孩子刚两三个月，自己就忍不住溜出去，溜达一圈回来累了，于是自己先睡会儿。孩子哭了，就由家里的老人抱到一边。这个过程中，孩子也能隐隐约约地感受到外部世界太不靠谱了，就是"我"跟"你"不成衔接，"我"的需求信号，"你"接收不到，"你"不能及时满足"我"的需求。

喂奶，其实只是妈妈带孩子的重要事情之一。就是这件看起来平淡无奇

的事儿，都有着深刻的心理内涵。何况，孩子出生后基本都是和妈妈日夜相处的！所以，妈妈无条件地满足孩子的需求，注意观察孩子的个性化特征，并及时给以回馈和满足，对孩子而言，是最宝贵的礼物！

● **父母对待孩子的方式，要前后一致**

养孩子，对每一位父母都是一场漫长的考验。很辛苦，但我们仍然要保证自己情绪的稳定，以及对待孩子教养态度的稳定。

简单点说，在喂养上，今天吃多点，明天吃少点，天热穿少些，天冷就多穿，这是相对灵活的。可是，在教养中，如果父母中的一位，原本在孩子心目中是温柔的、甜蜜的，忽然在某些时候就变得很强硬，特别严厉和严肃，那么就会给孩子造成麻烦。

在孩子的生命早期，一个人身上有多种评价，对孩子而言是件无法理解的事儿。因为孩子的思维是一维的，如只能接受一种食物：母乳或奶粉，只需要一个稳定的抚养人等。原本一直笑容可掬的妈妈一下子变得怒不可遏甚至喜怒无常，那么，妈妈到底是靠谱还是不靠谱，孩子无法形成一个稳定的判断。尤其那些过于情绪化的妈妈，自己心情好的时候就疼孩子疼得不行，心情不好就对孩子怒目相向，这种教养方式下长大的孩子，人格和行为举止都会非常不稳定。

如果主要由妈妈抚养孩子，那么就尽量不要表现出暴力行为。鉴于妈妈是孩子安全感的主要奠基人，甚至可以说，有一个经常暴力的父亲的风险，都远比一个暴力母亲的风险要小。

● **在合适的时间、合适的地点，给孩子建立规则，养成习惯**

孩子1岁半以后，关于规则和习惯的建立就要提上日程了。给孩子建立规则与习惯的前提，还是要孩子自己愿意。那么，如何判断合适与否呢？敏感期是给父母的一个参照，同时要结合孩子自己的个性特点。有一个办法其实是最简单易行的，那就是观察孩子的意愿和探索倾向，我们要学会倾听他们。

比如阅读习惯，就是妈妈和宝宝需要建立的一个很好的习惯。当孩子有阅读需要的时候，及时地培养这个习惯，是十分必要的。而且，在阅读的过程中，大妈妈搂着小宝宝，会对安全感的培养起到很好的作用。

"嗯，今天我们要讲《长长恐龙和短短恐龙》。"看，小人儿又开始给我讲故事了。讲故事源于我们参加"积木宝贝21天阅读习惯养成"，每天固定时间，打卡式讲故事，让本来不爱看书的宝贝开始喜欢上了听故事。

我们讲《小猪佩奇》，踢足球，去游乐场，野餐去，贴近生活，宝贝很愿意听；我们讲《长长恐龙和短短恐龙》，宝贝学会长和短，学会善于听取他人建议；我们讲《我家有只大狮子》《鳄鱼和鳄鱼鸟》，宝贝认识形状，学会与好朋友一起分享。有时我会分角色给宝贝讲故事，宝贝眼睛一下子就明亮起来，很惊喜，原来听故事这么有趣！

不知不觉，我们完成了21天阅读任务；不知不觉，我们的陪读时光成了日常习惯。

——积木宝贝山西大同中心会员怡君分享

● 记住两个词：尊重和快乐

孩子一般在1岁半前后自我意识就开始发展，而现在的孩子自我意识发展还有提前的趋势。所谓自我意识发展，就是孩子开始有了自己的想法。此时，父母教养的最重要原则，就是尊重，呵护孩子的快乐。

有的父母在与孩子互动时，常有这种情况：来，宝贝，你爬过来，我就给你这个。孩子爬了，然后父母就给了一个实物奖励。这种逗孩子玩儿的方式，其实就没有尊重孩子，大人觉得快乐了，却给孩子留下了不好的暗示：我只有做了某事之后，才能得到父母的认可。因为父母将自己对孩子的爱和赞美，

增加了附加条件。所以，你是如何带着尊重和爱对待你最好的朋友的，那么就用同样的方式去对待自己的孩子吧。

总之，父母要知道，我们的爱，是指向分离的。知道这一点，对于那些黏孩子的妈妈尤其重要。正因为孩子有一天终将离开我们，我们才更要在孩子离开之前，给他们准备好行囊。行囊里要装上什么？当面对困难的时候，孩子会知道，父母的爱是稳定的，永远不会真正走远；当面对陌生世界的时候，孩子会知道，因为有爱的缘故，自己完全可以勇敢迈开探索的第一步；当被他人指责、遭到反对的时候，孩子仍然会知道，任何人的任何评价，都不至于让他失去自己，因为丰盈的早期的爱，早已确凿地告诉过他，自己一定是值得爱的，是有价值的。行囊里装的，就是父母在孩子生命早期所给予的完整、智慧的爱。这种爱，不会把孩子的脆弱当作烦恼，不会把孩子的好奇当作麻烦。

妈妈是孩子天然的安全岛，要学会有效陪伴

妈妈，是这个世上含义最丰富的词之一。孩子在需要玩的时候，多会想到爸爸；而遇到不开心的事情，首先想到的是妈妈。妈妈就是孩子天然的安全岛。

所谓安全岛，就是指当孩子处于焦虑等不良情绪状态时，能给予宝宝安慰的物品或人。对于宝宝来说，父母是宝宝的第一个安全岛，在情感上及时给予反馈，让宝宝知道你在，反馈越及时，宝宝就会越安心、越稳定，至于是否满足宝宝的具体需要，这个度需要父母自己把控。除父母之外，这个安全岛也可能是一个毛绒玩具，可能是一个地方，还可能是他喜欢的早教老师。凡是能让宝宝获得积极情绪的人或事物，都是宝宝的安全岛。父母要给孩子创造一个让他感到安全的环境，宝宝才能逐渐培养自己的安全感，更健康地长大。

孩子在生命之初（大约 1 岁以前），完全依靠妈妈（稳定的抚养人）才能够存活。妈妈的陪伴和回应，帮孩子建立起对这个世界的基本信任。所以，我们建议，这个时候孩子的抚养人和抚养环境都要尽量稳定，这是从"稳定感"的角度说的。

成熟的妈妈，必须要懂得管理自己的情绪，掌握爱的技巧，有超强的心理能量和良好的心态。当自己内在失衡的时候，先接受那样的自己，因为那个觉得无助的你是正常的、真实的。要在各种考验中寻找到自我成长之道，来了大水，建一座大庙；来了小水，便挖一条小沟。每一次经历，都要从中提炼出养料，从而真正地成长和成熟，最终成为一个女人天然应该成为的样子，从容而坚定。

● **唠叨的妈妈和逃避的孩子**

在我们积木宝贝的一个早教中心，曾经有这么一个小女孩，显得特别安静。当别的小朋友玩耍的时候，她只会站在旁边看，或者独自玩耍，从不敢走进人群当中。老师们想了很多办法都没能让孩子有所改变。当老师跟孩子妈妈建立了良好的信任关系后，通过深入聊天才找到了原因。孩子妈妈承认，自己在家里特别唠叨，因为总觉得有很多委屈。她说，小时候自己父母就很少夸自己，现在自己为家庭拼命付出，就是想要获得认可，可是丈夫以及女儿总那么让人操心，而且完全不懂得尊重自己的劳动成果。看到刚刚擦干净的地板被弄脏，气就不打一处来，就会开始"训导"丈夫和女儿，往往越说越收不住。丈夫一开始还会争论一番，后来干脆保持沉默，无声抗议。而丈夫的沉默，越发让自己觉得抓狂，无法控制自己的情绪。

这位唠叨的妈妈，身体内其实还住着一个受伤的小孩。这个小孩没有获得过自己父母的认可，缺乏自我价值感，非常依赖别人。她主动包揽了全部的家务活，把自己累垮，然后又去乞求别人的关注和认可，但是方式实在让家人烦恼，于是又把自己的精神搞得快要崩溃了。

活在这个妈妈唠叨中的小女孩，她的内心很脆弱，无法像爸爸一样以沉默去抗争，只能下意识地逃避一切。这种逃避甚至成为孩子保护自己的一

种方法，以至于将来走向社会的时候，她也会采用同样的方式对待陌生人。就这个案例来说，要改变孩子的孤僻性格，妈妈首先要调整好心态，获得自身的成长。

● 强势的妈妈和弱势的孩子

从心理学角度来看，一个家庭也需要找到自己的平衡。如果家里妈妈很强势，就意味着爸爸的能量被压制下去，并且变弱。儿子看见爸爸总是挨批评的样子，会让他害怕女人，并且变成一个懦弱的男人。女儿看见妈妈的样子，要么自己也变成一个强势的人，要么有可能找到一个强势的另一半。因为，孩子在家庭中会趋向同性认同，女儿会认同强势的母亲，儿子则会认同弱势的爸爸。

谈及强势妈妈的问题，有网友这样抱怨过：我妈刻薄、挑剔、控制欲强，天知道我多害怕自己也这样。我妈向我们灌输太多爸爸很糟糕的说法。我哥跟我爸关系也很一般。可是他跟我爸真的很像，而且一直很没有担当，从来不愿意把自己放在作决定的位置，因为这样，即便将来出了错，责任都是别人的，自己则总是一副很无辜的样子。老实说，我也有点儿这样。都是我妈，她自己明明也是"废柴"一个，却从来只会说别人什么都不行，结果现在我们真的都不行了。

还有网友这样说：我妈是个女强人，喜欢把自己的意志无形地强加给我。在她的约束下，我有强烈的自卑感，因为总不能让她满意。到后来，就变得疲沓，任何批评都无法触动我，变得底气皆无，碌碌无为。在别人眼里，我就是个庸碌的男人。

强势的妈妈毁掉的是一个家庭的平衡。不仅如此，妈妈对爸爸若存在太多愤怒情绪，动不动就批评爸爸的话，这种情绪便会转移给孩子，甚至会养出愤怒的女儿。这个女儿在自己的亲密关系中，极有可能会莫名其妙地对男友或老公生气。正如中国那句老话说的："有其父必有其子，有其母必有其女。"妈妈的强势打破了一个家庭原有的两性平衡，孩子在角色认同的过程中，就会复制这种不平衡，并且会将问题原封不动地带到自己的亲密关系当中去。

● 理性的妈妈和淡漠的孩子

有一位妈妈曾经说过："我是一名企业管理者，有一个儿子，今年4岁。我自认为工作能力不错，也能兼顾到家庭。无论处理工作还是生活中的事情，我都不喜欢感情用事。我有自己的做人准则和做事标准，原则性很强。对待孩子也是如此。当我的孩子遇到问题后，我一般都会帮他分析，引导他如何去解决问题。我觉得儿子在我的调教下，规规矩矩的，特别乖巧。可是，最近我有点儿担心，因为儿子好像不太喜欢和我亲近，总觉得这个小孩子似乎在情感上偏于冷漠。"

这位妈妈是典型的理性妈妈。理性不是坏事，它是事业成功必备的一种品质。但是作为一个妈妈，如果在教养过程中也过于理性，那么带给孩子的，就有可能是灾难。这样的妈妈养大的孩子，往往会中规中矩，但有可能偏于冷漠，且缺乏创造力。

因为妈妈剥夺了孩子解决问题的热情，扼杀了孩子自我创造的喜悦，妈妈条条框框太多，对于错误的容忍度又低，每当孩子遇到问题，首先想到的是确保事情在她预设的轨道内运转，把解决办法直接摆到孩子面前。这其实是这个妈妈自身的安全感不强导致的。

同时，理性妈妈喜欢对孩子讲道理，遇到问题的时候，她的第一反应往往是"就事论事"，却忽略了孩子的情绪和情感需求，因为她认为哭也好，闹也罢，都不能解决问题。与其花时间哭闹，不如赶紧想办法解决问题。

这是一部分成人在面对问题时采取的问题解决策略。这样好吗？当然，对成人来说，只要适合就好！但孩子还处于心智未分化的状态，他们在面对问题时一定会先采用情绪解决策略。事实上，这样的方式更有利于过渡到问题解决策略。

如果理性的妈妈不接受孩子的情绪，认为孩子的情绪反应是不应该的、不对的、软弱的或者无济于事的，那孩子的情绪表达就会被压抑。长时间的情感需求不能得到满足，孩子就学会了放弃。正如"不在沉默中死亡，就在沉默中爆发"一样，事实上绝大多数人都会选择爆发。而没有正确引导的孩子，最终极有可能通过其他不适当的，甚至伤害自己或他人的方式表达内心的挫折和不安。

比如，现在二胎家庭越来越多。在两个孩子的家庭里，最常见的情况，就是要哥哥姐姐让着弟弟妹妹。殊不知，长期看不见大宝的情感和情绪需要，会让他们的情绪和心理发展走向偏颇，甚至有的大宝会有"我要杀死弟弟妹妹"的想法。下面这个二胎家庭的做法，就非常值得推崇。

家有二宝，同性别、同年龄，于是全家达成一致观念：两个孩子不分大小，要同等对待。所以，在家里从来不会听到类似"你是姐姐，你要让着妹妹"这样的话。孩子小，平时难免打闹，我不会按照原有的思维定势，去批评一个，保护另一个。相反，这时我会蹲下来，倾听宝贝们的意见，往往这个时候，她们会互相抱怨对方，都说是对方的错。虽然她们讲话还不利索，但是每句话都说得头头是道。我认为，小打小闹无伤大雅，这个时候让她们自己阐述观点，既表明父母不偏袒任何一方，重视每个人的态度，又能在无形当中锻炼她们的"口才"，何乐而不为呢？最后的结果当然是每个人都有对错，我只需要做个总结就好了。

——积木宝贝天津嘉里汇中心会员刘奕辰COCO妈妈分享

两个孩子，无论大小，一样被看见、被认同、被相信，这样家庭培养出来的孩子，又怎么会没有安全感呢？

父母不经意出口的话，是破坏孩子安全感的大敌

3岁以前是培养宝宝安全感的重要时期，对于宝宝来说，3岁入园前，和

自己互动最多的人非妈妈莫属了。虽然很多妈妈越来越重视宝宝安全感的建立，却总是在不知不觉中说着破坏宝宝安全感的话。

下面这三句话想必都是妈妈们耳熟能详的，如果你也经常对宝宝这样说话的话，就要及时反省一下了，别等到宝宝大了，再后悔自己对宝宝安全感的伤害，到那会儿就追悔莫及了。宝宝安全感的建立不容易，但破坏只是一句话的事。

• 破坏力 NO.1——"再闹，妈妈不要你了！"

【案例】宝宝在饭桌上不肯好好吃饭，妈妈教训了他两句，宝宝故意把饭菜弄得到处都是。妈妈拍了他两下，宝宝放声大哭，妈妈大声呵斥宝宝："你再哭，妈妈不要你了！"

【分析】幼儿对成人情绪的理解很有限，往往是通过对成人面部表情和外部行为的认知去感受成人的情绪，而对成人一些复杂的内心体验难以理解，他们会把爸爸妈妈的离开，当成是真的离开。这个被很多家长惯用的假装遗弃孩子的招数，对孩子的心理发展有很大伤害，大大破坏了孩子的安全感。

幼儿时期，孩子对父母的强烈依恋关系会让他们的心理得到安全保障，他们在探索外部世界时，会有一种安全感做支持。如果假装遗弃孩子，那孩子会认为，最值得信赖的人都不要自己了，保护自己的人没有了，这对他们幼小的心灵是很大的伤害。依恋关系遭到破坏的儿童，均会出现行为退缩、敏感、自卑、多疑、情绪不稳定、难与人建立亲密关系等表现。

• 破坏力 NO.2——"你是妈妈从垃圾桶里捡来的。"

【案例】宝宝问妈妈："妈妈，我是从哪里来的呀？"妈妈正在忙，没空跟小宝宝慢慢解释，便随口就说："你是妈妈从垃圾桶里捡来的。"原来，妈妈小时候，妈妈的妈妈也是这么跟她说的。宝宝听后黯然地坐在角落里一声不吭。

【分析】儿童到了一定年龄便会提出"我是从哪里来的"之类的问题。

长期以来，"你是捡来的"几乎成了家长们的"统一答案"。事实上这样回答容易伤害孩子的心灵，使得亲子关系产生隔阂，部分孩子因为得到了这样的答案而整天闷闷不乐。孩子的提问反映出其渐渐长大，自我意识增强，开始对生命的起源产生好奇，父母应该用生动而科学的回答满足他们的好奇心。

● 破坏力 NO.3——"再不听话，我揍你！"

【案例】超市里，宝宝不停地要这要那，爸爸不同意，宝宝一屁股坐在地上哭。爸爸觉得很没面子，便扬起手来吓唬宝宝："再不听话，我揍你！"宝宝不但没止住哭，反而哭得更厉害。

【分析】有时候，孩子的表现确实令父母很生气，气愤至极的父母经常在动手前警告：再不听话我要打人了。这一类空洞的话，只会降低父母的威信，不会有任何实际效果。恐吓不利于儿童塑造良好的个人品质，反而会造成胆小、怯懦、软弱的性格。

当看到儿子腾腾把玩具杂乱地扔得满屋、画笔涂得到处都是、吃饭都会成灾的场景，我会忍不住指责他、吼叫他，可每次过后，我都会后悔自责，这个年龄段的孩子本该就是这个样子，错的不是孩子，而是家长的教育方式。

我开始关注和学习一些科学的早教知识，又在朋友的推荐下给孩子报了积木宝贝的早教班。一段时间下来，我发现孩子的变化特别大，我焦虑的内心也变得平缓起来。每当腾腾再把自己的东西扔得满地时，我不再大吼大叫、逼迫他收拾，而是跟他讲道理："妈妈一个人带你很累，腾腾长大了，要帮妈妈分担一些家务，至少自己的事情要自己做，东西从哪拿的放到哪……"

直到有一天，我在收拾房间，听见书房有嚓嚓的声音，以为腾腾又在撕哪本书了，急忙跑过去，发现他正在那里认真地收拾满地的卡片。他抬头看了看我，口中振振有词："腾腾长大了，要帮妈妈干活……"

从那之后，腾腾会经常自己整理玩具，有时候还抢着帮妈妈做家务。虽然有时候会帮倒忙，但我依然会鼓励他、肯定他。

一个能够好好说话的妈妈对于孩子的良性引导有多么重要！当你亲眼见证，亲身经历了他成长过程中的每一点进步，才能体会到专属于妈妈的成就感！

——积木宝贝太原南中环中心会员美洋洋分享

孩子安全感不足的这些信号，父母要知道

安全感建立得好的孩子，在面对任何问题的时候，都能够明白地告诉自己：我确定我能做好，同时确定事情在我的控制范围内。如果孩子见到陌生人会哭泣、害怕与妈妈分开、过分黏人、胆小害羞，这都是因为缺乏安全感。这样的孩子，他们多半没有得到持续而稳定的陪伴，以及合理的爱的回应。

不过，孩子安全感不足会有很多不同的表现形式，这位妈妈的经历就很有代表性：

生下糖果妹后，很幸运的是我有一段很长的时间陪伴她。但也正因为这段"长"时间陪伴，加之我的性格，我在临上班前的半个月，整个人陷入了极度的不舍中。

许是聪明的糖果妹察觉到了什么，虽然我上班时她没有表现出哭闹，但是下班后她对我产生了特别依恋的行为。我下班回家后，孩子都能好好地玩，一旦到了晚上该睡觉了，即使她困得哈欠连天，也不肯让我关灯哄她睡觉。连续几个夜晚，我都在"连哄带骗"地哄孩子睡觉，身体的超负荷中度过。好不容易挨到周六，我早早来到早教中心，将我遇到的这个大"麻烦"说给老师听。老师说这个叫"分离焦虑症"。

对自诩为"育儿小达人"的我来说，"分离焦虑"我并不是不知道。但我只看糖果妹在我上班走时的表现，而没有把孩子睡觉时的表现联系起来，不知道原来这也是分离焦虑造成的影响。

后来，我也因为处理不当，使得孩子的焦虑情况愈发严重，在接下来很长的一段时间里，只要是我和老公在家，糖果妹就不愿意和小伙伴玩，更不愿意离开我们。她的"任务"只有一个，那就是必须牢牢地"看"住我们两个。随后，我在跟积木宝贝早教老师交谈后才知道，原来，分离焦虑，其实是我们做父母的给孩子的安全感并不够。

在老师的指导下，我和老公都学会了放下手机，我们再也不会要求她早早睡觉来扩展自己玩乐的时间。我们愿意更多地、更用心地陪着她。当我们看着她，满脸笑着走在外面的时候，我从她小小的脸上看到了自信和安全感。

——积木宝贝哈尔滨爱建中心会员糖果妈妈分享

以下这些安全感发展信号，可帮父母更清楚地读懂孩子行为问题背后的安全感需求，更好地为孩子提供及时、恰当的心理和情感支持。

● 安全感发展信号一：1岁以后的孩子吃手

一般来说，1岁前，宝宝吃手多是单纯的吸吮动作锻炼和认知发展方面的需求；1岁以后，则更多是出于一种心理安慰了。因此，若1岁以后，孩子仍然频繁吃手，就需要考虑孩子的安全感建构是否遇到了问题。

此阶段的宝宝在情感上比较脆弱，他害怕离开父母和身边熟悉的人，对亲人特别依恋，所以常常会在疲劳、紧张、情绪低落、脱离最亲近的人时吸吮手指，利用吸吮手指来使自己得到安慰。究其原因，还是因为父母对孩子的关注度不够。建议父母多花时间陪伴孩子。另外，父母可以采取转移注意力的方式改善孩子吃手的行为。当孩子吃手或想要吃手的时候，父母可以找一些他喜欢的活动或话题，以分散其注意力，比如和宝宝玩一些动手操作的游戏，把小手占用起来。切忌用粗鲁或简单的方式制止孩子吃手，这会造成孩子在口欲期过后仍然吃手、吃指甲、啃脚丫，长大后还会出现贪吃、抽烟、喝酒、饶舌、唠叨等现象。

● 安全感发展信号二：孩子爱哭闹、黏人，或者看起来没事却总喊身体不舒服

"近来孩子总是闹情绪，动不动就哭哭啼啼的，以前也不这样啊。"或者是："我孩子一上幼儿园就生病，带去医院就好了，或者一回家整个人就活了。是不是孩子故意在撒谎？"其实，不是孩子任性，或者故意欺骗，而是他们真的遇到了问题。孩子的情绪问题，以及由情绪而引起的躯体化反应，都源自安全感缺乏。

孩子不仅会在某些阶段情绪显得更脆弱，还会愈发黏大人、爱哭，甚至生病。这时大人越是打骂，或者讲道理，孩子越是容易情绪失控，缠人的行为也会越重。因为孩子要的不是批评、道理，而是你的关注和爱。

所以，面对孩子们的这些表现，父母最该做的，就是接纳孩子的情绪。孩子哭的时候，妈妈可以抱抱孩子，跟孩子说"妈妈知道你感到委屈"诸如此类理解孩子的话语，也可以给孩子一些时间发泄情绪。此时，大人给予孩子无条件的积极关注，恰恰能给孩子带来安全感。待孩子情绪平复，再逐步询问、引导，即使孩子遇到了些困难或问题，也都能很快迎刃而解了。

还有一些缺乏安全感的孩子，也许情绪和言语上没有多少表达，却总爱生病。这是心因性疾病，简单说，就是孩子情绪上生病了，表现在身体上。"病"在这里成为了一种表达方式，是孩子们想要引起父母关注的另一种方法。

● 安全感发展信号三：孩子无理取闹，瞬间就可以变脸、失控

一位妈妈曾很苦恼地问："我儿子3岁3个月了，总是动不动就哭、爱发脾气、扔东西。比如，吃饭的时候突然发起火来，不过是因为菜的形状和大小跟上次不一样，或者是给他读绘本的方式、语气、音量和以往不同，他就发脾气，情绪波动很大。不知是我破坏了他的秩序感，还是他在试探我的底线，天天这样折腾很苦恼，面对他发脾气、打人、扔东西，我们应该怎么办？"

这并非孩子成心和家长做对，而是孩子建构安全感的表现。每个孩子都会经历这个阶段。比如一直都是妈妈坐在孩子左边吃饭，某一天爸爸跟妈妈换了座位，孩子就大哭，要求爸爸妈妈换回来；再比如有的孩子每天喝水必须用同一个杯子，洗手时必须用同一种颜色的香皂。还有妈妈抱怨，孩子要求妈妈必须穿同一件睡衣睡觉，换了其他的孩子就会哭闹。这种对秩序的执拗，其实是孩子在建构安全感时的必经阶段。对孩子而言，只有事物都保持在他们所熟悉的地方，稳妥地安放在他们已经确认过的位置，一切才是完整的、好的、让他们心里踏实的。

所以，尊重是父母最该做的。一方面我们需要放慢速度，注意观察和倾听孩子；另一方面，当孩子因为某种秩序被打乱而失控的时候，就陪伴孩子，允许孩子把恼怒哭出去，把情绪哭出去，然后孩子自己就会接纳发生的事实。

孩子从出生几个月一直到6岁，秩序的敏感期是螺旋状的。整个过程中，最好要给孩子提供一个有秩序的成长环境、固定的抚养人，设定有规律的日程安排，包括吃饭、散步、听音乐、讲故事、如厕、睡觉等。总之，每一件事情都一定要符合秩序的需求，这样有秩序的环境，渐渐地就会使孩子产生安全感。

● 安全感发展信号四：孩子恋物，总离不开某件物品

要理解孩子恋物，需要先解释下"过渡性客体"。何谓"过渡性客体"呢？对孩子而言，它是第一个"非我"所有物，最早出现在孩童的玩耍中，它不是母亲所给予的，而是孩子自己发现或创造的。它甚至比母亲重要，是孩子"几乎无法切割的一部分"。

常被用来代表过渡性客体的物品包括：一条毯子、一件旧衣服、一个柔软的玩偶，还可能是不断重复的动作，或是牙牙儿语等（有些孩子甚至会创造旁人无法理解，但对其有特殊意义的话语）。

对婴儿而言，过渡性客体有令他感到舒适安慰的作用，能对抗焦虑、寂寞，且能帮助他安然入睡。这就是有些妈妈感到很困惑的事情，比如为什么孩子睡觉要揪着妈妈的耳朵，抱紧妈妈的胳膊；或者抱着小时候的一条被子；或者握着一件很早时候的玩具……

当宝宝有上述表现时，父母就需要注意，对于孩子的关注是否少了些，或者陪伴质量不佳。因此有必要提高对孩子的有效陪伴，多关注孩子的情绪情感，多抚摸亲吻孩子，给孩子更多的安全感来源。

而对孩子恋物的习惯，要接受，并且要通过陪孩子玩游戏、做其他更有意思的活动等，去分散孩子的注意力，帮他们逐步减轻对其他物品的依赖。

安全感是积木宝贝科学早教提倡的最重要的心理发展指标，很多从早教走向幼儿园的孩子家庭，都对孩子入园焦虑有些深刻记忆。我们发现，上过积木宝贝科学早教的孩子，在分离焦虑上要少很多。刚入园的前几天，也许会有一定程度的哭闹，但是上过积木宝贝早教的孩子明显适应幼儿园的能力强很多，哭闹的时间短很多。

这种结果得益于孩子上积木宝贝早教的时候，不仅仅是来上课，更是全方位地增强孩子的安全感。安全感的提升，核心在于父母知道有效陪伴的意义，以及实施方法。在积木宝贝，音乐课、创意课、运动课等各门早教课程都有增强安全感的环节；积木宝贝自有的各类父母读物、父母课堂活动、积木育儿微信公众号、科学育儿微学院都在传播陪伴对孩子安全感提升的意义，以及如何有效陪伴孩子的办法。

安全岛就是孩子在遇到困难、压力或挑战时迅速启动的安全依恋模式或对象。我们希望孩子在挑战面前，内心是感到安全的、不害怕的，而父母是孩子最重要的心理安全岛，在积木宝贝早教课程的积木运动课中设置了"安全岛游戏环节"，每次运动课中会有专门提升孩子安全感和亲子关系的游戏环节。本环节特别为建立良好的亲子依恋和安全的依恋模式而设计。举例："One two three freeze 123 木头人"指导师往前走，下达 1、2、3 的指令，家长带着孩子走动；当指导师下达"停"的指令，并扭头，父母和宝宝停止走动，并且要一动不动。游戏重点在于家长和孩子在游戏中共同行走和停止。如果家长和孩子的配合很好，可以完成完整版的游戏，家长和小朋友走到指导师背后，拍到指导师，然后迅速跑回到起点，指导师追赶并试图抓到家长或者小朋友。这样的安全岛游戏让孩子和家长在一起合作游戏的过程中，建立好的亲子依恋关系。

培养孩子的安全感，这样做最合适

如果你家宝宝也安全感不足，妈妈就要从多方面注意和培养孩子的安全感。

● 维持和谐的家庭气氛

当孩子经常处于父母言语不合或是肢体冲突的不安环境中时，孩子会有恐惧的猜测，爸爸妈妈是不是因为我不乖才吵架？他们是不是不爱我了？他们会不会离开我？由于孩子对大人们的争吵无能为力，因此只能躲在角落里暗自哭泣，或是生自己的闷气，严重的，甚至会把这股怨气累积在心中，长大后心中将会有扭曲的价值观。因此，一个健康快乐的成长环境，对孩子安全感的建立是至关重要的。

● 经常且规律的亲情陪伴

现在有许多"假日父母"，即父母平常都将孩子托付给保姆或是长辈照顾，自己则因为工作应酬而很少陪伴孩子，甚至不接孩子回家，孩子难得与父母见上一面。对于孩子来说，爸爸妈妈就像是玩伴一样重要。缺少了父母的陪伴，孩子将很难养成良好且规律的生活习惯，安全感自然就无从建立或培养了。

● 生活环境要稳定

频繁搬家，或更换照料者，会使孩子产生严重的焦虑感。经常更换幼儿园，难以融入新的集体，也会影响孩子安全感的建立。所以，妈妈要尽量确保孩子生活环境的稳定性。

● 故事拉近亲子间距离

故事是父母与孩子之间最好的桥梁，每个孩子都喜欢听故事，尤其喜欢听从爸爸妈妈口中说出来的故事。家长可以固定在家中某一块区域布置一个

听故事的环境，可以在床上，也可以在沙发上，每天都有一段固定的时间用来讲故事。一边讲故事，一边将孩子搂在怀里，通过这种语言上的沟通及肢体上的接触，建立孩子所需的安全感。

当孩子逐渐长大后，他学会使用的词汇也愈来愈丰富，此时父母也可以陪伴孩子阅读童书绘本，通过画面和文字引导孩子说出自己的想法，这不但能够训练孩子的口语能力，同时还能丰富孩子的想象力。

我特别感谢积木宝贝推出的《绘本奥斯卡》节目，是它帮助我改变了我的亲子关系。以前我特别忙的时候，就给孩子打开故事机，让他独自一个人听。可是他听着听着就会又来缠着我，甚至哭闹不止。

《绘本奥斯卡》是一档推荐绘本，引导父母如何给孩子读好绘本的视频节目。里面非常多的绘本推荐人都是知名专家和学者，他们都建议父母要亲自给孩子读绘本，而不是用故事机替代。

我常常看里面推荐的绘本以及阅读讲故事的方法，慢慢的我也学会了给孩子读绘本、讲故事，我发现孩子开心了，安全感变强了。我给他讲完一本绘本后，他能自己玩耍较长一段时间，我也能做自己的工作。

——积木宝贝西三旗中心会员哈哈妈妈

● 找出孩子不安的原因

有些大自然或外在环境上的恐怖景象可能使孩子感到不安，比如说地震、天空中的闪电等，这就是有些孩子对大自然感到恐慌的原因，或者是过大的声响、突然的惊吓等，都有可能成为孩子不安的根源。

● 从游戏中得到安全感

陪伴孩子参与活动，或是游戏中的肢体接触，都有助于建立孩子的安全感。父母平时可以多花点儿心思，设计一些简单的家事、游戏，或DIY手工劳作等，

让孩子从做中学习，这会使亲子情感升温，沟通更加顺畅！

• 允许孩子哭泣

有时一些小小的挫折就可能让孩子感到很委屈或孤立无援，比如生病、争宠，或是被隔壁小孩子抢走一颗糖果等，这时孩子哭泣只是想要吸引大人的注意力，来寻求一些安慰。不过有些父母却以训斥的方式不准孩子哭泣。适当地哭泣对孩子来说是一种很好的宣泄方式，可以及时排除负面情绪，协助建立安全感。

• 别把应酬带进家庭

对于 3 岁以下的幼儿来说，家中的访客不宜过多或过于频繁。除了孩子可能会模仿大人一些不良习惯，例如打麻将、大声喧哗之外，同时也会因访客的到来而扰乱孩子平时规律的生活作息。另外，尽量不要带孩子去嘈杂的场所，因为外在环境有太多不可预知的突发状况，单纯而规律的生活环境及作息对孩子安全感的建立更为有利。

• 分阶段排除不安因素

造成孩子不安的因素可能有很多，亲人的离开、嘈杂喧闹的环境等，而怕黑恐怕是最常见的原因，此时家长可以用渐进式的方法来排除令孩子不安的因素，例如先在房中预留一盏小灯，一边说故事，一边陪伴孩子入睡，或是放点轻松的音乐给孩子以安慰。

如果孩子从小就没有培养起健全、足够的安全感，那么成年后心理上的缺陷将可能无法完全修复。其实想要建立孩子的安全感很简单，只要爸爸妈妈付出全心全意的爱，再加上一个单纯且规律的生活环境，那么在无形的熏陶之下，父母自然就可以拥有一个充满自信及安全感的健康宝宝。

除此之外，就是全身心地接纳孩子，无论他表现得怎样，不着急，慢慢来，相信总有"花开瓜熟"的那一天。

经常听见其他宝妈说自家孩子不爱说话，两岁了还只会叫爸爸妈妈；或者不愿意分享玩具，感觉很小家子气；或者脾气特别大，一点都不听话……似乎在他们眼中孩子总有这样那样的问题，甚至于我婆婆也说我的宝宝灯火自我意识太强，什么事情都想自己做。

每每看到这些，我总是内心隐隐有些不忍，我们应该爱孩子本来的样子，而不是我们所希望要求的样子。譬如孩子不爱说话，可能只是家里环境原因，平时代养人没怎么跟孩子沟通交流，导致孩子语言发展缓慢；又如孩子不愿意分享玩具，可能只是他特别喜欢这个玩具，想保护好自己喜欢的东西；再如孩子不听话，可能只是孩子特别喜欢表达自己的想法，想尝试自己的方法而已。诸如此类，我们应该透过现象看本质，看看这些表现的背后是什么原因，而不是一味地按照我们成人的行为准则来规范孩子的日常行为。

爱孩子要从懂孩子开始，要无条件地接纳自己的孩子。

——积木宝贝成都温江中心会员白霖霖分享

爱的抚触：来自皮肤上的安全感

所有的孩子6～12个月的时候，最先发展的就是五感体验：视觉、听觉、触觉、味觉、嗅觉。而在所有感官的发展过程中，触觉是唯一被动发展的。孩子不能自己触摸自己，只能等待父母来亲亲、抱抱以及做必要的抚触。如果父母经常抚摸孩子，那么孩子触觉的发展会更灵敏。父母对孩子皮肤的触碰，对孩子而言就是一种爱的直接表达。这种皮肤上的爱，不仅不是无关紧要和肤浅的，反而是孩子成长过程中的重要养料，有益于孩子的智

力发展和心灵的充盈。

● **皮肤上的爱，是孩子成长的重要养料**

很多人在长大以后会发现一个问题：触觉饥渴，也就是我们平常所说的皮肤饥渴症。有皮肤饥渴症的人，非常希望得到触摸、拥抱和亲吻，而且容易对亲密关系过分依赖。根源就在于小的时候，尤其在 0～3 岁，父母没有给足孩子这些关爱。

一位妈妈这样跟我们说："我有两个孩子，姐姐明年就要上小学了，自小顺从、敏感，情绪容易波动，而且一直很黏人。弟弟刚刚 1 岁多，特别活泼，喜欢笑，胆子也大。我不知道为什么两个孩子的差距这么大。我很担心姐姐，怕她以后不会处理人际关系。我该怎么办？"

在与这位年轻的妈妈深入沟通后，我们发现她在生大女儿的时候，非常年轻，完全没有做好准备，从心理上来说，她自己还是个孩子。从学校到职场，从女孩到少妇，这么大的角色转换，让她无法适应，并且发自内心地抵触。在父母的帮助下，她跌跌撞撞养大自己的女儿——故事中的姐姐。可是，年轻的妈妈很少主动亲吻、拥抱自己的孩子，她甚至抗拒那种和孩子的肌肤之亲。年轻独立的她用一种严苛的方式养大自己的女儿，始终保持着自己的理性和疏离。年轻的妈妈认为，独立的自己应该会养出独立的孩子，可是她错了。事实告诉她：女儿因为缺乏与妈妈的亲密接触，反而越发地依赖和妈妈的身体接触。妈妈要出门，女儿会像小猫一样在身边磨蹭，索要亲亲和抱抱；妈妈一离开，女儿就哭得歇斯底里。于是母女之间陷入了一场战争中：女儿追求着皮肤上的爱，妈妈躲避抗拒着这种牵绊。母女之间，无法自然、和谐地相处。

弟弟出生后，情况发生了变化。年轻的妈妈已经更为成熟了。她与儿子之间的亲密接触频繁而热烈。于是弟弟表现出和姐姐截然相反的性格特征：能够笑得没心没肺，即使坏情绪来袭，下一秒就能开怀大笑。正是年轻的妈妈变得柔软，肯用一种更加亲密的触摸去养育自己的孩子，孩子才会这样不同。

分析之后，这位妈妈听从了我们的建议，接纳姐姐的脆弱情绪。虽然女儿已经长成1米多的"大个子"，抱在怀里沉甸甸的，可是妈妈坚持弥补给孩子曾经缺失的爱。尝试在繁忙的工作、复杂的家庭事务之余，留出更多的时间给女儿，不再像以前那样严肃苛刻地要求她。每一次拥抱、亲吻，都发自内心。一年之后再遇见这位年轻的妈妈，她正领着姐弟俩。姐姐懂事地照顾着弟弟，脸上的温和、从容与柔顺的表情告诉我，这位妈妈的付出没有白费。

● 试试抚触吧

抚触是个来自西方的词语。积木宝贝早教中心就专门设置有这样的课程，教父母如何利用专门的时间，与孩子进行皮肤接触，给孩子提供丰富的触觉体验。

随着现在剖宫产的孕妈妈日渐增多，孩子未经过产道挤压就来到这个世上，与顺产的孩子相比要更加脆弱。顺产的时候，产道挤压不仅带给孩子最初的神经接触，还会挤出肺部积水等。从临床经验来看，剖宫产的孩子由于缺乏人生第一关"考验"，日后发生感觉统合失调、患哮喘的概率比顺产的孩子高80%，且更容易患多动症。

除了抚触，早教也可以对感觉统合失调的孩子进行正向刺激，从而改善状况。可以看看这位儿科医生妈妈的经验：

现在孩子感觉统合失调有一个现状：很多孩子由于剖腹产和城市生活大环境的因素，很容易患上感觉统合失调。所以我选择早教，因为早教可以在某种程度上给孩子提供正向刺激！只是很多症状的浅显性让家长没有引起重视，但是作为医生我知道，孩子感觉统合失调会出现说话晚、注意力不集中、学习不好、走路晚等现

象。感统的好坏会影响到孩子的一生，像在香港每个孩子都会因为感统、注意力等问题来咨询我们这种专业的医生，但是内地目前还没有这么重视。

当时为了给兜兜选择一个成长的环境，加上兜兜来积木宝贝上课后就舍不得离去，我问他还愿不愿意再来，兜兜立马回答：愿意！通过上课期间对老师的观察，我发现老师不仅专业而且负责，特别是对儿童心理学的掌握，让我当时我就定了积木宝贝。因为积木宝贝的课程真的特别适合中国儿童的发展。上了这么久的课，兜兜变化蛮大：自信多了，还有就是他对触觉听觉比较敏感也得到了一定的改善。其实早教中心不仅有安全卫生的、适合宝宝玩耍的环境，而且还有很多和兜兜同龄的小伙伴，给了他小小孩专属的社交环境，这点让我非常满意！所以选择早教一定要选择合适的，给宝宝一个正向刺激！

——积木宝贝成都新城市广场中心会员兜兜妈妈分享

在这样的背景下，抚触的重要性进一步凸显出来。抚触可以广泛接触到孩子身体的各个部位，从而解决孩子皮肤"饥饿"的问题，促进孩子的肌肉协调，使其全身舒适、心情愉快、易安静、睡眠质量好。抚触时皮肤会受到不同程度的刺激，传至大脑，进而形成由带有轴突和树突的神经元和多种神经纤维组成的兴奋灶。持续在同一部位的皮肤刺激将会形成固定兴奋灶。从出生到 1 岁，孩子的大脑增加近 3 倍的重量，所以从出生就开始进行适当的抚触能够有效地促进孩子的智力发育。

传统的按摩针对身体的特定部位，需要用力，手法技巧要求高，主要用来治疗疾病；而抚触则针对非特定部位的肌肤，主要起到保健、抚慰孩子身心、促进孩子发育的作用。

在抚触时，手法要轻柔。选择温度适宜、孩子状态好的情况下进行。

如果孩子身体不适或者身体某部位疼痛，则不要进行。给孩子做抚触时，父母可在自然而然的过程中，帮助孩子认识自己的身体部位。如果能掌握几个关键部位，还有保健的效果：经常按揉眉部，对感冒、结膜炎等症有缓解作用；轻轻抚摸腹部，沿结肠运动的轨道按摩，可以促进肠道蠕动、通便，增强肠胃功能；根据穴位图找到足三里，这是肠胃保健穴位，但凡腹痛、腹泻、恶心、便秘等肠胃不适，按揉足三里都有效。

整个抚触过程中，妈妈在与孩子目光相对的时候，甜美的微笑、细心的呵护、优美的音乐，都能让抚触双方产生愉悦和满足感。不仅仅是妈妈，爸爸和家里的其他人也可以帮助孩子进行抚触。实际上除了正确的、健康的抚摸之外，我们还可以给孩子无意间的碰触，这些都可以给他带来安全感。

从这个意义上来说，抚触本身具有心理治疗的效果。每一次的抚摸、亲吻、拥抱，都是父母对孩子爱的表达，能够让孩子知道他在你生命里有多么重要。每一次的抚摸，都是在唤醒孩子体内沉睡着的爱的能力，推动亲子建立更加牢固、可靠的亲密关系。

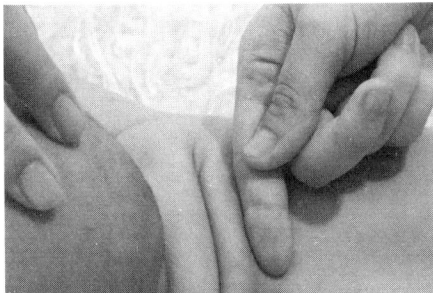

正是抚触能带给孩子安全感，建立良好的亲子关系，积木宝贝选择了为0～6个月的婴儿提供抚触课，作为低龄宝宝进入积木宝贝早教的第一门课程，而且是免费的。著名育儿专家、儿科学术泰斗、北

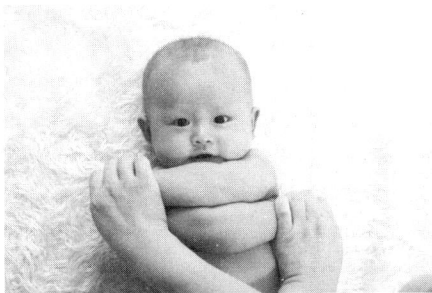

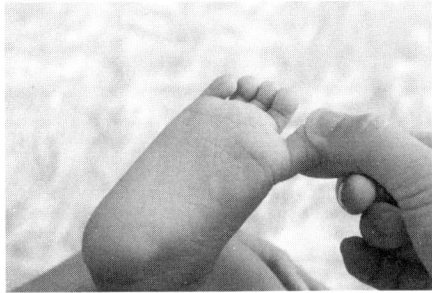

京协和医院儿科主任籍孝诚教授将他 40 余年的抚触研究经验倾囊授权给积木宝贝，并与积木宝贝合作出版了《宝宝抚触与亲子操》一书。

　　我的两个宝宝都是籍孝诚教授抚触法的受益人，他们出生开始每天都是我亲自做抚触，在6个月以内就在积木宝贝接受正式的抚触课程。而且，这种抚触课程对1岁以内的孩子是免费的。

　　我出生在中国传统教育家庭，父母很爱我，但是非常含蓄，很少跟我有亲密举动，比如拥抱、亲吻、手牵手。所以，皮肤上是缺爱的。抚触刚好能弥补这种缺失，我觉得这种皮肤上的爱，不仅让孩子感受到爱，也弥补我儿时缺少父母拥抱的亲密感。

　　　　　　　　　　　　——积木宝贝北京大钟寺中心会员扬扬妈妈分享

意志力

意志力让孩子成为完整的自己

　　儿童期的孩子已经开始认识到自己与别人不一样。同时，孩子也会发现通过自己的努力，可以获得更多的机会与可能。于是，意志力发展的课题，正式进入孩子成长的进程中。

• 什么是意志力

　　意志力，指一个人自觉地确定目的，并根据目的来支配、调节自己的行动，克服各种困难，从而实现目的的品质。意志力是人格的重要组成因素，对人的一生有着重大影响。人们要获得成功必须要有意志力作保证。因此，当一个人能够在某一事件或一连串事件中表现出极大的决心与力量时，就会被认为拥有很强的意志力。而一个人的意志力特性，需要通过他的决心或行动的力度和持久性来体现。孩子意志力培养的敏感期是1～2岁。当孩子出现"自

我"的系统后，才可能有意志力一说。

最初，孩子认为，自己和妈妈是一体的，完全没有自我，但是在能够行走、探索的视野逐渐开阔以后，孩子慢慢体会到，原来他和妈妈不是一个人。他有些害怕，又有些欣喜。摆在他面前的，是一个全新的世界。

● 孩子需要感受自己的力量

孩子意志力发展的焦点现象，就是孩子的第一个叛逆期。叛逆期的孩子，不好好吃饭，不愿意穿衣服，不是因为他喜欢挨饿受冻，而是因为在与你对抗的过程中，他感受到了自己有力量。

有一个小男孩，刚进幼儿园没多久。当幼儿园老师带着其他孩子做操的时候，他自己站在边上，抱着小手。老师问："你为什么不参与进来？"他说："我累了。"老师离开了，小男孩的脸上露出胜利者的表情。他其实是享受与其他人不一样、自己可以有选择权的力量。

而一个不懂得孩子的大人，往往会成为在孩子的世界中横冲直撞的野蛮敌人。对于野蛮的敌人，孩子自然是要反抗的，他们要捍卫自己的领土。

当孩子做出各种不同尝试的时候，父母往往成为粗暴的干涉者。所以，冲突随处可见，在父母与孩子之间，对峙无处不在。

在"我"萌生、发展的过程中，如果父母未处理好和孩子之间的关系，未对孩子进行有效引导，就会出问题。比如，若孩子很难控制自己的情绪，遇到困难只会大哭大叫，又很任性、固执，这就是缺乏意志力的表现。父母对孩子听之任之，或者过于苛刻和干扰，都会导致孩子的意志力缺乏。所以，我们一直强调，要尊重孩子的自我意志。孩子活在一个和我们完全不一样的世界。那个世界，是由梦幻、星星、月亮、好奇心和蜜糖构成的。在那个世界里，孩子是自己领土的王者。他们撒欢儿地在那个世界里驰骋。只是，一不小心，就会打翻毗邻世界里的父母的一个玻璃杯。

试着去重新认识他们，读懂他们，你会收获不一样的亲子关系、不一样的孩子，甚至收获不一样的自己。

● 做父母的哲学

做父母，真需要点儿哲学，比如看待此时期的孩子，就需要用辩证法。意志力快速发展中的孩子，他们完全以自我为中心，不可能像大人那样考虑周全。比如，孩子在此阶段进入了人生的第一个叛逆期。一方面，孩子突然变"坏"了，让父母各种不爽；另一方面，父母又必须将其视为孩子成长中的一个正常状态。父母不能对此时期的孩子听之任之、放任自流，否则将不利于孩子的社会化；但如果父母过分严厉，或者缺乏方法，又会伤害孩子的自我意识和自我控制能力的发展。因此，辩证统一地看待孩子的成长，完整地接纳他本来的样子，把握教养过程中的度，才是成就好父母的关键要素。

很多父母在这一过程中经常犯错。他们无视孩子的自我，强迫孩子按成人的意志去做，要是孩子不听话，要么打骂、要么恐吓。这样孩子自然会拼命反抗、挣扎，直至丧失自信，并产生自我否定的观念。如果父母能够理解孩子的自我意识，以辩证的方式对待孩子的成长，就会启发孩子、唤醒孩子体内本就存在的向上的能量，更加轻松地教孩子学会自制。

没错，孩子体内有着自己的小宇宙，是属于他们自己的能量。父母要帮助他们体会更多的自我能量，同时引导孩子厘清自己内在世界里的感受和情绪，并用语言帮他们表达出来。这样一来，当孩子处于叛逆期的时候，我们要做的就不是以暴制暴、苛责限制，而是帮助他扩展能力范围，学习理解自己的情绪、表达情绪，进而管理情绪。

父母需要有意识地、辩证地培养孩子的意志力。对于他的任性，不能听之任之、放任自流，也不能过于严厉，而是要在游戏中帮助孩子获得自我控制，发展出积极的自我评价。在意志力建立的过程中，如果父母对孩子保护或惩罚不当，孩子就会产生怀疑，并感到害羞。因此，把握住度，才有利于孩子在人格内部形成意志品质。

● 培养孩子意志力，爸爸作用更大

在培养意志力方面，爸爸实际上比妈妈的作用还大，无论对象是男宝宝

还是女宝宝。但前提是，这个爸爸是积极介入孩子的生活和游戏中的，这个爸爸是开放的、乐观的，这个爸爸是包容的、接纳的。

一般情况下，孩子的妈妈出于保护或其他体力方面的原因，更倾向于给孩子的探索设限。隔代教养中，老人显得更为谨慎。于是孩子的好奇心和对整个世界的愉悦感受就会大打折扣。开放的、乐观的父亲，则更能满足孩子探索的需求，陪着孩子一起游戏，一起运动。运动是最好的宣泄能量和情绪的活动，尤其是对于雄性激素和睾丸激素分泌旺盛的男宝宝来说。所以，放开手，让宝宝跑起来、跳起来、翻起来、追起来，这都是非常好的能量转移。这样，一身疲惫的宝宝就没有那么多精力反抗父母了！

总之，孩子将要投身的这个世界，它的美好无边无际，它的丑陋也无边无际。当孩子和困难并肩、和恶意相逢时，当孩子感到愤怒、悲伤和孤单时，该如何教会他们微笑着独自面对这一切？父母需要给予的不仅仅是爱，更是智慧的爱。

在孩子最初的老师团队中，有位重要人物，如果你忽视了他，那你只能哑巴吃黄连，有苦说不出了。对！那个重要角色就是——爸爸。

一开始，我并没有这么深刻的体会，一直认为爸爸主要负责赚钱养家，教养孩子的事情交给妈妈就好。

直到我看了积木宝贝出品的关于爸爸育儿一系列的《积木育儿脱口秀》，才明白想要孩子健康发展，爸爸必须加入育儿，如果开始没有加入，那么在孩子1岁以后必须要积极加入进来了。

所以，我在视频内容的建议下，给了很多爸爸单独带孩子的机会：带孩子玩耍、带孩子回老人家、带孩子上课……

好处也是显而易见的，在爸爸的陪伴下，孩子更加自信，更加大胆，也越来越喜欢爸爸了，而且爸爸加入之后，我也有了更多属于自己的时间，不用再整天抱怨带娃辛苦了。

——积木宝贝太原万达中心会员summer分享

低意志力的孩子，
多来自这样的错误教养方式

生活中经常见到这样的情形，父母要求孩子无条件听话，但是孩子一直温顺下去，他们又觉得不满意，希望孩子胆子再大些，有决断一些。这两种要求同时加诸孩子身上，其实是相互矛盾的。

我们不可能在一直打压孩子个人意志、鲜少给孩子提供决断机会的环境下，养出一个果断的、干脆利落的孩子。不要当孩子表现出越来越优柔寡断的时候，才突然发现，原来是自己把孩子养成了这样。

● 误区一：事事替孩子做主

相当一部分父母习惯于事事为孩子做决定。他们在要求孩子做事时，往往喜欢使用命令句式，比如"你必须这样做""你该去干……了"。还有很多父母往往是无意识的，或者是出于"好心"要去帮助、过多地干涉甚至代替孩子去做一些事情。孩子没有独自面对、处理问题的经验，尤其是自己独立思考并作判断的成功经验，真遇到事情需要他们自己拿主意的时候，孩子难免不知所措、无从下手。

父母不妨换一种表达方式，在涉及孩子自己的事情时，将命令式语气改为启发式语气，比如："你觉得这件事可以怎样做呢？""你是要先做这个还是那个？"这种表达方式会让孩子感觉到父母对自己的尊重，也会引发孩子独立思考，按自己的意志主动处理好事情。再如，带孩子出门购物前，可以跟孩子约定好买一件他想要的东西；周末去公园玩，可以让孩子自己选择走哪条路线等。简言之，"授人以鱼不如授人以渔"，育儿过程也是一样。不涉及原则性的问题，父母可以尽量让孩子自己去体会和发挥，在任何时候都要注意让孩子充分表达自己的意愿：想要什么、想做什么、想怎么做。

● **误区二：事事让孩子做主**

物极必反。同样地，无原则地事事都让孩子做主，父母没有必要的引导和支持，也极有可能会让孩子变得优柔寡断。原因在于，孩子的脑功能发育有限，思维能力有限，复杂的问题不可能在短时间内做出恰当的判断和选择。反复把孩子独自丢到问题面前，反而容易挫伤孩子的自信心，孩子会因为害怕再次体验到那种无助感而迟迟不敢做决定。

所以，常给孩子选择的机会是对的，但要根据情况而定。当孩子还不能够理智地进行选择时，妈妈给孩子过多的选择机会就是错误的。孩子都希望两全其美，或者希望得到更多的满足。妈妈给孩子选择权时，要考虑孩子的思维和情志发展，要在孩子具有分析判断的能力后，再逐渐升级"做主"的难度。比如，可以多用"你希望选择A还是B"，而不是问"你希望选择什么"。对于低龄宝宝，你可以让他选择是要红色气球还是黄色气球；大一点的孩子，可以让他选择是要买玩具还是去游乐场；更大一些的孩子，可以让他选择是要学习音乐还是绘画……问题逐步升级，符合孩子的心智成熟度才好。

● **误区三：打击孩子的自信心**

既不能事事替孩子做决定，也不能万事完全任由孩子自己做主，更不能为孩子提供过多的帮助，因为这样容易打击孩子的自信心。那么日常教养中如何把握其中的度呢？关键是一切以呵护孩子的自信为前提。

育儿作家娜奥米·阿尔多特告诉我们："真正的自信得益于'我能行'的信念。当孩子还是襁褓中的婴儿时，父母就务必时刻提醒自己：除非他提出要求，否则不要随便帮助他。"

为了做到这一点，父母需要保持对孩子的关注，看得到孩子情绪上的变化，多与孩子保持沟通。孩子遇到困难不愿意表达，就通过询问的方式了解。同时尊重孩子的个人意志，引导、鼓励孩子自己的事情自己做，孩子才会越来越坚信"我能行"而不是"我不行"。

除了给孩子机会让他自己去做分内的事，还要让孩子适当帮我们做些事。其实，请孩子帮忙非常容易，因为孩子个个都是巴不得为我们效劳的热心肠，

越小的孩子越是如此。他们从不把提供帮助当成负担，而是当成乐趣，当成游戏。父母可趁此让孩子在帮助他人的过程中找到成就感、培养责任心、建立自信。

当孩子要刷碗时，不要把他推开；当孩子要扫地时，不要夺走他手里的笤帚；当孩子要拎起一个口袋时，不要拒绝递给他……总之，我们要学会忍心、放心、开心地接受孩子的帮助，这样才更有助于孩子自我价值感的实现和自信心的确立。

● 误区四：对孩子要求过高，经常否定孩子的选择

由于年龄的原因，孩子在表达意见时，难免会产生一些错误。但是无论这些意见多么幼稚和错误，父母也不要给予批评、指责这些负面评价。如果孩子总遭受挫败，就会不愿再提出自己的意见，并终止此种尝试。尤其不少父母望子成龙、望女成凤心切，对孩子往往期望过高，总是不满意孩子的表现，赞许少，批评多。有的父母还让孩子做力所不能及的事，又不帮助他，结果，孩子就会产生越来越深的挫败感，失去自信，他们害怕做错事情后被父母批评，却又不知怎样才能做好，因而变得优柔寡断，无法做主。

● 误区五：乱给孩子贴"标签"

每个孩子的个性都是不同的。有些孩子看起来缺少主见，这跟他们本身的性格特点有关。有些孩子本身就很随和，愿意听从和服从他人的决定。这种顺从本身，就是他们做出的选择，是他们的主见。这种个性未必不好。只是一旦当父母的有了对比，看到别人家的小孩很有想法的样子，就容易担心自己的孩子没主见，将来会"吃大亏"。当父母一遍又一遍地告诉孩子"这种个性不好"，孩子很可能由于你给他贴上了这个"不好"的标签，产生一种深深的自卑感与缺陷感，进而失去自信，结果是愈发内向和没主见了。父母需要知道一点：孩子就是在模仿和探索的过程中学习和成长起来的，这是积累经验的一种途径和过程。越小的孩子越容易如此。

● 误区六：不给孩子"犹豫"的时间

很多时候，孩子做不了决定，并不是他们没有想法，恰恰是因为想得太

多，才导致犹豫不决。当孩子在做选择的时候，父母如果不耐烦地一直催促，或者干脆替孩子做决定，很容易打击孩子自主的积极性。

给孩子充分的考虑时间，相信孩子能做出决定，父母的信心将会转化为孩子的自信。

> 我儿子的性格比较内向、腼腆，别的小朋友跟他拉手，他都会紧张地拒绝；有时候带他去朋友家玩，他也会表现得很不自然，只待一小会儿就吵着要回家。孩子这种性格以后很难适应社会，有时候我也会起急："小男子汉怎么这么腼腆！"我越急，孩子就会更加退缩。积木宝贝早教中心的老师告诉我："急于刺激孩子改变反而会增加他的心理负担，对于孩子的心理承受力也是一种打击。别给孩子压力，鼓励他，让孩子主动去接触、去尝试，别催促，让孩子慢慢来。"
>
> 在早教中心短短一个月的时间，在老师的引导和鼓励下，孩子的性格就发生了特别大的变化：
>
> 以前看见别的小朋友玩，他从来不敢主动参与，无论走到哪儿都要妈妈一直陪伴在旁边不能离开。而现在他会主动和别的小朋友一起玩，还懂得了分享和谦让。
>
> 以前看见熟悉的人也不敢主动打招呼，现在只要到早教中心，就会直接走过去跟老师问好。虽然声音不大，但至少他勇敢地迈出了这一步。
>
> 以前无论有什么需求都不敢找人帮忙，现在想小便了、想喝水了都能独自找老师寻求帮助。
>
> 每次课后回家，他还会兴奋地跟爸爸分享在早教中心的趣事，和爸爸一起做课上玩过的亲子游戏。
>
> ……
>
> 我知道，他已经爱上了这里，爱上了积木宝贝早教课堂的老师和小朋友们。
>
> ——积木宝贝江苏连云港利群中心会员黄言溪分享

培养孩子的意志力，牢记这四点十分重要

培养孩子的意志力，牢记下面这四点十分重要。

● 父母首先要尊重孩子的自我意识发展

拥有强大意志力的前提是，孩子需要有足够的心理能量。一个对自己很不自信、觉得自己不够好的孩子，永远不可能大胆迈步向前，一次又一次地向困难发起勇敢的挑战。他们只会陷于"我不好""我不行"的自怨自艾当中。

为了避免把孩子生生养成一个懦弱的、缺乏意志力的人，父母必须要避免对孩子过于苛刻，批评指责过多。父母长期对孩子持否定态度，孩子就会形成一个概念：我是永远无法满足父母期望的，我不优秀，我没能力，我不好。

给孩子的关注、陪伴太少，也会有同样的结果，因为孩子一样会形成一个观念：父母不陪我，我不重要，我不值得爱，我不好。这里所说的关注与陪伴，并非陪伴时间越久越好，而是优质陪伴，用心、专心，陪伴过程中保持情绪稳定，且要让孩子感受到你对他的爱和接纳。

● 父母还需有意识地对孩子进行自制力训练

自制力是意志力的一个重要方面。所以，父母在给孩子足够好的爱的同时，还需要有意识地对孩子进行自制力的训练。

这涉及对孩子进行规则设立，并训练孩子逐步将规则内化的一个过程。简单说来，父母平日需要注意下面几点。

1. 帮孩子建立秩序感。比如学会排队，哪里拿的东西记得放回原位等。

2. 对孩子遵守规则的行为予以鼓励，并对孩子表示出信任的态度。

父母的信任，可以帮助孩子在没有大人在场的情况下，也能同样自觉遵守规则。

3.引导孩子进行"自我延迟满足"的训练。比如当孩子想吃一颗糖的时候，告诉孩子：你想吃糖，当然可以，不过，你要先收拾好自己的玩具／你先把饭吃完……这样孩子就会逐步学会先后顺序，同时习惯了稍作等待，而非立即满足。对于一个4岁左右的孩子，若能够对自己很想要的东西，等待10分钟左右，就算不错。

除了上述日常做法，父母还需牢记下面几个重要原则。

1.智慧应对孩子的逆反期。在幼儿时，"叛逆期"一般出现在两岁左右，当然有的孩子从一岁半左右就开始有类似的表现。处于"叛逆期"的孩子，家长感受到的是"无理取闹"，这时请家长放松自己的心态，因为这是孩子成长过程中必经的阶段，这说明孩子的自我意识开始发展，是成长的一种表现。家长要做的就是对于孩子的这种万事皆抵制的行为不要过度关注，情绪不要过度反应，甚至比孩子更暴躁，家长可以适当地漠视孩子的某些"过分"行为，或者一件事情给他两个选择，让他慢慢学会做出选择，而不是一味地说"不"，这样他自己的焦点也就从抵抗转移到具体的事情上了。

以前从来不知道，培养孩子的意志力可以通过"自我延迟满足"来训练。第一次接触这个概念，是在积木宝贝的专家大讲堂上，来自中科院心理所的专家讲到了"延迟满足"的研究案例。所谓的延迟满足，就是能够等待自己需要的东西的到来，而不是想到什么就要什么，这样能很好地锻炼孩子的意志力和自我控制力。我终于知道带孩子不是一件简单的吃喝拉撒的事，而是一个科学的工程。早教也是要讲究科学的。

——积木宝贝北京大钟寺中心会员和和妈妈

2.呵护好孩子的物权。3岁前允许孩子独占自己的玩具、不分享等行为，这不是"自私"，而是他们在通过对物品的占有确立自我。父母不但不要苛责，反而要尊重孩子对自己物品的所有权，而且不能随意把属于孩子的东西送给他人。至于如何引导孩子分享，父母平日做好示范，发现孩子有分享行为及时给以鼓励即可。

3.不宠溺。父母事事包办代替的结果，就是让孩子鲜有独自面对问题、解决问题的机会，最终形成"习得性无助"。待走出家门后，孩子会发现：外头的世界好艰难！没人再那么贴心照顾自己的一切了，而自己又什么都不会，太可怕了，好像连呼吸都是困难的，更别提去克服困难了。

也有的父母会走极端，担心孩子被宠坏了，刻意送孩子去体验挫折教育，其实完全没必要，这样反倒容易引起孩子的记恨，破坏亲子关系。殊不知，平日里只要让孩子承担他们应该承担的责任，完成应该完成的任务，就能达到锻炼意志、增强毅力的目的。日常生活起居、家务劳动、学校的各种活动、社会公益活动，孩子能够参与的就让他们参与，这样孩子的意志力才能坚韧起来。

● **好妈妈，不要被"做个好妈妈"的想法绑架**

训练孩子意志力的过程中，妈妈的情绪很重要。想要孩子有控制好自己情绪、行为的能力，妈妈最先要做到情绪平稳。不过这一点对很多妈妈来说，是一个巨大挑战。

比如下面这位妈妈的描述："我一直都想做一个好妈妈，可是我的两个孩子实在太调皮了。他们很喜欢跟我对着干，也常常为了一点小事打闹。我常常会觉得自己处于崩溃的边缘。每每我看到他俩把东西搞得乱七八糟的时候，我就忍不住冲孩子发脾气，好像完全失去了理智。可是等我发完火，看着孩子一脸委屈的样子，我自己内心又忍不住自责。"

这位妈妈遇到的问题就是：怎样在孩子面前想要爆发的时候保持冷静？从根本上说，就是如何让自己先变得更有意志力。

简单分析可以发现，但凡有这类问题的妈妈，她们内心对自己的"妈妈"角色都有一个设定："好妈妈"应该要从容，不能随意冲孩子发火。

做个好妈妈，这是她们的最大动力。一旦她们开始因为搞不定孩子而失控，就会记起想要"做个好妈妈"这件事。但这会让她们更加情绪失控，因为她们竟然如此失败！随之而来的，就是情绪的低沉、消极、内疚等等。

想要走出这种困境，获得意志力的提升，妈妈们需要重新设定一下：用"享受做父母的过程"，替换掉"我要做个好妈妈"。这两者的区别在于，后者其实是个完美但含糊的目标，少有妈妈真能做到；一旦做不到，妈妈就会产生愤怒情绪——意识到自己无法做到一个好妈妈，会让我们很难受，非常有挫败感，这愤怒原本是指向自己的，最后却把孩子当成了出气筒，从此陷入了不良循环。而"享受做父母的过程"则是一个更容易实现的目标，它未对妈妈提出任何"应该""必须"的要求，因此不会引发不良情绪。它能给妈妈埋下一个暗示：大喊大叫不是一件有趣的事；冲孩子大喊大叫，其实不过是在冲无能的自己大喊大叫而已。

理清楚这个逻辑，我们会发现，保持冷静似乎变得容易多了。面对孩子容易情绪失控的妈妈们不妨试试这个方法。

● 好爸爸对孩子的鼓励与支持，胜过打骂说教

训练孩子意志力时，爸爸的角色其实比妈妈的更重要。一般情况下，孩子的妈妈出于保护的缘故，或其他体力方面的原因，更倾向于给孩子的探索设限。尤其隔代教养中，老人家更为谨慎。于是孩子的好奇心和对整个世界的愉悦感受就会大打折扣。

父亲与生俱来的外向、开放、果断、力量感，更能满足孩子探索的需求。当爸爸陪着孩子一起游戏、一起运动，孩子的情绪很容易就得到了宣泄，规则、自制能力也于无形中得到了训练。

当然，这一切发生的前提是，爸爸真心投入到陪伴孩子的过程中，通过自己的一言一行给孩子以好的示范与熏陶，而非像质检员一样，目光一直盯在孩子的各种不是上，对孩子各种打骂说教。

　　100个妈妈就会有100种育儿方法。每天搜索各种育儿新招，但好像都不是特别适合自己的孩子，于是，我开始慢慢地自己摸索。比如，曾经有段时间女儿喜欢抠手，刚开始我会拍打她的手，因为身边有的人说打她的手，疼了就记住了。可是我并不想通过这种简单粗暴的方法来解决，最终我说："薇薇，妈妈有时候也会抠手，我们互相监督吧。如果妈妈抠手，你一定要提醒妈妈说不要抠手；如果你抠手，妈妈也提醒你！"

　　结果，效果非常好，薇薇两天之后就不再抠手了。这也让我明白了，对孩子平等相待，他们才会更容易接受。孩子在不经意间既改正了坏习惯，还学会了自律和监督别人。另外，我还发现原来自己也可以做一个温柔和明智的妈妈！

——积木宝贝湖北鄂州中心会员卫予芯妈妈分享

训练孩子的自制力，从规则意识建立开始

孩子在一天天成长，意味着父母也要学着一点点放手。在放手之后，如何确保孩子独自朝正确的目标前行呢？这就需要父母在陪伴孩子成长的过程中，积极引导孩子，帮孩子建立起规则意识。那么，怎样给孩子建立规则意识呢？

● 自制能力是可以培养的

心理学上有一个著名的实验，叫延迟欲望满足。这是关于自制力的一个早期研究：让十名孩子，单独待在一个房间里。房间的桌子上摆着孩子爱吃的糖果。研究人员告诉孩子，可以选择立刻吃掉糖果，也可以等研究人员回来再吃，这样就可以再得到一颗糖果作为奖励。实验结果是，2/3的孩子不到3分钟就放弃了坚持，把糖吃掉了。其余的孩子则等到研究人员回来兑现承诺，整个过程大约15分钟。

实验并未到此结束。研究人员继续对当年的实验参加者进行跟踪研究，直到他们35岁。研究表明，当年不能等待的孩子，成年后有更高的体重指数，并更容易有问题行为。相反，愿意等待的孩子长大后，生活质量更高。

此实验的研究人员后来指出：除去遗传因素的影响，孩子们自我控制的能力其实是可以培养的。父母在这个过程中的作用非常重要。若父母在孩子的成长过程中，有意识地训练孩子延迟满足，鼓励孩子去等待和自我控制，并且让孩子明白等待和自我控制是有价值的，那么，孩子就能更好地建立规则意识，并获得把握自己生活幸福的能力。

● 自制力好的孩子，更容易建立规则意识

规则就是各种规范、准则，是一种界线。置身于社会这张大网中，如

何把握好"我"与"他人"、与外部世界的关联，设定好合适的界限，使得我们和外界都能够处于一种相对舒适、和谐的状态，这就是规则的核心意义。

而通俗理解，自制力，就是孩子根据社会现实能接受的方式、规范等去行为处事的能力。自制力，无论是对孩子，还是大人，都至关重要。在生活中为了更好地与人相处、实现一些既定目标，成人必须要懂得控制自己的情绪，控制自己的反应，控制自己的一些想法。孩子同样如此。

还是延迟满足实验，研究者跟踪了两百多个孩子，从他们3岁一直跟踪到13岁、23岁和33岁。最后发现，如果在3岁的时候这个孩子的自我控制能力比较好，那么他们到了22岁和33岁的时候，无论是在事业上，还是在人际交往、家庭关系上，都取得更多的成就，拥有别人更羡慕的那种很美满的生活状态。

对于规则的建立，球球的妈妈有不错的经验：

> 对于奖赏的使用，我们会分为好几个方式。
>
> 当他2岁的时候，他就开始想要各种玩具，我们告诉他，墙壁上的贴纸贴满了这一行，你可以去选择其中一个最想要的，刚开始他不懂，天天和我们发脾气，而我们则是耐心地反复强调这一行满了就可以给你买。我们总是会不断给他小任务、小鼓励分散他的注意力，并且强化这个意识，总会说因为你做好了什么，爸爸妈妈奖励你小贴纸。有一天他的贴纸满了，我们告诉他，你可以去拿你的小奖品。在这种意识建立后，我们在他做错的时候也会适当地减去他的小星星，并告诉他哪里做错了，会和他沟通。
>
> 而对于一些有时间限制的事情，我们又换了另一种方式来培养他。我们规定，在规定的时间内完成任务，就可以得到小礼物，因此宝贝在完成任务的过程中，他会有意识地提高做事效率；如果他

没有及时完成任务，我们会根据他在完成任务过程中的态度进行鼓励和引导。

在这里我想提醒一些父母，不要拿你的标准去要求孩子做超过他年龄范围的事情；孩子犯错的时候，也请不要觉得他只是个孩子，只有从小教育他学会去承担他的过错，将来他才会勇于面对自己遇到的问题和困难。

——积木育儿微信公众号粉丝暖夏知凉也温情分享

● **如何训练孩子的自制力**

1. 避免和孩子正面冲突，用说"是"的方式训练孩子的自制力。说"不"是父母用起来最顺手的一种教养工具，但其效果甚微，这就需要我们转换思路了——用说"是"，即用顺着孩子的方式去管理孩子。当父母以否定的方式，给孩子设立很多的条条框框时，看似孩子很听话，控制住自己的行为了，但其实多半是假象，因为强制的规矩并未内化到孩子心里，孩子之所以听从其实是种"屈服"。一旦父母不在，孩子立刻会扔掉那些套在自己身上的"规矩"，自制力全无。我的建议是：孩子的所有需求，父母不直接否定和阻止，而是给孩子做"排序"。要明确让孩子知道，很多事情，不是妈妈不让他做，只是现在还不是时候，这样避免了跟孩子起正面冲突，还顺便教会孩子学习等待。在等待的过程中，孩子就会慢慢习得自我控制能力。比如吃零食这件事，不是不让孩子吃，而是在保证孩子三餐吃饱的前提下，让孩子完成一个"任务"后，再吃零食。"任务"可以是等待 5 ～ 10 分钟的时间，也可以是学一个小本领才能吃，或者是听妈妈讲完一个故事才能吃。这其实也是在对孩子进行延迟欲望满足的训练，提升孩子的自制力。

2. 不能为了立规矩，破坏孩子的安全感。知道规矩、懂得把握和遵从规矩的人，更容易被社会接纳、认可，所以规矩带给人的就是安全感。而训练孩子的自制能力、立规矩，就是为了让孩子获得来自社会上的安全感。

明白这个逻辑很重要。因为我们常听一些父母描述他们给孩子建立规矩的场景：吃饭的时候，就必须坐在固定的地方，吃着吃着跑开玩去了，肯定是不允许的，需要严厉批评才行。夜里睡觉当然是要睡自己的小床，不能去哄，别把孩子给惯坏了。

可是，如果不能和孩子之间保有一种亲密又自由的氛围，那么你强加给孩子的规矩，永远不能让孩子心悦诚服地去内化为自己的东西。为了要建立规则意识，反倒牺牲了孩子的安全感，那就是本末倒置了。

所以，父母在训练孩子自制力的时候，必须先关注孩子的情绪。就算是必须坚持的规矩，也没必要一旦涉及需要"控制自我""立规矩"的事儿，就一定要黑着一张脸，或者大声训斥才行。而且，父母必须想清楚你的规矩都有哪些，列出来，不要凡事都是规矩。规矩太多，等于没规矩，因为肯定执行不好，反倒损伤孩子的安全感，让他们没法活得自在。

而且，像孩子吃零食这样的事，基本都是允许的，只要父母在吃的量和时间上，给孩子做好"排序"和"规划"就好。

3. 引导孩子自然习得自制力。很多孩子会意识到，若遵守某个规则，能够得到某种好处，比如更多的快乐，那么孩子就会往前走一步，成长一步。相反，若因为没有控制自己和遵从规则，受到了"惩罚"，孩子同样也会自主地去思考、学习和调整自己。

比如独立吃饭这件事。从孩子有意愿拿勺子和筷子开始，父母就要有意引导孩子学习吃饭的规矩了，包括吃饭应该坐在饭桌边上，吃完饭才可以玩玩具等。孩子不是大人，他们的注意力很容易被分散，常常会吃了几口，就跑开去。这时候，避免啰唆，还可以跟着再喂孩子两口饭，最后跟孩子确认，是不是吃饱了。

孩子确认后，父母就可以收起饭，只不过同时要记得告诉孩子，要饿了的话，就只能等到下一顿饭了。整个过程，父母没有说不，没有批评，孩子自己选择，并承担了自己选择的后果。通过体验，孩子会更容易理解"专心吃饭"的重要性。

游戏是训练孩子自制力的最佳方法，可以很容易让孩子明白，有规则，才有自由和乐趣。比如大人陪孩子玩棋类游戏，如果我们下象棋可以随意悔棋，甚至可以把棋盘掀掉，那么下象棋的人就没有什么乐趣了。只有遵守象棋的规则，马必须走日，象必须走田，如此才能在游戏过程中获得乐趣。

所以，建议父母多陪孩子玩一些简单的亲子小游戏，在游戏中制定一些规则，然后陪孩子玩到开怀大笑，那样孩子就会在一种非常愉悦的氛围中懂得，尝试去等待、遵从一些规则，没有那么面目可憎，它是和快乐画等号的。

4.大人展示给孩子日常的规矩和规则。社会礼仪等是一种最基本的行为规则，在孩子那里上升不到道德层面。让孩子看到大人如何做，并且不会带给他们心理负担的时候，孩子一般都能自然而然学会。

比如见到年长的人，我们要去喊爷爷奶奶好、叔叔阿姨好、老师好，当然，这也有个时段，有些孩子在2岁左右的时候，甚至1岁半到2岁的时候，他就是不愿意喊。他不愿意喊没有关系，不去强迫孩子，因为孩子再大一点，等他进入幼儿园，他看到很多孩子都开始喊"老师好"的时候，也就开始跟着喊"老师好"了。同时也要给他建构一些规则，比如说绿灯行、红灯停这样的一些交通规则。

所有这些基本的日常规范，都需要父母先以身作则。

5.接纳孩子的情绪，并给出解决办法。孩子遇到一些问题开始发怒的时候，我们该怎么办？接纳孩子的情绪，并尝试引导孩子："宝贝，你现在很生气，妈妈知道，但是你这种方式可能得不到你想要的结果。"如果孩子具有语言的表达能力，就需要去跟他沟通。如果孩子还不具有语言的表达能力，就要去疏导孩子的情绪，然后让孩子安静，待孩子安静以后再跟孩子讲，什么样的需要是可以给孩子满足的，什么样的需要不能立刻满足。

6.爸爸对于孩子自制力和规则建立很重要。在建构孩子自我控制的过程中，爸爸起到一个决定性的作用。为什么这么说？妈妈对于孩子的最大意义，是照料；爸爸对于孩子的最大意义，是陪玩。如上文所说，在玩中训练孩子的自制力和规则意识，最容易。

比如，爸爸和孩子一起搭积木，我搭三层、你搭六层，说到做到。这时爸爸就是在给孩子做自制力的训练，从而建立规则意识。

比如给孩子解答一道数学题的时候，妈妈可能会告诉孩子这个该怎么做，但爸爸可能更多的时候会启发孩子从另外的角度来思考这个问题。男性和女性生理上的差别决定了他们思维上有差异。所以，爸爸的视野更开阔，提供的可选择办法更多，这种思维方式和解决问题的多样性，帮助孩子更好地掌控事件进展，也会强化孩子的信心，帮孩子逐渐习得自制力。

2016年7月23日，粿粿1岁7个月。

5月中旬，我带着粿粿进入积木宝贝早教。我觉得，早教不可能立竿见影，却影响深远。

上早教课带来的变化还是有几点的。

1. 粿粿专注力明显提升

平时粿粿主要在家跟爸爸妈妈一起，外出时，粿粿会安静专注地看周围的事物，但这毕竟是外出，周围环境一直在变化。上课就不一样了，上课只是在一间教室里，对着一群陌生人，还有一个不太熟悉的老师。粿粿上课的专注力确实出乎我们的意料，一开始45分钟的艺术课，粿粿在30分钟左右开始有些不耐烦。但在我的陪同下，也是坚持上完了。过后粿粿已经喜欢上课，每到上课就会认真并专注于看老师。

2. 记忆力的提升

每次上课都比较专注于看，较少动作上直接模仿，特别是新动作的出现，粿粿课上基本不会去模仿，只会认真坐着看，但是每次课后回到家再次问起动作如何表达时，粿粿会用她看到的方式尽可能地去

复原老师的动作，并在未来1周左右都会喜欢去做刚学到的动作。

3. 交际能力提升

热衷于和中心小伙伴玩耍，并在中心认识了不少固定玩耍的小伙伴呢，除了上课时间，粿粿都喜欢往早教中心跑，跑到这边来旁听课、跟小伙伴玩耍、自己玩玩具。

4. 乐于分享乐于助人

在中心，有什么好吃的好玩的，大家都会互相分享。娃们也会拿着自己的小零食和玩具交换。粿粿也会毫不吝啬地给哥哥弟弟姐姐妹妹们……还经常主动帮助别人把东西捡起来归还，个子小小还会帮中心的老师搬抬东西。

5. 阅读习惯

粿粿本来也是挺喜欢看书的，在这里又多了一些看书的空间，还有不同的人讲故事。偶尔可以听听其他家长讲故事、看看老师怎么讲故事……慢慢发现，跟爸爸妈妈讲的不太一样，同样的内容都丰富起来了。

6. 坚持上课

除了我会准时拉着粿粿去上课以外，粿粿自己也会坚持上完课。坚持上课，课程的连贯性和不断灌输，让粿粿能连贯着学习每个月龄段应该接收的知识和语言行为。

热衷于上课的粿粿对自己要求也是"有点严格"：

比如：一次上艺术课，连拉臭臭了都不肯离开教室，直到下课才肯离开。

还有一次上运动课摔了一下，哭了一会儿以后还眼泪汪汪的，也跟着老师一起玩游戏到下课。

7. 规则的建立

东西的摆放、排队玩游戏、玩了别人的东西要还给人家、大家轮

流玩一个玩具等等，粿粿一开始要还给人家玩具时，也会伤心地闹一下，我认真地跟粿粿说了之后，粿粿就会慢慢调节自己，并将玩具还给人家。

8. 体能上的提高

这一块就不用多说啦，体能是成长的根本。粿粿体质原本不是很好，运动课更是需要多一些针对性的学习。粿粿一开始上5段的课，很多动作挑战跟不上，上了4次以后，现在基本能努力做到5成动作啦。

——积木宝贝成都SM广场中心会员粿粿妈妈分享

这位积木宝贝会员妈妈的感言，充分说明了意志力的培养与早教之间有着密切的关系。有规律地、坚持风雨无阻地到早教中心学习，本身就是一种对大人和孩子共同的意志力锻炼。更不用说，早教课堂上专门为提升意志力、自制力的游戏环节，不管是早教课堂上简单的排队爬行，还是玩完玩具后坚持收回等行为，都是不断地强化意志力的方式。

目标感

目标感是孩子一生前行的指明星

进入学龄初期的孩子，已经对这个世界有了初步的体认，包括外界都有些什么、身边的人如何、"我"又能够做什么等。然而，这一切对孩子而言还远远不够。他们变得越发关注外在的世界，在意别人说什么和做什么，与自己有什么关系。目标感的发展成为此时孩子主要的成长任务。什么是目标感？目标感，指孩子有实现自己设定目标的勇气，不畏惧目标实现过程中会遇到的失败和恐惧。

拥有目标感的孩子，外在表现更自信，有更多责任感和创造力，敢于面对困难甚至更大的挑战。0～3岁为目标感的萌芽期，4～6岁为关键养成期。

为了帮助孩子建构好的目标感，可以从帮助孩子建构好的自信、自尊，并学会理解他人情绪感受（即理解与共情）着手。

缺乏目标感的孩子，往往是大人没能正确地给予批评、表扬和客观评价，让孩子鲜少经历成功体验的缘故。让他无法带着成功后的喜悦、信心主动去挑战某一事物，以达到"我想要""我希望"的目的。等孩子长大，挫折、痛苦、磨难都将是前进路上的必经之地。唯有强烈的目标感，才能让孩子咬牙前进、百折不挠。这样，有一天，孩子背起行囊闯世界，行囊里会是分量刚刚好的自信、自尊和爱，既不会目空一切，也不会犹豫徘徊。所以，建立好的目标感，父母不仅需要更进一步放手，让孩子去体验，更要懂得用智慧的方式，为孩子创造更加广阔的体验空间。

• 让孩子亲自成长

奥地利心理学家阿尔弗雷德·阿德勒说："每个人生来都需要寻找存在的意义和价值。"这个寻找，从我们一出生就开始了。孩子也需要成就感，像任何一个成人一样。我们常常发现，小孩子喜欢和大孩子玩儿，因为大孩子能够玩很多他们做不到的东西。孩子喜欢爸爸陪着做游戏，因为爸爸能够给他们更多的惊喜，让小小的他们产生无限的崇拜感。每一次大人假装被孩子推倒、向孩子示弱的时候，是孩子最开心的时候，因为这样能让他们感受到自己的力量。没错，孩子需要体验"成功"，从而超越他们小小的身心的局限。而这一点，是父母最容易忽略的。因为，我们早已经忘了自己童年时候的样子。

如果我们专门花点儿时间去回忆自己的小时候，回想一件曾经让我们觉得挫败，受到委屈、误会以及不公平等情形的事件，回想当时的具体情形和自己的切身感受。同样，回忆一件让自己兴奋、快乐，受到鼓励、感到被理解和喜悦类似情形的事件，回想当时的细节和我们的感受。

如果真的可以的话，也许我们能够更加明白孩子心里在想什么、想要的是什么，尤其是那种超越自己的渴望。这样，我们就不至于每次在孩子坚持自我的时候，大为光火；不至于操过多的心，反而剥夺了孩子独立长大的机会；更不至于将我们自己的目标，当作孩子要实现的目标，把自己所认为的"幸福"，当作孩子要拿一辈子去做的事。

• 帮孩子看到世界的多种可能

世界本来就是立体的，所以孩子有权看到这个世界本来的样子，因为总有一天他们要远航，要去面对真实的世界。可是，现在的父母在教养孩子的时候，从理念上就把这个世界扁平化了。别人家孩子都在做的事，就是自己的孩子必须要做的事：要买好的玩具，要穿名牌衣服，要上好的幼儿园，要玩转各类补习班，要过各种级、考各类证，诸如此类。

积木宝贝科学早教的团队在研究早期教育的时候，自始至终都强调一个理念：三维平衡，即体能、智能、心理三方面的平衡发展。其中，尤其强调心理能力。为什么？因为体能是所有父母的第一个关注点，智能是中国家长一直以来的侧重点，而心理能力往往被忽视了。从个体成长的客观特点来看，心理发育原本就滞后于身体和智力的发育。加上中国教养方式一直普遍存在的误区，即关注体能、智能，忽视心理能力。而这双重的滞后，就成为中国孩子普遍面临的成长困境。特别是在体能和智能不分高下之时，心理素质的高下更能起到决定性的影响力。因为在我看来，它的核心，和幸福最为接近。

为人父母，谁不希望自己的孩子将来幸福？人生是一场独特的旅行，不是短跑比赛，亦非马拉松。知识技能更像是助推器或者兴奋剂，它们的确能帮助孩子在某一场比赛的某一段赛程中暂时领先或者不掉队，却不能保证在人生的漫漫旅途中永远朝向对的方向。要恶补上一种知识和技能随时都可以，但是要弥补生命早期受过创伤的心，却是一件艰难的事。因此，孩子真正需要的，不是急功近利的爱，而是更加科学的爱；不是狭隘、盲目的爱，而是更加完整、智慧的爱。

要将孩子的身心发展看成一个全面的整体，为孩子提供一个全面而平衡的环境，真正增强孩子为了应对这个世界的、综合而强大的"抗体"。

所以，在理解了上面的观点后，我们就会知道，目标感不一定代表有高瞻远瞩的宏伟理想，它们甚至是一些很简单、很平凡的点滴，比如快乐的能力、与人轻松交往的能力、保持健康生活方式的能力等。绝不仅仅指学习成绩提高、考下某一证书等。

从这个意义上来说，所谓"目标感"，就是无论在成长的过程中会遇到多少困难，孩子都坚信他的某些目标是可以实现的。而且，最为关键的是，这种目标感可以帮助孩子构筑自身的幸福。

所以，亲爱的父母们，只要你们给孩子自我成长的空间，为孩子创造体验成功的机会，帮助孩子打开一个广阔的视野，孩子会比我们想象中长得更苗壮。

刚开始的时候，远远还不会爬，也比较认生，遇到陌生人会害怕。但自从他上了积木宝贝早教课后，进步显著。在这4个月里，远远先是慢慢地学会了爬，然后越爬越熟练，又开始尝试站立，现在已经可以独立地站立了，这让我很为他自豪。

在社交方面，远远从刚进早教课堂时看到人多就害怕，到慢慢习惯这种场景，再到现在特别享受跟别的小朋友一起上课，显然他的社交能力也大大提升了。现在，他有了和其他宝宝社交的需求，也学会了比较自然地融入陌生的环境，在小区里遇到陌生人也没有了焦虑和恐惧，而是大大方方跟大家打招呼了。

远远身上点点滴滴的改变对我们的触动也非常大，原来这些让我们束手无策的问题在积木宝贝这个大家庭里都一一得到了改善。

远远一直非常喜欢音乐，在积木宝贝每周的综合、运动、音乐课里面也是最喜欢音乐课。每次上音乐课，只要音乐响起，无论他手上有什么活动，都会立即停下来，跟着节奏舞动小手、跳舞。刚开始学会站立那会儿，我们很怕他会摔倒，他自己也是很谨慎的。但是只要音乐来了，他就完全放开了，仿佛自己是个灵活自如的兔子！

——积木宝贝北京四元桥中心会员夷远妈妈分享

培养孩子的目标感，首先要允许孩子试错

　　孩子就是在各种问题、各种错误中长大的。可是，许多问题和错误，在一些父母看来都如洪水猛兽一般。这些父母在育儿过程中，更像一个完美主义者。由于这种完美心态，会导致很多父母对于孩子的错误表现得特别严厉。

　　可是，任何一个人，当他犯错后，被一通批评与指责甚至体罚后，情绪往往有两种，害怕或者仇恨。而这些坏情绪，完全无益于一种健康心理的养成。若父母能换一个角度，将孩子的每一次问题、错误，看作孩子的一次成长机会，事情将会完全不一样。

　　父母可以尝试为孩子营造一种合作、和谐的沟通氛围，着眼于训练孩子的沟通和解决问题的技能。这种氛围中，孩子们的精力将不会再集中于和父母的对抗、和他人的对抗上，而是集中在问题解决上。如此，孩子的认知、解决问题的能力以及自信和自尊，都会得到极大的提升。

　　允许孩子出"问题"，允许孩子去试错，还需要父母耐住自己的性子，减少自己的焦虑情绪，给孩子自我学习和反省的空间。

　　比如很多父母在孩子出错的时候，先是通过唠叨、批评、指责等方式去打击孩子，然后又着急忙慌地帮孩子去解决问题。如此，孩子不仅不会感激，还会在父母的引导下，愈发变得没有责任感。

　　父母必须要承认，自己不完美，也不必要求孩子完美。还记得孩子刚学会走路吗？每次他摔倒，从来不必浪费时间感觉自己无能，只是爬起来继续走。如果摔疼了，可能会哭一会儿，但是他的体验也不会有被责怪、批评或者沮丧等不良情绪。因为此时大人的做法，一般是给孩子温暖的支撑、拥抱，同时会引导孩子继续走。只是孩子再大一些后，我们对孩子的要求就越来越高了，也变得愈发焦虑了。

　　如果孩子的成长出现"问题"了，不要随便给孩子贴标签，比如"我们家孩子就是内向""你怎么总是不听话"之类。尊重孩子的独特性，也尊重他作为一个独立的人应该获得的尊严。这种尊重，会帮孩子看到这个世界的多种可能，不至于走进一条死胡同，或者永远走在一条单行道上。生活在这种氛围里的孩子，他能够有更多机会看到自己的价值，不会怀疑自己存在的意义，当然自尊心的发展会更加健康。

如果读到此，你仍然觉得无条件的爱，对自己而言不那么容易，那么请按照下面的方法试一试。

• 方法一：搭建亲子缓冲地带

生活中不能控制自己情绪、抑制不住愤怒的时候经常有。可以在家中为自己选择一个专门的缓冲场所，比如厕所、自己的书房等。给自己3分钟的时间，闭嘴，冷却情绪。此时，父母可以想象自己的孩子就是一株植物，他不是你的所有物，要客观地对待他，因为你不能代替他成长。而且，如果你不尊重他的特性，盲目施肥，还有可能害死他。

• 方法二：假定孩子无辜

要告诉自己，每个孩子都想做个好孩子，都希望有归属感和价值感，都想和别人有良好的关系。这样，遇到孩子犯错误，或者又"给我们制造麻烦"的时候，我们会事先假定，孩子本来是为了得到一种积极的结果，只不过他不知道如何更好地达到自己的目的而已。要想让孩子感受到我们无条件的爱，父母只需要一句有效的话：我知道你想要做得更好，让我帮帮你，对吧？记住，要用有爱的目光，有爱的姿态。

• 方法三：发自内心去爱

你必须要明白，面对孩子的时候，你的焦虑、愤怒等负面情绪，你的失控的言语和行为，其实背后都是爱。只不过连你自己都不知道，你被你自己的情绪淹没了。所以，要认识到这一点。然后，再尝试让这些爱显现出来。

放松，意识到这些爱的存在，然后，你的语言和行为里，就会有爱意泛出来。如果没有，请再回到前面两个方法。孩子的感受是超级惊人的。你说话是不是有爱，孩子能感觉得到。不懂得如何对孩子表达爱的父母，请按照上面的方法去做，你会发现，孩子会有变化，你也会。

我看着一杭一点一点慢慢长大，偶尔看见他熟睡的身体，已经长很大块头啦，好兴奋！宝宝长得快更要给他每个时段的精心呵护！现在已经有模仿大人的行为了，我平时喜欢给他拍照留下他的成长过程！慢慢的，小家伙已经习惯镜头，也会有不同的表情啦！比如我微笑的时候，他也微笑；我大笑的时候，他也大笑；我瞅旁边的时候，他的脑袋也是扭过去的。上班时想他，看看照片，自己都笑出声，宝贝真的是上天赐给我和老公最好的礼物！

平时，就是用很简单的方式陪伴着他，讲故事、读绘本、玩走珠、爬爬垫上练习爬……给小宝宝安全感和幸福感，我相信我说的话、我抱他的温柔、我看他的眼神，小家伙都能感受到，他会更安心、更自信、更快乐地成长！爱不需要太多额外的附加，就在每一次呼唤他的名字里、换尿不湿的眼神里、洗澡的玩水嬉戏里。

但愿每一个爸爸妈妈都能认同用爱来早教。这样，我们的出发点就是所有后期科学行为的开始、总和，或者可以说回归。而且，最简单、最原始的爱，高于所有技能给予的回报，我们终要长大，终要演绎人类永恒的主题，为何不从一出生就融化在其中呢？

最后祝愿：我们的世界里都是爱！

——积木宝贝苏州丰隆中心会员陈思哲分享

培养高效能孩子，从培养条理性开始

有目标感的孩子，往往是高效能的孩子。反之，一个缺乏条理性的孩子，往往是目标感不强的孩子。即使很有天赋、很聪明，却往往因为管理不好自己的时间，管理不好自己的生活和学习，从而导致真正重要的事情要么没时间做，要么做得差强人意，最终成为一个低效能的孩子，远离本该属于自己的成就。对此，父母可以做些什么，该如何引导孩子呢？

● 帮孩子找到自己的生活节奏

慢和拖沓是两回事。有的孩子的确做事会更慢些，孩子越小就越慢。但这绝对不是毛病。若父母常嫌孩子慢，过多催逼，或者干脆替代，那么问题就真的来了：一个真正拖沓、散漫、凡事不操心的熊孩子，往往就是这么养成的。那是因为孩子形成了依赖性——与其听唠叨，倒不如干脆拱手承认："我就是做不好啊，那么你都替我做了吧。"在这个过程中，父母的催促成为了孩子条理性的杀手。父母越是催促，孩子越容易依赖父母，或者变得缺乏耐心，变得更加毛躁。比如孩子吃饭吃慢了、吃脏了，大人会催促、会嚷嚷，吃不好大人干脆抢过碗来喂，孩子的成长节奏就是这样被打乱的。不是孩子做不好事，而是父母没有给孩子做事的机会。

做任何事都需要遵循一定的规律，父母不能要求孩子事先没有丝毫练习而突然某一天顿悟，这显然是不现实的。

要帮孩子找到属于他自己的生活节奏，还需牢记不随意把孩子跟他人做比较。可以鼓励孩子自我比较，即纵向比较，但不要横向比较。

每个孩子从出生即带有自己的气质特点，有的孩子做事风风火火，有的孩子做事慢慢悠悠……这是孩子的天性，又何必勉强呢？让孩子慢慢来，这是父母的智慧。

需要注意的是，想要引导孩子按照自己的内在节奏成长，切忌用下面的方式诱导孩子去做事。

1.行贿。即用过多的物质奖励误导孩子，把原本属于孩子分内的责任，变成额外的、跟孩子无关的事情。

2.羞辱。即批评、诋毁、贴标签，不接纳孩子。这样的行为极易损伤孩子的自尊，容易让孩子怯于做决定，变得拖延。

3.谈判。即总跟孩子用"你如果……，我就……""你如果不……，我就不……"的句式说话。这种句式很容易带给孩子负面情绪，且无法让外部规矩很好地内化，无助于养成一个稳定的、有条理性的习惯。最好的方法就是与孩子商定好规则，孩子执行过程中及时鼓励，孩子磨蹭时适时提醒。但是若孩子做不到，或者担心孩子做不好，父母要尽量控制自己情绪，避免干扰孩子，试着让孩子独自承担未做到或没做好的自然后果。

● 别同时对孩子提两个以上的要求

有个小男孩这样说：我害怕回家，妈妈的要求太多了，我还没进家呢，她就问我作业多不多，做完了没有，我刚坐在桌子跟前，她又说我，手那么脏，怎么不知道洗一洗呢？我去洗手，她又说我，衣服上全是土，怎么也不知道换一下呀？你的屋子乱得都进不了人了，快点收拾一下……我的耳朵里全是妈妈连珠炮似的声音，我都不知道自己到底该做哪件事情了。

可以看出，孩子完全晕了。对大人来说，先做什么事，再做什么事，最后做什么事，事先在脑海中是有一定规划的，可是孩子不一定具备这样的能力，也正因为如此，他才需要父母的引导和指点。

另外，父母注意的点和孩子所关注的点是不同的，对孩子来说，他可能关注的就是当前正在做的事情，如赶紧做作业；而父母呢，会看到更多方面，如衣服脏了需要换了，进屋要洗手了，房间需要整理了等。父母在督促孩子的时候，其实已经完全扰乱了孩子的注意力，并且同时给孩子下了好几道指令，结果呢，孩子的思维完全混乱了，根本不知道下一步该做什么了。

正确的做法是什么？要么将孩子需要做的事按先后顺序告诉他，让孩子知道做完什么再做什么，要么就是告诉孩子现在要做什么了，等他完成后再继续给出下一个指令。千万别同时对孩子提出两个以上的要求，这样做只会扰乱孩子的思维，让孩子不知所措。最好一次只跟孩子说一件事，且保证简洁明了。

● 教会孩子有条理地处理事务的技巧

很多中国父母有一个误区，即只要孩子学习好，什么都可以不管，什么都可以不会。这其实是很危险的事。

孩子总要独自去生活。一个搞不定生活的人，最终会被生活琐事所累，更无法走向真正的独立。对于孩子来说，独立不是长大后的事，而是做力所能及的事，这就要求，父母不能因为孩子"手拙""动作慢"就越俎代庖，甚至剥夺孩子做事的权利；相反要多提供机会，鼓励孩子做事的积极性，教给孩子一些有条理地处理事务的技巧。

1.陪孩子玩一些小的竞技游戏。如，通过比赛谁穿衣服穿得快、谁洗澡洗得快等，在过程中随时教导孩子掌握穿衣、梳洗等的技巧，教导孩子如何排序来提高效率、安排时间等。

2.给孩子时间，并作出正面评价。日常生活上的事，孩子需要花很长的时间逐渐掌握穿衣服、吃饭、收拾玩具等的技巧并熟能生巧，父母要给予足够的耐心，并且对事情的困难度给予一些正面评价，如"收拾好床铺很不容易"，这些持正面肯定的评价对孩子有潜在的鼓励效用。孩子通过自己努力成功做完某件事，内心会产生满足感，并愿意积极坚持去做；即使他没能顺利完成，孩子也会通过父母的正面评价了解这件事很难完成，从而感到被了解的安慰。

3.提供给孩子判断和选择的机会。孩子之所以依赖、无助、拖拖拉拉，主要是因为父母完全左右甚至取代了孩子自己的思考和判断，没有从小开始培养他对自己负责的能力。培养孩子的责任感，就是要在跟他有关系的事情上让他有发言的机会，并让他学会自己作选择。

4.父母做好榜样，而不要对孩子有太多要求。例如，父母在孩子的饮食口味上总是加入太多自己的喜好，会不停地对孩子唠叨"应该吃什么""多

吃什么""快点吃"之类的内容。这不仅会影响孩子的思维和选择的判断能力，还会制约他们味觉和嗅觉的神经感受，慢慢地，孩子会以厌食方式对抗父母的关注。父母最好的态度是，一贯地合理提供用餐内容、用餐时间，并给孩子做出愉快而津津有味地享用食物的榜样即可。

总而言之，培养孩子做事的条理性，父母需要遵循三方面的原则：

1.不打骂、不责备、不惩罚。

2.聆听孩子的愿望和情绪，并适时加以满足。

3.给孩子机会做判断和选择，培养他对自己负责的责任感。

培养自尊自强的孩子，孩子爸很重要

自尊自强的孩子，比较容易更有目标感。而目标的实现，反过来也能增强孩子的自尊自强。具体而言，什么样的孩子才会有目标感呢？一个认为自己有价值、相信自己能做到、对未来有期望的人，才会坚持去实现自己的目标。简言之，就是我相信自己可以（自信），我知道自己很好（自尊），我愿意且有能力去适应外界的诸多不同、差异和困境（理解与共情）。

自尊，每个人都需要。它能够给一个人带去满足感和快乐感，赋予人存活于世的价值。良好自尊的建立，需要三个基本条件：被父母接纳、被他人接纳、被社会接纳。其中，被父母接纳对孩子而言至关重要。它将决定孩子是否能够接纳自己、正确认识自己、与自我和谐相处，进而决定孩子能否与他人、与社会和谐相处，最终获得外界的接纳和认可。

通常，在孩子生命的早期，很多父母的做法是用自己的回应告诉孩子：只有在他表现好的时候，只有在他成功的时候，我们才是爱他的；我们对他的爱是有条件的。或许，父母本意不是如此，但至少，这就是孩子所能够感

受的全部内容。父母不接纳孩子的结果，就是孩子学不会接纳自己。一旦孩子有一天遇到了困难、挫折甚至失败，就有可能是致命的打击。可见，很多父母不懂得如何爱孩子。

学会"无条件的爱"，这也是每位父母应该修习的课题。无条件的爱，应该是什么样的呢？它首先和物质无关，和情感上的满足有关，和安全感有关。父母唯有情感和情绪上无条件支持孩子，接纳孩子，孩子才能感受到父母的爱意，才不至于把自己的精力都花在何种举动才能获得父母的爱和关注上。并且，父母必须牢记，任何物质都无法弥补情感上的欠缺。其次，无条件的爱，是抽离了父母的意志力的，即父母不用自己的梦想、想法、评价，去干扰孩子自己的判断、选择和成长。具体而言，"无条件的爱"有两个显著特征：既要百分百接纳孩子的成功，也要百分百接纳孩子的失败。

每个人都想科学育儿，但总有些事情是无法科学解决的，不过我们也在努力与不科学的育儿方法抗争，比如说绑腿和睡头。其实想来，只要孩子健康，其他的都不重要。在经历了各种矛盾、无措和纠结之后，我抛开那些书本，不再研究什么育儿方法，能让宝宝展露笑脸的育儿方法就是最好的方法，我想成为她可以信任的人。

现在的我们，彼此疼爱，不到三岁的她会在我生病时，端来一杯水；会在我伤心哭泣时，紧紧地抱着我安慰我，像我安慰她那样。我不再因为她的哭泣和烦躁而慌乱，不再因为她生活技能的偶尔退步而焦虑，因为在积木宝贝的科学育儿微学院里，我学到了孩子不同成长时期的个性变化，也了解了孩子的口欲期、肛欲期等生理成长。最重要的是，积木宝贝不定期的讲座，让我更加坚定地用我和豆丁都能接受的方式，带给彼此温暖。

对我来说，每天早上醒来，阳光和豆丁的微笑都在，就是我要的未来。

——积木宝贝西安龙首印象城中心会员sofia0310分享

很多妈妈跟我们反映过类似的问题：孩子在家里的时候，胆子挺大的，想干什么就干什么，脾气也特别大。但一出门，胆子就特别小，什么也不敢尝试，见到小朋友跟他抢玩具，就默默地看着人家把玩具抢走，也不说话，甚至连哭都不会哭。还有些孩子，性格显得更懦弱一点，不但不去参与任何活动，要是被谁说了，他就特别敏感，然后就哭得很厉害。

"在家里，是你主要带孩子吧？"如果这些孩子的妈妈给出的是肯定的回答，要么就是爸爸很忙，只有周末才能跟孩子一起玩；要么就是在外地工作，很少能够回到家，甚至每天都不能保证一个电话，生生制造出了大批城市中的留守儿童……大量这类例子都告诉我们一个事实：爸爸的卷入太少，使得孩子在家里没有规则，在外面又没有胆量。这种缺乏自信，甚至过于退缩、自卑的现象，在男孩身上尤其明显。

● 想让孩子更有胆量更自信，爸爸多给孩子成功体验

胆量源自什么？源自信心！一个孩子如果有自信，他相信他自己能做得很好，走到哪里都敢去尝试。孩子建立自信的两个条件是什么？第一是确定这件事是我做的，第二是这件事的成功和我有很大的关系。

自信就是成功经验与自我绑定的确定。首先爸爸要多陪男孩去体验丰富刺激的各类游戏，以及多带孩子走出家门，让孩子有更多机会去确定：这件事是我做的。这是爸爸的优势，因为妈妈更多时候会安静地陪孩子，或者体力限制而无法做更多挑战性的体验。爸爸陪小伙子一起完成各项游戏、运动或者挑战的时候，孩子的自信心就在悄悄地建构。

我很少参与孩子的教育，每次周末都是老婆带着孩子去早教中心上课，我觉得这些都不是我的责任。每次回家很晚，孩子不是睡了，就是看见我害怕。我觉得自己还是很爱孩子的，但是不知道该

怎么处理好与孩子的关系。直到有一次老婆通知我必须参加一场名叫"88爸爸爬爬赛"，短短的十分钟，我与儿子一起参与了很多花样的爬行比赛，看到他咯咯发出笑声，费尽全力爬到终点的时候扑到我的怀里，大声地叫着我爸爸。这个时候，我知道了爸爸存在的价值。积木宝贝的早教老师告诉我，要积极卷入孩子的教育中，这样孩子的运动能力会快速提高。通过持续的运动训练，可以锻炼孩子的意志力、自制力，孩子才会更加自信。明白了这个道理，从此，我不再觉得早教不是爸爸的事，我也开始积极参加孩子的早教课。

——积木宝贝北京大钟寺中心小小爸爸分享

做完"事"，当然还要记得，一定要明确告诉孩子：这是你做的，是你把这件事做成功的，你很棒。因为自信会给孩子带去自我价值感：即孩子认为我有价值，认为我自己是一个好孩子，别人是爱我的，我是值得爱的。自信心的点滴积累，会逐渐让孩子在做任何事情的时候，都不会害怕，更有力量去做这种事情。

有研究表明：爸爸对孩子的表扬效果，胜过妈妈对孩子表扬效果的 50 倍之多。

通常情况下，男性不太擅长表露情感，不擅长说一些赞赏的话。你经常会看到，表扬孩子特别能干的都是妈妈，爸爸很少表扬孩子，甚至有的时候爸爸还要压着点，认为"别老夸自己的孩子"。于是孩子听到爸爸的夸奖很少。当他听到爸爸夸奖的时候，他就真的认为，连我爸爸都说我很好，我就真的是很好。

相反，妈妈在促进孩子自信发展时，不仅先天体能受限，而且有时候，妈妈下意识地为了弥补家庭中爸爸常常缺席造成的"损失"，会倾向于对孩子更加严厉，结果当然适得其反。

爸爸忙着赚钱养家，妈妈竭尽全力带娃。爸爸的缺席和妈妈的严厉，带给孩子的是双重的压力。长此以往，孩子会投妈妈所好，发现妈妈因为什么事情表扬他，他就老做这种事情。但是他做的这种事情，不见得是有发展性的。总是做相同的事情，时间长了也不会给他带来更多的成就感，尤其是男孩子。于是，孩子无法从内心自然而然地建立起自信心。

● 培养出孩子的高自尊，爸爸要学会无条件接纳

什么是自尊？其实，自尊就是我觉得我好。你们说我好，我觉得我也好。

自尊是怎么建立起来的？第一个，爸爸要给孩子无条件的肯定、无条件的关注。之所以强调这一点，因为它对爸爸而言更重要。现实中，想要爸爸表扬孩子，实在是太不容易了。大多数爸爸都是这样跟孩子互动的：让孩子做一个什么，成了，我再表扬孩子，这是有条件关注。相比之下，妈妈经常会无条件地、无原则地表扬孩子，可能孩子稍微干了点什么事，妈妈就觉得我孩子就是棒，这是无条件关注。其实在孩子生命早期，爸爸应该给孩子更多的无条件关注，就是孩子只要去做了，无论成败，你都要给予关注和积极的鼓励，比如我的孩子可以怎么怎么样了，我孩子做这个做得真好……具体行为具体夸，避免笼统地去夸、单纯反复地说"你真棒"。

其实，爸爸不仅对孩子的自信自尊有影响，对他的整个自我系统的建构都有影响。心理学上有个研究，人之所以不同于动物，不同于任何其他的生物，就是因为人有自我，人有自我意识，人有自我发展，人有自我评价。既然爸爸对孩子的自我发展这么重要，爸爸千万不要吝啬你的鼓励，千万不要吝啬你的表扬。

● 不要催促孩子的成长，爸爸请用耐心注满孩子自我价值的"锅炉"

微信上一位爸爸这样跟我们分享过他和孩子之间的小故事："孩子4岁半，喜欢《托马斯小火车》。有一天，我回到家，发现孩子独自失落地趴在沙发上，也不动弹，也不搭理人，于是就去问他怎么了。结果他回答：'我的锅炉（《托马斯小火车》里面用到的词汇）出了点状况，我要修理修理它。'"

后面一了解，发现原来是无人陪孩子玩，爸爸不在家，妈妈正忙得团团转，孩子几次去缠妈妈，都被呵斥回来，于是觉得很失落，情绪不好，很委屈。这是位很用心的爸爸。他在微信跟我们分享后，我们建议爸爸以后可以把"锅炉"一词作为与孩子沟通的小暗号。果然不久后，这个小暗号帮助孩子更加丰富、更加便捷地去表达自己。

之后，这位爸爸又分享了一次很独特的体验。妈妈给孩子立了一个规矩，即不允许玩电脑超过 10 分钟。那天，在被妈妈狠狠地呵斥了一顿之后，孩子很不情愿地遵守了这个规矩，关掉电脑。但是当爸爸下班回来，他的情绪爆发了。爸爸要去抱孩子，孩子莫名抵触。孩子说："我的锅炉现在很烫！"爸爸又问："你怎么了？"孩子说："我想要打死你！"爸爸感受到了孩子的愤怒情绪。跟妈妈沟通后，爸爸了解到了孩子内心正在体验着复杂的情绪：被妈妈冷落、被批评指责、无聊、失落、委屈、挫败感，等等。于是，爸爸微笑着盯住孩子的眼睛，说："我知道了，你太失落了，没有好玩的，也没人陪你玩儿。"孩子紧绷着脸，忍着眼泪，使劲地点点头。爸爸伸开双手，说："来，抱一下吧。"手伸开足有 1 分钟。孩子貌似不情愿地走过来，然后一下子扑进了爸爸怀里。

这个案例中，"锅炉"是一个很有趣也很好的词。"锅炉"就是孩子对"自我"的一种代称。当发现孩子情绪低落、内心世界正在处理一些挫败感的时候，或者亲子沟通出现困难的时候，孩子就会说："我的锅炉现在有点儿酸酸的。"或者"我的锅炉凉凉的。"而在此之前，这样的自我表达，似乎不那么容易。"锅炉"的暗号帮助孩子和父亲之间建立了一个桥梁，帮助父亲更好地理解、接纳孩子。获得接纳的孩子，内心会更有力量。

第 二 章

父母是科学早教的主要实施者

生活中有很多父母，不是不爱自己的孩子，而是不懂孩子，不知道怎样爱孩子。读不懂孩子发出的成长信号，就容易让亲子关系出现不良效应。科学早教的主要实现者——父母，应该掌握最基本的爱的方法，关爱孩子，读懂孩子，引导孩子，同时保持自身的成长，静待花开。

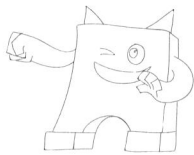

中国父母存在的四大问题

不懂孩子，不懂爱

　　没有父母不爱自己的孩子。可是，孩子心里也这么想吗？有一个孩子说，我妈妈不爱我，因为她这也不准我做，那也不准我做；有一个孩子说，妈妈不爱我，她总是要我学我不喜欢的东西；还有一个孩子说，爸爸不爱我，我每次犯错他都会对我很凶……

　　很多孩子无法理解父母口口声声说出来的"爱"，因为这些爱都是有条件的爱。有的父母因为过度担忧孩子而阻止了孩子很多的探索机会；有的父母将自己的理想，直接绑架在了孩子身上；有的父母完全不能容忍孩子脱离自己的控制……

　　有位心理学咨询前辈讲过一个"耸人听闻"的案例：一个妈妈带自己的孩子找他做咨询，列出了自己孩子一堆的"不是"。这些"不是"几乎是每一个淘气孩子的身上都可能有的。咨询进行了几次之后，这对母子消失了很长一段时间。等到这个妈妈再带孩子出现的时候，孩子已经被妈妈带去做了

一个脑部手术。这个手术，让孩子变得异常乖巧，再也不吵闹了。

这样的案例，也许是极端了些。然而现实中，父母以爱的名义对孩子的成长进行阉割的现象，却无处不在。

所以，有条件的爱，并非真正的爱。有时候，这样的"爱"不仅不是爱，还像魔鬼一样可怕。所以，学会无条件地爱孩子，是每位父母的必修课。

人无完人，父母也一样。所以人们才会不断说：要育儿先育己。

● **安全感极度缺失的父母，可能出现过度控制孩子的现象，并会养出回避型或者暴力型孩子**

有一位有暴力倾向的妈妈曾经向我们倾诉："我觉得，我真的不是一个很称职的妈妈，有时候我甚至有点虐待狂的感觉，有时候看到宝宝那可爱的脸我就想掐，看到她身上的肉我就想咬两口，我是不是有病啊？有时候打孩子有一种想要往死里打的想法，可是我却不能没有她，我想要给她好的生活、好的成长环境，可是我却做出这样的变态行为，我该怎么办？很多时候我都努力控制自己，可是有时候就是控制不了。我也不知道自己为什么会有那样的行为，有时候我都控制不了自己一样，前两天晚上我又掐她了，就因为她晚上尿床了，我就拼命地掐她，掐完了以后就觉得心里好像舒服了很多，请问我这是怎么了，我该怎么办啊？"

其实，这位妈妈是典型的没有安全感的表现。没有安全感会怎样？她希望有所控制。能够被控制的对象实在有限，孩子就成为最佳的控制对象，因为只有这个孩子看起来是完全属于她自己的。于是，妈妈把全部的心念都放在了孩子身上。

果然，与妈妈深入沟通后，她跟我们承认："在情感上，女儿是我唯一的寄托，因为爸爸妈妈离婚了，从小又是留守孩子，所以我觉得在感情上特别没有安全感，我努力想要做一个好妈妈，可是我却时不时地虐待她，我真的不知道该怎么办，怎么去控制自己。"

可以说，她的处境我们能理解。她希望自己的孩子不会像自己曾经那样不被关注、不被爱，所以对孩子有很高的期望，甚至想要养出一个完美的小

孩。妈妈掐孩子，其实也是一种爱的表达，只是没有找对方法。我们的建议是，妈妈应该把这种情况告诉孩子爸爸，坦诚自己的困境，让孩子爸爸来帮助自己。

针对这种情况，如果爸爸能介入，既起到了对孩子的保护作用，也能缓和妈妈的情绪。因为爸爸对妈妈的爱，能够部分弥补妈妈童年时候的阴影和情感缺失。

后来妈妈又跟我说了她的担忧，即因为内疚、自责，让她害怕将事实告知丈夫或者其他人，因为怕他们"怪我太狠心"。

其实妈妈要相信自己的丈夫。没有人想要把自己活成一座孤岛。有时候，不是别人太冷漠，是我们不懂得如何求助。要知道，寻求他人的帮助，也是一种需要我们有意识去培养的能力。

其实，当我们向外求助的时候，不要说自己现在的行为，说困惑就好。如果觉得丈夫和家人都不行，那就需要再迈出一步，找自己亲密的朋友诉说，并从全身心都放在孩子身上的状态慢慢走出来，不能全部都在孩子身上。要知道，孩子是属于自己的，无论是24小时守在孩子身边，还是每天只有2小时陪伴孩子。

类似这样没有安全感的妈妈还有很多，必须要尝试跟孩子做一些分离。

第一，这样的妈妈需要主动去寻找能量，帮助自己去转变；第二，如果还有伤害宝宝的冲动，给自己做个限定，想的时候，立马离开，找个其他人介入进来，做情绪控制的第一步。

很多时候，虽然父母的某些心理并不能称之为病态，但不恰当的心理状态，同样会对孩子的身心健康带来影响。比如最常见的，是父母自己情绪管理不当，给孩子造成不必要的负担，影响到孩子身心健康的发展。

● 情绪化的父母"造就"情绪化的孩子

有一些年轻的父母，他们对待孩子比较情绪化：高兴时爱得不得了，又是亲又是抱；不高兴的时候，就大发脾气，非打即骂，对孩子的爱随着情绪走，喜怒无常，让孩子无所适从。

还有些家长由于工作压力大，精神容易紧张，心情有时也像天气一样，

变化无常。孩子变成了家长发泄情绪的工具。甚至有些父母特别自以为是，常常居高临下使用家长作风,强迫命令孩子做一些事情,认为孩子是自己养的,想打就打,想骂就骂,一点都不尊重孩子的人格。

不能说这样的父母就不爱孩子,当他们心情好的时候,也会对孩子温和慈爱。但他们情绪的变化使孩子不明究竟,产生极度的不安全感。

在这样家庭长大的孩子也是情绪化的。这不是因为遗传,而是因为孩子模仿学习的天性、家庭的熏陶和父母情绪影响所造成的。同时,无缘无故的训斥、责骂对孩子的自尊心、自信心和人格影响很大。其结果是亲子关系紧张,孩子有逆反心理,你越想让他听你的,他越不听。

父母是幼儿最亲密、最直接的生活与成长伙伴,为人父母者的生活行为对幼儿的成长有着直接的影响。研究表明,父母在家中情绪友善平和,接人待物谦虚礼貌,有助于幼儿的心理健康发育;而如果父母在家里经常情绪恶劣,吵架斗嘴,则会让幼儿经常处于紧张和恐惧之中,对于孩子的心理发育极其不利。

2013年7月份,我生下儿子（第一个孩子）。当时的我,在教育孩子上,可以用"白痴"来形容。每次回忆起儿子的幼儿时期,我都愧疚至深。

当年的我,对科学育儿一无所知,完全按自己的想法去教育孩子。而这种过狠的严厉要求,现在想来,令我毛骨悚然。

儿子满周岁后,从他会走路那天起,我就很少抱他,自以为这是在锻炼一个男孩该有的独立;我强硬地不允许孩子无理取闹、不允许撒娇、不允许他忤逆我们定下的规矩……我从未考虑到,那时他才只有1岁,还是一个需要父母疼爱、需要建立安全感的小宝宝。

2015年元旦,我生下了女儿（第二个孩子）。由于老大和老二年龄差距较小,我辞职在家带孩子。

我是个性急、脾气暴烈的人。在最初辞职带孩子的三个月里,我毫无耐心,听到孩子哭,看到孩子犯错,我都能立刻发脾气。

有一次，不知什么原因，心中的另一个我说："哭是孩子的需求，要想降住哭声，就必须了解孩子，让自己的情绪稳住，调整好自己的情绪。"

自那刻起，我通过各种途径学习有关育儿知识；也就从那刻起，我对待孩子方面，发生了翻天覆地的变化。

我告诉自己："孩子是个独立的个体，他有自己的思想，有自己的灵魂，我无权干涉孩子的一切，我要做的是以正确的方式去引导他们，而不是把自己的意念强加到孩子身上。"

同时，我每天都会主动抱抱我的孩子，亲亲我的孩子，并温柔地对他说："孩子，我爱你，你做的一切妈妈都很喜欢。"

在孩子所作所为上，我给予他足够的自由探索空间。但给孩子自由，并不是肆无忌惮地放纵自己，这种自由是建立在一定社会规则上的。

我的改变和坚持不懈的努力在孩子身上慢慢显现出效果，儿子改变、进步不少。开朗自信的他，能大胆表达自己的想法，做自己想做的事情，虽然不是很完美，但同之前比较，孩子的改变让我确实很欣慰。

——积木宝贝南京江宁万达中心会员小豆豆分享

以下是改变父母情绪化的办法，可以参考。

1. 不要在孩子面前吵架或动粗。父母在孩子面前吵架动粗，或者家长与他人吵架动粗，都会让孩子产生紧张心理和恐惧感。家长经常在孩子面前大吵大闹，会让孩子精神高度不安，心里会滋生不安全的感觉。因而，家长们必须谨记不要或尽量不在孩子面前吵架动粗。

一些不可避免的争论则另说，有争论时，要清楚告诉孩子：爸爸和妈妈会有意见不一致的时候，但那和孩子没有关系。

2. 不要总在孩子面前抱怨生活。父母对生活的态度直接影响孩子的生活安全感和成长信心。父母经常在孩子面前抱怨生活，或者经常表露颓废的情绪，会使孩子过早接触到社会或生活方面的压力，会让孩子心里产生不安全感，对生活产生怀疑，或颓废的生活态度可能会因此伴随孩子的成长，会让孩子身心过早受到不该承受的压力。

当然，不是说父母不能有负面情绪。父母也是普通人。有情绪的时候，也无妨告诉孩子："我今天有些累，情绪有些不好，想自己静一静。"但不必当着孩子的面，去抱怨或者责怪生活、工作中遇到的困难和不公。

3. 不要在孩子面前责骂或批评他人。有些家长经常毫不避讳地在孩子面前责骂或批评他人，这些家长以为，孩子年幼不懂事，在他面前责骂或批评他人对孩子没有什么影响。

事实上，这不仅是一种非常不好的处世方式，更是一种有害于孩子健康成长的不良教育方式。这样的行为会让孩子对于家长日常正规教育产生怀疑，也会让孩子因此学会这种不良的处世方式，会扭曲孩子的心灵，让孩子的心理健康受到极大的影响。

4. 不要在孩子面前用偏激的语气来表达对事物的看法。有些父母的性格比较极端，对于事物的看法也比较偏激，往往会在孩子面前无所避讳地发表过激的言语。家长过激的言语和情绪会让孩子的心理也往偏激的方向转化，会让孩子的性格塑造和心理发育产生不良影响。因而，为了孩子的心理健康发育，不要在孩子面前用偏激的语气来表达对事物的看法。

是孩子，让父母不断地检查自己、更新自己、升级自己，更让父母深深体会到了，什么才是人间至真至纯的爱。

港港，你是那么可爱的宝宝，每当你看到我就会展颜欢笑时，每当和你玩闹就会被我逗到咯咯大笑时，每当给你洗澡抚触时，每当怀抱你被搂着脖子贴近胸膛的依偎时，每当看着你在怀里大口大口吞咽着乳汁时，每当你梦呓哭泣脸上挂着豆大的泪水时，每当你身上又多了一道胖乎乎的肉褶儿时……如此这般的亲密时光，都让我深深感觉到，也许，这便是最幸福的一种幸福。

我是当初那个任性、满不在乎的女孩，也是现在多了许多耐心、虚心的新手妈妈，是你赋予了我新色彩，让我感受到生命的充盈与丰满，让我体悟到每天带着感恩的生活会感觉更快乐，让我发现不一样的自己。

——积木宝贝大连开发区万达中心会员歹歹分享

不懂陪伴

一位妈妈曾这样跟我们抱怨："我丈夫工作很忙，下了班又总是捧着手机。周末要么应酬要么加班，陪孩子的时间特别少。为这，我没少跟他闹，可是总是没用。我该怎么办？"

像这类妈妈的抱怨，不在少数。从这个问题，我们可以谈到很多重要的课题：父亲缺失、假性单亲家庭、留守儿童……但是说到底，还是有不少父母，尤其是父亲，对于陪伴孩子的重要性，缺少认识。

安全感的重要性，很多父母应该都知道。对于学龄前儿童来说，父母的陪伴，就是孩子建立安全感的基石。

然而，总有一些家庭因为各种原因，无法保证对孩子基本陪伴。与父母在一起的日子聚少离多，或者父母全心投入的高质量陪伴过少，都很容易造成孩子安全感匮乏、规则意识淡漠、自控力缺失等一系列问题。这类孩子，我们称之为"留守儿童"。

别以为只有生活在农村的那群孩子是留守儿童，城市中同样潜存有大量"假性单亲家庭"和留守的孩子——明明父母就在家里，却像是生活在同一个屋檐下的"房客"，要么父母和孩子各玩各的，要么大人早出晚归，成天

也不能跟孩子打上一个照面。

如此，跟真正的留守儿童生长的家庭一样，只有一个结果，那就是亲子关系逐渐疏远、淡漠，于无形中损害孩子的健康成长。

那些本来有条件陪伴孩子，却因为各种理由很少陪孩子的父母，在阅读下面的内容时，请将本文所有的"留守儿童"一词，自动替换为"缺少父母高质量陪伴的孩子"，或者"生活在假性单亲家庭的孩子"。这些父母陪伴过少的孩子，他们到底要面临怎样的困境呢？

• 父母陪伴，尤其是父亲陪伴孩子过少，孩子更可能出现情绪、性格问题

留守儿童的心理健康水平低于非留守儿童，他们有更多焦虑情绪，更多敌意，性格内向，更少合作沟通。父母均缺失对儿童的心理行为影响最大。其中，父亲缺失儿童性格更内向，更难于合作沟通。这也表明父亲对儿童人格和行为的影响确实是不同于母亲的。

留守儿童表现出来的心理行为问题，其直接原因是亲子分离。如果这种状况无法改变，那么这些孩子的问题行为就会一直存在，学校教育也很难改变这种现状。

虽然大部分学校会采取相应措施，去关心留守儿童，但是对于那些特别叛逆的孩子，老师的关心也是微乎其微，甚至有的孩子最后会被老师无奈放弃。

因为归根结底，亲子分离最直接破坏的是孩子的安全感。父母的远离、关爱的缺失直接让孩子得出结论："我是不被爱的，我是不值得爱的。"所以，想要建构孩子的安全感，父母是不二人选。安全感不好的孩子，更容易产生自卑、自弃的心理。无形中，反社会行为的种子就埋进了留守儿童的心里。

• 父亲缺失的留守儿童，自控力差

父亲在孩子成长中大量缺席，会直接导致孩子的自控能力低于非留守儿童。

自控力这个东西，看不见、摸不着，却是孩子成长到卓越的神秘武器。尤其孩子越大，越能看到"自控力"的影响力之大。懂得自律、自控的孩子，

情绪调节能力更强，社会化程度更高，自我规划和管理能力当然也就更好。

而想要孩子建立好的自控力，父亲角色的早期陪伴必不可少。不论是男孩还是女孩，父亲缺席都会对孩子的成长造成极大的负面影响。

• 只关心孩子的学习成绩、忽视孩子的心理，更容易引发孩子的问题行为

有一些父母工作或者做生意很忙，他们偶尔有时间陪伴孩子的话，几乎唯一的关注点都在孩子的学习成绩上。孩子学习成绩好便罢，若不好，父母就会一顿批评数落——这点亲子共处时间都花在"数落孩子"上头了，因为父母陪伴少的孩子，学习成绩不好的概率相当高。

这就像一个恶性循环的怪圈：父母缺席、亲子关系疏离——（导致）孩子学习成绩差、各种表现差强人意——（导致）父母批评孩子——（进一步导致）亲子关系疏离……

这个过程中，孩子只能从父母的行为上读到："他们关心的只是我的学习成绩，不是我；他们不会接纳这样不好的我；我是差劲的，不值得爱的……"

有数据显示，孩子的心理需要长期被忽视、压抑，自控水平也会大大降低，从而引起更多的问题行为。

• 假性单亲家庭中，母爱向溺爱发展，孩子更容易被惯坏

父亲的主要功能之一是帮助儿童在心理上与母亲分离，帮助母亲避免过度情绪化地处理她和孩子之间的关系。所以，苏联著名教育家马卡连柯指出，如果没有父亲存在，会让母爱向溺爱发展。因为儿童在遇到痛苦时更多地到母亲那儿去寻求安慰，而想玩时，则更多地想到父亲。

中国传统上就有"男主外，女主内"的思想。中国父亲在家庭中多扮演"权威"的角色，是理性的榜样，是社会规范、道德、价值理念的直接示教者，在家庭中处于第一位，是孩子成长中的重要他人。父亲的赞同和拒绝对孩子有着重要的意义，在孩子的成长中起着非同寻常的作用。

因此，在儿童出现不良行为时，父亲比母亲更容易制止它。相反，父亲

缺失的家庭中，孩子出现行为问题的概率也就更高，因为母爱泛滥的环境下长大的孩子，缺乏规则意识，陷在母亲浓厚的情绪、情感和女性思维包裹中，无论是情绪管理还是行为管理上，都更容易出问题。

孩子是敏感的，他们总能敏锐地察觉到，爸爸／妈妈只是陪着他，还是全身心地陪伴着他，并依此来判断，爸爸／妈妈是不是把自己放在最重要的位置，是不是真的爱他。小允妈妈跟女儿在游乐场的故事，也许能让我们有所启发：

最开始接触游乐场，小允的表现可以用激动、日思夜想来形容。但半年之后，她去游乐场的热情就褪去了大半，经常到了游乐场门口，她还扭捏着不想进去。后来慢慢发展成进去十几分钟就出来要求回家。

最初我一直以为是孩子对游乐设施没了新鲜感，所以干脆很长时间不去了。直到上个周末去超市，孩子突然提出，要去楼上的游乐场看看。

到了门口，孩子仍然扭捏着不肯进去，后来提出要我陪她去，她说："妈妈，里边可好玩儿了，你不去的话，我跟你说什么你都不知道。"

女儿的一句话，让之前自学的早教知识在我的脑海里一一闪过：有效陪伴、共同语言、和孩子做朋友、鼓励也需要技巧……

于是我放下手机，买来一次性鞋套，陪女儿到了游乐场。孩子在前面边玩边给我介绍一些设施的玩法，时不时扬起头，看看路过的其他小朋友，原来游乐场里的孩子也需要陪伴。

游玩间，我注意到有一个小梯子的防护套已经磨掉了；秋千上方的梁太矮了，个子高的孩子一起身很容易碰到头；独木桥边的防护网被拽出了一个窟窿……一想到这些潜在危险不知道已经存在了多长时间，我的后背一阵发凉。

"爱我你就抱抱我，爱我你就亲亲我，爱我你就陪陪我……"一首儿歌道出了孩子那无法用语言表达的情感诉求。孩子的表达能力有

限，更多时候，他们会用哭闹、发脾气，甚至是摔摔打打，来表达自己的需求和渴望。

作为孩子们的天，我们除了给予经济的满足之外，更要时刻呵护和发现孩子的心理需求，放下手机，放下电脑，放下应酬，放下所谓的忙碌，在孩子需要的时候给予，在孩子渴望的时候满足，因为我们的付出和境界，直接影响着孩子的未来。

——积木育儿微信公众号粉丝小允妈妈分享

● 我们如何做

1.五岁之前父母都不要离开。如果父母，尤其是父亲在儿童较小年龄时离开，会影响儿童的情绪发展。如果父亲外出工作不能避免，可以通过缩短分离时程，增加联系频率的方法，减少父亲不能陪在子女身边的危害。比如多打电话，多利用假期回家，平日里孩子妈妈在家里多做父子沟通的中间人，等等。

2.多关注孩子的心理需求。比如，要去了解孩子在家里、在学校的生活，多问"你今天在学校里有什么开心事儿""你最近遇到什么困难吗，也许我可以帮你"。而不只是关注"你学习成绩怎样了""你最近都还听话吧"。如此，通过恰当的方式学会倾听和引导，更多地表达亲子之间的关心和爱，走进孩子的心扉，让他感受到温暖和亲密。

3.表达期望，但不强求。发现孩子学习出现问题的时候，先倾听，再引导，不要上来就是指责。简单地表达自己的感受、对孩子的期待，询问孩子的具体困难，为孩子提供必要的支持和帮助，但不逼迫、强求。

发现孩子不合适的行为问题时，温和坚定地指出来，并告知正确的做法应该是什么，不能因为觉得内疚或亏欠孩子，就过分迁就。

最关键的是，要积极地通过各种沟通，卷入孩子的生活中，让他们知道自己是被关注、被接纳的，让他们感受到来自父母的期待，并获得支持。一旦家长通过这种方式与孩子建立平等、信赖的关系，孩子就会发展出更多的适应性行为，父母缺席所带来的损害，也就能大大降低。

4. 不要纠结于经济条件的好坏，因为经济水平对留守儿童无明显影响。经济条件对留守儿童的影响并不大，他们表现出来的问题，与是否贫困无关。家庭的温暖，父母的爱怜，温暖的师生关系和友好的同伴之情，对孩子来说更重要。

即使父亲不在身边，这些基本的心理需要也是可以通过很多途径和方法得到满足的。通过对学校教师培训，对留守儿童父母引导，也可以帮助孩子学会如何处理情绪、解决问题的技巧，帮助他增强自我控制，提高自我效能。

父母们切记：陪伴是对孩子最好的教养！

从怀孕的时候起，我就暗下决心只要在能力范围内就一定要给孩子最好的，并没有那种望子成龙的期盼，只是想着做一次父母，一定要尽我所能。

雨航出生后，我们就走过了不少地方，无论是炎热美丽的三亚，还是冰天雪地的哈尔滨，都留下了我们的身影。但不论在哪里，我都听到或看到了一个名字——积木宝贝。

于是慢慢地我开始了解早教，知道了它对孩子身心发展都有好处，我当然也必须让雨航去。可是在我家的小县城并没有一个正规合格的早教中心，当时我很失望。后来通过朋友的介绍，知道牡丹江新开了一家积木宝贝，这让我欣喜若狂，因为之前就是积木宝贝让我知道并了解了早教。

于是我带着雨航来到了牡丹江积木宝贝早教中心试听。效果很理想，我没有想到六个多月大的儿子能聚精会神地听讲，而且他很享受和其他小朋友一起互动的氛围，这是在家里体验不到的。回到家后，我开始兴奋地和家人讲雨航在上课时怎样怎样，可没想到的是大家都在给我泼冷水，每个人的意思都是知道为了孩子好，可离家的路程太远了。

但我并没有为此放弃，所以又带着家人和孩子去听了一节课，这一次反对的声音不强烈了，因为积木宝贝的良好环境、服务人员的热情，特别是老师声情并茂的讲解打消了他们的顾虑，即使是一个半小时的车程也觉得值得。

就这样我们正式成了积木宝贝的会员，同时也开始有机会参加各种各样户外活动。原来的雨航很胆小、没有安全感，渐渐地他变得更开朗，特别是每次和小朋友们在一起都很兴奋。

我越来越肯定自己做的这个决定是正确的，虽然每次这130公里的路程很煎熬，但当进入积木宝贝的大门后看到了每位工作人员的笑脸，雨航都会张开手臂笑颜如花地和她们来一个亲亲的抱抱。

我亲爱的儿子，妈妈希望等你长大了能够理解这130公里的距离不仅是早教，而是妈妈要给你最好的爱。

——积木宝贝牡丹江上海印象中心会员雨航妈妈分享

不学习，不自我成长

但凡做过儿童心理咨询的都知道，如果发现一个孩子有行为问题，那一定不只看孩子的情况，还要考虑其父母的情况。

我们不是生来就会做父母的，育儿过程中难免遇到问题，也避免不了各种纠结、冲突和疼痛。如果育儿过程中缺少自省，问题会更多，这些问题就直接导致孩子的行为问题。所以，父母的"成长痛"，是应该优先于孩子的问题被解决掉的。

记得幼儿园刚开学那会儿，一位妈妈在"积木育儿"微信公众号上写下了一段让人印象深刻的留言。她的留言是这样的：我女儿豆豆3岁半，由于

早期教养不到位，她安全感有些欠缺，遇到新环境总是表现得很慢热。这学期入园，她又遇到问题了。家长公开日那天，我陪她一起去的。她明显对老师和其他小朋友都觉得很陌生，一直黏在我身上不肯下去，不管老师怎么哄都没有用。后来好不容易把她放下去了，她也会不停地回头看我在不在。那一刻，我很庆幸自己坚持来陪她，因为明白她的个性特点，知道她对新环境的适应时间比其他孩子稍长一些。由于我在，她更加容易表现得黏人。所以，我没有对她的"糟糕"表现横加指责或者表现出同样的焦虑，我只是保持一定距离，保证她每次回头看到我时，看到的都是轻松微笑的表情。大约过了十多分钟，我见她已经能够主动融入老师组织的活动中了，心里总算真正放松下来。同时，我也看到同班的其他小朋友也有不少表现出情绪上的波动。有两个年龄偏小的孩子，抽泣一直没断过。而他们旁边的家长，要么着急忙慌地希望孩子止住哭泣，要么不耐烦地训斥孩子。那一刻我突然觉得：如果说这是一个考场，那么参加考试的不仅仅是孩子，还有父母。

这位妈妈面对自己孩子的"慢热"，从容智慧的应对方法让人敬佩。人们常说，在孩子长个儿的过程中，常会遇到一些被医学上称为"生长痛"的现象。那是孩子像植物一样"骨头拔节生长"的信号，是正常的。

孩子心理的成长，同样也会遭遇这样的时刻，我们称之为"成长痛"。"成长痛"是孩子内心成长的信号，没有这些痛，孩子不会健康长大。

以前，我们总认为这"成长痛"单单是孩子的。而这位妈妈提醒了我，父母在陪伴孩子长大的过程中，也会经历这种"成长痛"。

当孩子对我们各种纠缠、情绪失控的时候，我们能否一如既往地温柔对他？当孩子笨拙地做一件事情，甚至反复失败的时候，我们能否全然接纳、耐心等待？当孩子的自我意识逐渐强烈，不再贪恋我们的怀抱，我们能否做到淡然放手？面对孩子各种"不尽如我们意愿"的行为举止，我们能否继续保持从容，处理好自己内心的各种情绪，包括焦虑、愤怒、尴尬、失落？

常见网上有一些"鸡汤类"的文章，探讨做了父母后哪种情况最狼狈，何时才能开始享受等。似乎他们所描述的那种和谐状态，天生就与养孩子、过日子是对立的。然而归根结底，却是父母自己没能处理好自己的"成长痛"所引起的。

对"父母"这个角色的理解、接纳、自我成长，才让我们逐渐成为真正的父母。

很多父母只爱孩子的一部分。大量父母会主观设定一个区域，这个区域分为两大部分，一部分是孩子可以做的行为，一部分是孩子不可以做的行为。可以做的行为包括微笑的、甜蜜的、听话的、整洁的等，不可以做的则包括脆弱的、害怕的、恐惧的、退缩的、内向的、蛮横的等。他们会认为，不可以范畴内的都是问题，都是不能接受的，并且几乎所有的父母都会为这些问题而烦恼。

然而，不能接纳孩子的各种状态，恰恰说明父母自己的状态是有问题的。

有一个这样的例子：在公交车上，一位母亲跟自己的女儿对话。这是很普通的母女间的争吵，几乎在每个家庭都有过。女儿抱怨母亲逼自己学不喜欢的一门特长课，而且还逼自己去参加一个相关的考试。

"这回肯定考砸了，都怪你。"女儿嘟嚷着说。

"你不要总是怪别人，我还不是为你好？"妈妈一脸严肃地回应道。

女儿明显有些激动："你根本就不了解我，你根本就不尊重人！非要逼我来参加这个什么破考试！"

"那个考试有那么难吗？你总怪这个怪那个！就这么点小挫折你都承受不了，要怪只能怪你心理素质不好！"

眼见着女孩被妈妈逼到了一个毫无喘息的境地。就在公交车进站停靠的工夫，女孩跑下了公交车。妈妈则慌慌忙忙紧随其后，一脸的怨怼。

很明显，这位妈妈不仅不懂得自己处于青春期的孩子的心理，而且她自己内心的"控制欲"和"不安全感"就是一个大问题。

在孩子大一些后，那些自我成长欠缺的父母和孩子之间的亲子关系往往会更加糟糕。因为随着孩子的不断成长，其自我感越来越强大，更需要自由。而这对于"缺乏安全感、需要从对孩子的控制中获得安慰而不自知"的父母，几乎是一件不能接受的事。于是，亲子间的战争就开始了。相反，若父母能够做到不断自我察觉、自我成长，那么父母们的"成长痛"也就不再是痛苦了。

如此我们才能真正得以享受"儿女绕膝行"的乐趣，这当然对孩子亦是极大的幸事。

关于父母的自我成长，悠宝妈妈分享了她的经历：

　　常说陪伴是最长情的告白，母女俩一起念念书、听听儿歌是一幅多么温馨的画面！在悠宝八个月大的时候，我觉得家庭教育已经满足不了她现阶段的发展了，于是把目光投向了早教中心，让早教中心的老师们引领孩子去拥抱一个更广阔的天地。最终，再三思量下，悠宝每个周末都坐在了积木宝贝的课堂上。慢慢地，她能把一节课坚持上完，从不会爬到可以匍匐前进，从哭哭啼啼到开开心心地加入进去一起玩耍，悠宝一点一滴的进步都离不开积木宝贝老师们的关怀！

　　现在，闲暇之余，我依然会看看"积木育儿""父母在线"的文章和视频，继续学习科学的育儿方法。我深知，生娃是一时的事，养娃却是一辈子的事，我会踏踏实实做一个学习者，陪伴悠宝成长的每一个瞬间，与她一起成长。我也许不会成为满分妈妈，但是我会一直走在通向满分的道路上！

　　　　　　　　　　　　——积木宝贝石家庄勒泰中心会员悠宝妈妈分享

关于父母的自我成长，这位妈妈的经历也值得推崇：

　　"多爬的孩子更聪明"，看到这句话后，买哪个牌子的尿不湿都要精打细算的我果断地在积木宝贝报了早教课，只想让当时处于爬行期的你能在积木宝贝的各种搭建上尽兴地爬行。可是只上了两节三阶的积木运动课，你就开始蹒跚学步了。不到1岁，你就能独自行走，且

走得很稳。

你很喜欢上积木运动课，大运动也发展得很好，现在的你甚至可以独立完成一个八阶的搭建，要知道那可是3~4岁宝宝的上课内容呢!

前段时间我们还一起参加了积木宝贝株洲中心举办的千人亲子运动会，我俩搭配默契，共同完成了捡球、套圈和亲子仰卧起坐等项目，还获得了亲子仰卧起坐项目周冠军和总决赛冠军。

为了和宝妈宝爸们一起更好地交流育儿经验，分享育儿知识，我加入了株洲科学育儿微学院。当株洲科学育儿微学院开始招募班委时，我的心又开始蠢蠢欲动了。一方面，确实想锻炼自己；另一方面，也能督促自己不断学习。

经过一番竞选，我有幸成为了班委中的一员。

"言必信，行必果"，我坚持每天完成"育儿育己，学成精英父母"的早课打卡，并摘抄积木育儿公众号里关于育儿的重点语句；也会利用空闲时间收听大咖微课，跟着大咖老师学习科学早教；坚持每周和你一起去积木宝贝上课，认真上课开心玩耍；积极地参加各项亲子活动以及和同龄小朋友的聚会，我们一起认识了很多新朋友，我的生活也因你而丰富多彩起来。

——积木宝贝洛阳富雅东方中心会员芒果分享

做了孩子的坏榜样

一个有经验的育儿工作者，若观察到一个孩子太具有攻击性，总是在外头恃强凌弱，一般都需要考虑，这个孩子是否在家中遭受着身体上或者情绪上的某种侵略或"暴力"。孩子的任何攻击性行为，都能在父母身上找到原因。如果孩子在家庭暴力的环境下成长，目睹施暴过程，他变成攻击性人格的可能性就会大得多。

早在 50 年前，美国当代心理学家班杜拉做过一项有名的实验——波波玩偶实验，就成功地演示了孩子是如何学会攻击性方式的。有 36 位男孩和 36 位女孩参加实验，年龄 3 ~ 6 岁，平均年龄不到 4 岁半。大体上，班杜拉的实验是将孩子们置于两组不同的成人模特当中：一组是具有攻击性的模特，另一组是非攻击性的模特。在观察了成人的行为之后，再让孩子们进入一个没有模特的房间，观察他们是否会模仿先前所见到的模特的行为。

具体的实验过程是这样的：实验员把一个成人演员带进游戏室，让他坐在凳子上，参与孩子们的活动。在非攻击性一组中，成人演员在整个过程中只是摆弄玩具，完全忽视了波波玩偶；而在攻击性一组，成人演员则猛烈地攻击波波玩偶——把波波玩偶放倒在地，骑在上面，猛击它的鼻子，拿起锤子敲打它的头部，猛烈地在空中摔打玩偶，在房间内把它踢来踢去……这一攻击性行为连续重复三次。除了对玩偶身体的攻击之外，成人模特还有语言的攻击，如"踢死它""怂包软蛋"等。当然，成人模特也附加有非攻击性词语，如"这是个强硬的家伙""它还会回来的"等。

10 分钟之后，两组孩子们分别都被带进另一个房间，那里摆放着洋娃娃、消防车模型和飞机模型等吸引人的玩具。孩子们同时被告知，不能玩这些玩具，让他们产生一种挫折感。

最后，孩子都被带进最后一个实验室。这间房子里有几样"攻击性"玩具，包括锤子、标枪，还有用链子吊起来的涂成脸庞形状的球，以及波波玩偶。房间里也有其他非攻击性玩具，包括蜡笔、纸张、洋娃娃、塑料动物和卡车模型等。每个孩子都被允许在这个房间玩 20 分钟。

通过从镜子里观察每个孩子的行为，发现：成人演员不在场的时候，观察暴力行为组的孩子们倾向于模仿他们所看到的暴力行为；未观察暴力行为的那组孩子们（无论性别）比其他孩子的攻击行为表现更弱。

换句话说，观察暴力行为组的孩子的攻击性行为比观察非暴力行为组的攻击性行为要多得多。这一结果也验证了班杜拉的理论。

班杜拉由此得出结论，成人的暴力行为引导了孩子的暴力行为。他还说，实验结果证明，在未来受到攻击时，观察暴力行为的孩子更倾向以暴力的方

式做出反应。

班杜拉实验的重要启示：育儿先育己。

班杜拉的社会学习理论认为，人的一切社会学行为都是在社会环境的影响下，通过对他人示范行为及其结果的观察学习而得以形成的。孩子通过观察榜样的行为获得学习，因此榜样对孩子有着非常重要的影响。

在孩子的早期教育中，父母无疑是孩子最重要的榜样。你的一言一行，孩子都会看在眼里，并潜移默化地影响着他。所以，育儿先育己，这是班杜拉实验给我们早期教育的重要启示。

给孩子做好表率，的确是一项大工程。但也并非没有规律可循。下面是我们的几个原则性建议。

• 要时刻记住自己的"父母"角色

父母跟孩子是独立的两个人，所以请不要固执于自己的权威；父母对孩子肩负有天然的责任、义务，所以请保持自己角色的成长，不要放弃了自己"教养"的责任。生而不养，非父母。

• 有话好好说，提前说

你可以不懂任何沟通技巧，但请别总是大呼小叫、动不动就厉声批评，再或者每每溺爱到完全对孩子的不合规行为不表态、不吭气，这都不对。如果你对孩子有期望，直接告诉孩子，这样孩子才能知道哪些行为父母更能接受，哪些不行。不要等孩子违背了你的意愿，上来就给以武断的批评，这往往会让孩子找不到北。给孩子立规矩也是，提前告诉孩子，并跟孩子约定好。孩子有问题行为，也请温和坚定地坚持你的规矩，而非失控式地批评打骂。

• 先听孩子说，我们再说，不唠叨

遇到任何事，先给孩子表达自己的机会。问问他如何想，客观给出你的想法，最后的决定请孩子自己做。不要总强迫孩子必须要听自己的，这往往

没用，你知道的。分清楚哪些是孩子自己的事，比如吃饭、睡觉、写作业、玩什么玩具、上哪个培训班等，在确保安全的前提下，大人都需要留给孩子自己做决定的权利。另外，没人喜欢听唠叨，孩子们尤其如此。

● 注意自己的言行，你的孩子一直在观察你

若你希望养出一个快乐的孩子，你先学会快乐。若你自己就不爱读书，或者不怎么读书，别批评孩子不读书。

● 享受任何一次和孩子在一起的时光

若有一天，你的孩子再也不来麻烦你，那说明你的孩子不再需要你了。那些亲密的日子真的没几年。更为重要的是，那短暂的几年，对孩子的一生都有着极为重要的意义。所以，你爱孩子的话，请把最宝贵的东西——你的时间给他们吧。

● 父母也是真实世界里头的普通人，不是超人

我们都是普通父母，也许大部分都只是在及格线以上，但这有什么要紧呢。不完美同时也意味着鲜活，有持续变好的机会。恰是那种充满希望的、持续前进的过程才最美。所以，不要苛求自己，不要随随便便就内疚，并因此变得对孩子忽冷忽热，一会儿失控一会儿又过度补偿。这样不仅补偿不了，还会给孩子带来伤害。要知道，作为父母你可以发脾气，可以犯错误，也可以在犯了错误后跟孩子道歉。总之，事情的关键在于，意识到问题后，我们要有转变。

机缘巧合之下选择了积木宝贝，并没有做太多的比较，只因这里无论是地理位置还是教学环境、卫生状况、师资水平，对于我们来讲

都是无可挑剔的，体验了一次课程以后，我们就爽快地报名了。

从报名那天起，我们一家的周末活动都被积木宝贝早教中心给承包了。星爸也坦诚地说，自从报了早教班，周末带娃不止轻松一点半点的。

转眼星星已经满18个月，按月龄星星可以升级到五阶，但授课老师告诉我，星星可能暂时无法完成五阶的任务，所以暂时不能升阶。

为什么上了早教课之后，星星的发育还是迟缓了？

老师问我，有没有按照建议，每天跟星星在家互动。我这才意识到，我们过于依赖上课的老师，把上课当成早教的唯一途径，然而早教并不等同于"早教课程"，上课时，虽然老师教了一定的知识和技能，但还是需要父母在平时生活中不断强化、巩固——如果孩子仅仅在早教课上才学习实践，根本无法完成体能、智能、心理的真正提升，如果这样，"早教课程"反而成了早教的瓶颈。

——积木宝贝广西柳州中心会员灰净分享

读懂孩子的心理秘密，用心关爱

孩子的各种行为问题难解决？先理解孩子的情绪吧

积极情绪是情商的一个重要部分，亦是对孩子至关重要的一个课题。因为，孩子就是情绪的动物，他敏锐细腻的神经，无时无刻不在吸收来自外界的营养或者毒药。早期帮助孩子养成积极情绪，孩子未来情商就会更高，当然也更优秀。

首先，要说一个大原则，面对孩子情绪时，父母务必要记住：情绪和行为是一枚硬币的两个面，两者相互依附。要改正孩子的行为，就需挖掘孩子行为背后的情绪；只有理解了孩子的情绪，才能更多地了解孩子的行为。

所以，当你看到孩子行为失控、所犯错误你无法忍受的时候，一定要记住对自己说：我不是想要培育高情商的孩子吗，现在机会来了。

切忌自己也一起失控发火。如果你大声凶孩子，那么孩子就学会了用大嗓门解决问题；如果你采用暴力，那么孩子就学会了用拳头解决问题；如果

你持续指责孩子，那么孩子就学会了斤斤计较指责他人。

如何通过想要发火的第一关呢？无外乎五个字——无条件接纳。所谓"无条件接纳"，主要从三方面入手：一是尊重孩子的身心发展规律，二是接纳孩子的情绪，三是接纳孩子有个体差异。追根究底，之所以有些父母对孩子的负面情绪反应如此激烈，在于他们并未做到无条件接纳自己的孩子。

接纳孩子当下的情绪，即理解孩子的受挫情绪。可以说，孩子的成长过程其实就是一个不断受挫的过程，可是孩子凭借初生者的无畏，一点点克服，并从中汲取养料，慢慢长大。自然地，孩子在成长过程中不可避免地会产生各种负面情绪。而父母，作为孩子身边的"重要他人"，自然会直接感受到孩子的负面情绪，并成为孩子宣泄的出口和对象。

这的确很有挑战。你做好准备了吗？

• 0～1岁：接受并积极回应孩子的情绪，哪怕是负面情绪，紧接着转移的孩子注意力

对于1岁以内小宝宝的哭闹发脾气，新手父母常会不知所措，这是因为这个时期的孩子还不会用语言表达自己，哭闹就成了他获取父母关注的常用方式，这就需要父母耐心关注孩子的需求了。

【案例一】我家小孩6个月了，从小就不爱喝配方奶，最近胃口越来越大，母乳明显不够，孩子饿得很快，老想找我抱，抱着他就想扑到我怀里吃奶，没有就会发脾气，边吸边使劲咬我。我的两边乳头都被他咬破了。我也想过给他喝配方奶，可是孩子死活不吃。我应该怎么办？

相信很多父母都有这样的体会：孩子下手没个轻重。正如这个想吃奶的小宝贝一样，他并不知道自己弄疼了妈妈，只是急切地想要填饱肚子而已。这种情况下，父母可多挑选几种奶粉，尝试让宝宝喝一下，观察孩子的反应。有的孩子很抵触用奶瓶喝奶，父母可尝试用小勺喂喂看。另外，宝宝6个月大后，母乳就不能全面满足孩子成长所需了，父母可以考虑逐步给孩子添加辅食。

【案例二】我的孩子马上就满8个月了。这几天，她的情绪反应特别强烈，不高兴和不顺着她的时候就会大喊大叫，甚至会马上掉眼泪，孩子还特别黏我，

总想要我抱。孩子哭闹时我是不是要无条件满足她呢？我是孩子的主要看护人，前一个月是姥姥姥爷帮忙看护，现在来到爷爷奶奶家两天了，突然的情绪变化是否是这个原因呢？觉得乖小孩突然变恶魔了呢！

环境变化会对孩子的情绪产生很大影响。宝宝跟大人一样，同样需要时间来适应新环境、新面孔，不妨给孩子一段适应的时间。尽量保持宝宝生活环境的单一，不要总是更换住所和看护人，以免不利于宝宝安全感的建立。如果宝宝发脾气、闹情绪，妈妈需要理解，还可通过转移注意力的方式来缓解宝宝的坏情绪。

要知道，孩子哭闹都是有原因的。对于1岁以内的小宝宝，父母首先需要排除孩子是否身体不适所致，其次就是关注孩子是否需要吃喝拉撒睡，最后一点，需要关注的是孩子是否需要人陪伴了。别以为孩子小，啥都不懂。从4个月起，他就进入情绪敏感期了。你的每次回应，他心里都懂得。你的每个怀抱、抚触、亲吻，孩子都能接收到信号，并转化为一个内在语言：我是被爱的，这个世界是可信的。

所以，多抱抱孩子、有皮肤上的接触，多用动作、声音回应他，用实际行动告诉孩子，你能明白他的感受，你会一直陪伴他，他的情绪就会慢慢平复。

• 1～4岁：理解并引导孩子合理宣泄情绪

孩子的心理发展是螺旋上升的，即孩子的心理发展通常遵循"稳定—不稳定—稳定"交替发展的过程。因此，父母不能用静止的眼光看待孩子。正如父母们常说的：孩子以前还挺乖的，现在又变得无理取闹起来。1～4岁的孩子，随着自我意识的萌发与发展，变得越来越固执、不讲道理。请先不要责怪孩子，不妨换个角度来看——这说明孩子又进入了新的发展阶段。

下面这位妈妈就遇到了相似的难题。

【案例三】我的孩子3岁了，最近老是闹情绪，脾气很急躁。比如，零食袋子打不开，她就会很大声地哭闹，甚至扔掉零食，十分生气的样子。我该怎么疏导孩子呢？她已经能明白大人的话了，我也经常跟她讲道理，可收效甚微。

在大人看来，孩子的一些行为十分任性、胡闹甚至不可理喻，这是因为，

我们并不了解孩子的行为。孩子的心理活动是有一定秩序的。这是他们通过建构一种秩序去确立自我的必然通道。若事情超出他所认定的秩序，他就容易失控，显得执拗，人们称之为执拗敏感期。一般来说，孩子2岁左右时就会表现得很明显，到3～4岁则会集中爆发。具体表现就是，孩子要求凡事听他的，一切都要他说了算。如果父母拒绝或没有按照他的要求做，他就会变得非常烦躁、哭闹不止。

要想与这个时期的孩子和平相处，应首先明白，这是由孩子自我意识的发展所致的——孩子开始有了自我的概念，并逐渐体验到自我的力量。他发现自己并不像小时候那么"无能"，而且过分夸大自己的能力。可现实中，他又处处受挫，而且无法很好地表达自己（用恰当的语言或方式），有了情绪便只会哭闹了。

这时，大人如果单纯地用呵斥、恐吓、威胁等方式来处理，往往无法让孩子停止哭闹。对于这个时期的孩子，父母应慎用较劲的方式与他相处。要知道，孩子并非故意与父母过不去，他更多的是在跟自个儿、跟挫折感较劲。所以，他要的也不是批评，而是理解和帮助。

一般来说，孩子的执拗是无法完全去除的，只能尽量缓解。父母应该理解孩子的感受，在保证孩子不伤害自己的前提下，接受孩子通过哭闹、发脾气适度发泄内心的苦闷、焦虑与不安。平日不可对孩子太过严格，更不可强制命令孩子"不准干什么"和"必须干什么"。要多给他们选择的机会，该孩子自己做的事，交给孩子自己。而当他失控了，接纳并提供一定外力支持，引导他使用正确的解决问题的办法。

比如上面那个3岁的孩子打不开零食袋子就哭的问题，父母不妨跟她说："妈妈知道了，你因为打不开零食袋有点着急，不高兴了。"大人将孩子的情绪表达了出来，表明家长认可了她的情绪，这给了她很大的安慰，无形中孩子的情绪也稳定了下来。情绪稳定后，家长就可以试着和宝宝一起解决问题了——可教给她开袋子的技巧，也可以告诉她向家人求助等。问题解决了，孩子的情绪自然就好了。

另外，两三岁的孩子对道理似懂非懂，与其跟他大讲道理，不如教给孩子一些小的儿歌性质的小技巧，如"不要急慢慢来""耐心等待""需要帮

助我说'请'"等。当然，家长本身若能控制自己不乱发脾气，对孩子也能起到很好的榜样教育作用。

需要注意的是，很多父母潜意识里会认为顺从孩子，自己的权威就会受到挑战，这个想法是不恰当的。要知道，孩子也是独立的个体，父母偶尔做出合理的让步，既是给予孩子尊重，也是教会他尊重别人。给孩子多一分理解，孩子才能健康成长。

• 4～6岁：引导孩子合理表达和调节自己的情绪

研究表明：6岁以前的情感经验对个体的一生都有重大的影响。孩子如果无法合理调节自己的情绪，将会变得易激惹、悲观、具有破坏性，甚至对自己不满意。4～6岁的孩子正面临情绪发展的重要阶段。父母的重要任务就是帮助孩子的情绪成长，即帮助孩子识别、了解和控制自己的情绪，并学会理解他人，即帮助孩子在成长的过程中逐步形成在合适的地点、恰当的时间表达合适的情绪。因此，4～6岁是孩子学习情绪管理的重要时期。

【案例四】我的儿子4岁多了，很活泼，但发起脾气来却没那么好说话了，还总爱说"我不和你玩了""我要打你哦"之类的不友好的话。在跟小朋友一起玩时有时会比较霸道，会抢小朋友的玩具，不如意还会推打小朋友。不知道有什么有效的方法能引导他。

【案例五】我的女儿刚满5岁，非常害羞，不爱叫人，让叫叔叔阿姨也不说话，就是腼腆地一笑，我觉得她不是很自信，带她参加过很多活动，每年也带她出去旅游，实在搞不清楚为什么这样。是不是我对她有时太严厉了？怎么才能让她克服害羞和有自信？

4～6岁的孩子大都进入了幼儿园，成为了社会群体中的一员，这个时期的他进入了人际交往的敏感期——渴望与同伴交往，但并不是每个孩子都能与同伴相处愉快。

上面两个案例就是两个看起来相反的案例，但是实际上，都是孩子未学会社会化的技巧，与小朋友交往中不知道如何处理自己的不良情绪导致的。

人际技能不是与生俱来的，需要不断培养、锻炼。父母要多创造自然而

然的条件，引导孩子与人交往：日常交往中，教给孩子一些常用的人际交往策略和用语，如"请""谢谢""对不起"等；避开外人，与孩子沟通他的错误行为（过于严厉，不给孩子留颜面，或者让孩子感到压力过大，效果都不会理想），给予客观提醒；多带孩子到人多的地方，展示给孩子看，和谐自然的人际交往是怎样的。同时，教育孩子学会聆听别人谈话、欣赏别人优点、正确对待生活中的得失等。这不但有利于孩子的身心健康发展，还有助于提高孩子处理人际关系与解决问题的能力，帮助孩子形成良好的心理品质。无条件关注孩子的情绪并不代表溺爱、纵容孩子。对于 4～6 岁孩子的不恰当行为，父母要温和而坚定地让孩子知道父母的态度，让孩子知难而退。这样，他以后就不会以哭闹、乱发脾气为手段，胁迫父母让步了。发脾气可以，但要合理、恰当。有必要提醒的是：随着孩子学会了调节自己的情绪，有时为了逃避责罚，他们会使用一定的策略来掩饰自己的情绪，如在做了大人禁止做的事情后，孩子会下意识地撒谎。这时，大人不必发怒，要先检查自己对孩子的要求和禁令是否合理。若事先申明过要惩罚的，就一定要执行。

当然，惩罚不是目的，父母更要细微观察孩子的情绪变化，鼓励孩子说出内心真正的想法，然后告诉孩子正确的情绪应对方法，这样孩子的应对策略才会更加有效。

所以，面对孩子的情绪和行为问题，一定不要着急，更不要感觉丢脸，用时间和适当的指导，相信孩子一定能变得更好。Dina 的经历就值得分享给大家：

> 自从进入积木宝贝这个大家庭，刚开始的两次课程，Dina 的改变并不明显，小情绪也大，一节课就有4次情绪波动。我也是个急性子的妈妈，又感觉有点丢脸：为什么其他孩子都好好上课，她却各种调皮。但现在回想起来，那时的想法还是比较幼稚的。后来，老师特别负责，特地打电话跟我约时间，单独聊了聊怎样一起去帮助孩子适应早教课程。我记得，那时她和我坐在中心的教室里，她用风趣的方式给我上了一堂教养方式课，那个时候我感觉自己也成了

个孩子。经过这一番谈话以后，回来的路上我在心中默念着——改变自己，给孩子时间。

那次谈话以后，每次课程中Dina都有进步，因为我也在跟着改变，跟着孩子一起进步。慢慢地，Dina学会了更好的表达，课程中也会积极地配合老师，课程外还会热情俏皮地和每个人打招呼。她学会了分享，调整自己的情绪，不大哭，不闹脾气。除此之外，她能记住每个老师的名字，在家的时候也会经常念叨今天好想老师哦！因为老师们都非常热情有爱，会亲昵地呼唤每一个孩子的名字，深情地拥抱孩子，就连我的内心也被潜移默化地感染了，变得越来越温柔，看每个孩子都是天使。

——积木宝贝北京万达中心会员Dina妈妈分享

特别感谢积木宝贝为中国孩子和父母提供丰富的早期育儿知识，无论是在线下课程，还是线上方式。半年来，我都在收看卡酷少儿卫视播出的《积木宝贝闯世界》节目，周五晚上的"早教小课堂"，短短的几分钟会教我们三个精彩的早教小游戏。非常棒！每次看不够，我会在"积木育儿"微信公众号上再反复收看早教小课堂。据老师说，这些视频里的游戏都是积木宝贝经典课程，我的糖宝宝也非常喜欢看。确实，孩子是一个需要反复学习的小生命，一次短短的45分钟早教课程怎么能让他迅速学会呢，我理解早教更像是教会爸爸妈妈如何与孩子玩，教会我们怎么读懂孩子。我们回到家中，还要不断地跟孩子重复在早教课堂上学会的这种游戏。而积木宝贝的贴心之处是，还能通过线上学习来复习早教游戏。

——积木宝贝北京大钟寺中心会员糖宝宝妈妈

孩子为什么爱哭？
这五种心理表情需了解

　　一些爸妈在微信上这样问我们："孩子太爱哭了怎么办，而且总爱无缘无故地闹。"这其实是一个本身就有问题的问题。哭对孩子的意义十分重大，他的哭声传递了丰富的内涵，绝不是"无缘无故"的。将孩子的哭认定为"无缘无故"，其实折射出的是父母对孩子认识的偏差，以及由此产生的无力感。哭是人类先天就具有的一种"语言"。对新生儿来说，会哭真的很重要，他饿了、拉屎拉尿了、想要睡觉了，还有就是撒娇、想要大人抱抱，再有就是患一些常见的儿科疾病时，如果不哭，大人如何才能知道呢？我们整理了"积木育儿"微信公众号后台上一些关于孩子哭闹的案例，希望能帮年轻父母更好地理解身边那个小人儿。

● **小宝宝爱哭怎么办？建议：除了检查身体需求，还要关注其安全感的需求**

　　问："我的宝宝 13 个月了，最近总是半夜喜欢哭，怎么哄都不行，白天又很正常，不知道为什么。"

　　有经验的妈妈可能都知道一些宝宝哭闹的原因，诸如饿了、渴了、尿了、拉了、冻着了、生病了等。甚至有些细心的妈妈能分辨出宝宝的不同哭声代表的不同需求。这个只要经过一段时间的规律摸索，妈妈一般都能应付。而一些心理上的原因可能就不易被察觉了。有研究认为，很多宝宝喜欢夜间哭闹，与他需要释放白天累积的紧张感有关。比如，白天的时候他经历了一些情感缺失或身体不舒服的情绪，没有马上宣泄而累积在身体里。等到晚上有机会释放了，孩子就开始哭闹。此时，妈妈只需要陪伴他、抚摸他，让他自然地将情绪释放出来就好了。

　　如果宝宝这个阶段正在经历断奶，那么他心理上需要的安慰和补偿就会更多。他的哭泣可能来源于断奶带来的不安，那么妈妈平日给予的陪伴和抚慰就更加重要了。

● **孩子做不好事情就哭，看起来缺乏耐心怎么办？建议：避免过高要求和横向比较**

问："我女儿三岁零两个月，特别爱哭，比赛跑步输了哭，做不好事情也哭。比如积木搭不好，拼图拼不出来，她就一点耐心也没有了，干脆推倒，然后对着玩具哭，我该怎么办？"

孩子这个年纪已经开始通过与同伴的比较进行自我评价，并且开始了自信、自尊的建构，因此很在意输赢。另外，大人的过高要求、有意无意拿自己孩子与他人比较等，也都会引起孩子"争赢怕输"的表现。所以，面对孩子自己跟自己较劲、哭闹的时候，父母的理解和引导很重要。先表示理解：妈妈知道你心里委屈，很想做好这件事对不对？然后拍一拍、抱一抱孩子，给他安抚和情感支持。待孩子情绪稍微平复，再跟他一起想办法："你需要妈妈帮忙吗，咱们一起努力做，好不好？"平日里也要注意多给孩子提供机会做力所能及的事，并帮助他们多体验成就感。

另外，多引导孩子用语言表达自己的情绪，营造民主的家庭氛围，让他能够说出自己的想法和需要。同时，父母平时做好榜样，多给孩子一些正向情绪的输入，用积极的情绪影响和感染孩子，尤其面对孩子"失败"的时候，请淡然处之。

当夫妻关系、亲子关系、婆媳关系，摆在我这个第一次当老婆、妈妈、儿媳的女人面前，我也曾为此焦头烂额、束手无策。很幸运，就在我生完孩子头一年的极度抑郁时期，遇到了"积木育儿"微信公众号。

不得不说，自此，我便成为这个公众号的深度脑残粉，积木育儿的观点、建议都一语中的，解决了很多让我困惑的难题，让我从初为人母的慌乱中撤离出来，在面对很多家庭矛盾、育儿难题时，变得从容、淡定，对生活有了一定的掌控感。

自从生孩子后，我的脾气变得极其暴躁，对自己的育儿成果表

示极其不满。

　　儿子一不如意就发脾气、满地打滚、哭闹不止，我的耐心在转移注意力不奏效时便丧失殆尽，失控般地吼孩子："不许哭，你怎么老是这样？说过多少次了，就是不听"。有时我的大声能把孩子吓得肩膀一颤，事后我又开始深深后悔自己的鲁莽行为。

　　是积木育儿中的各位教育专家，教会了我如何放轻松做个好妈妈，如何在孩子发脾气时做到共情与接纳。

——积木育儿微信公众号粉丝高高分享

● 担心男孩太脆弱怎么办？建议：无论男孩女孩，哭的时候都需要父母先共情和接纳

　　问："我的孩子是男孩，可是特别爱哭。我说你是男孩子，怎么老哭。可是越说哭得越厉害，这可怎么办？"

　　我们的文化传统总是要求男孩子坚强、勇敢、阳刚，见不得男孩子掉眼泪。但研究表明，男孩子三岁之前相对女孩子来说可能会更敏感。就像这位妈妈说的，觉得自己的男孩好像比女孩还爱哭。男孩也需要正常的情绪宣泄。一个总被要求"别哭了"的男孩，他并不能真变得坚强，要么是哭起来更委屈、看起来更脆弱；要么学会把情绪压抑到心底，同时也把真实的那一部分自己藏起来。如果男孩正常的情绪表达被压抑了，他以后就不敢表达了，会更懦弱和胆怯，反而不利于孩子的心理成长。

　　如果这个时候妈妈抱抱他，并告诉他"我知道、我能理解"，给他一个共情，再来一个拥抱，这会让孩子更舒服、更有安全感。这样更有利于他日后进一步去建立自尊和自信。放心，你给他足够的爱，他会长得比你想象的还要强壮。

● **大人做啥都不顺孩子的心意，无故哭闹怎么办？建议：请尊重孩子的自我意识和自主性**

问："孩子今年四岁了，老哭。比如昨天晚上，我和爱人逗她几句她就哭了，然后我给她一个脆脆鲨，我认为她不会打开，就替她打开了，她又大哭起来，哎，都不知道她要怎样，就无缘无故地大哭，我都愁死了。"

孩子若未学会如何用语言表达，且自己探索的许多尝试被阻止或剥夺，一般只能用哭的方式去表达积压的负面情绪。这个案例就是典型代表。很多爸爸妈妈可能都觉得逗逗孩子、骗骗孩子没什么，挺好玩的，但我们不太赞成这样的做法。孩子有自己的意识和想法，你总用逗他的方式调侃他，他心里确定和安定的感觉可能就会受到伤害，当时的表现就是哭一下，但长期的挫败感积累下来，可能就会变得更加敏感脆弱、畏首畏尾、自我怀疑。

至于妈妈帮孩子打开食品包装孩子也哭，其实可能是孩子之前的情绪没有平复，一个触点又引发了她新一轮的情绪宣泄。她可能会觉得："爸爸妈妈怎么总是不懂我的心思，真气人，我不愿意你帮我撕袋子，我想自己来，我不愿意当你们的小玩偶啊！"可惜，所有这些话，孩子都不知道怎么表达，只好大哭。

这个问题，一是父母需要从孩子的角度去观察和读懂孩子，平等地对待孩子、尊重孩子。二是学会跟孩子建立一个良好的沟通机制，让孩子学会用语言心平气和地表达自己的情绪和需要。孩子试图与父母交流时，父母要耐心倾听，孩子才乐于表达。三是孩子自己能做的事情父母不要包办代替。总是剥夺孩子自主尝试和选择的权利，他一定会通过其他方式来表达他的反抗情绪。

● **孩子太敏感，一听批评就要哭怎么办？建议：请给孩子两套评价系统**

问："我还算一个比较合格的父亲，有自己的事业，也常抽出时间陪女儿，带她去世界各地旅游，希望开阔孩子的眼界。平日里，女儿的生活和学习，我也都有关注。孩子遇到任何问题，只要有时间都会陪着她一起去解决。可是，现在我发现一个问题，若有人批评她，她都会受不了，就会哭。别人跟她意见不一致，她也会哭。这是怎么回事？"

　　了解后发现，这位父亲在孩子面前总是扮演超人的角色。孩子遇到任何问题，他都会及时出现。他说的话总是那么有见地，做的事总是那么漂亮。而且他有意无意地向女儿传递了一套特别成熟的价值观。这是父亲自己的价值观，并不是孩子自己的。一旦离开了父亲的庇护，听到了不同的甚至是抵触的声音，孩子就困惑了。这是一个长期生活在单一评价维度下的孩子，完全在父亲的笼罩下生活。对孩子而言，这就是一种捆绑。孩子没有目标，爸爸的目标就是她的目标。

　　我们给年轻父母的建议是：给孩子两套价值体系。要想让孩子拥有完整的自我，父母一方面要让孩子熟悉外界的声音，另一方面则要引导孩子培养自己的价值体系。为了实现这一点，父母应该让孩子多听不同的观点，而不是替孩子思考或做决定。父母应让孩子知道，你所给孩子的，不是整个世界，那不过是你自己的观点。你之所以能够那么有把握去做你独特的自己，是因为你已经在充分的体验和自我摸索中成功了或者成熟了，可以不必再去在意很多的外界评价，不必再去弯腰。而孩子则不同，他们必须要自己去体验、自己去思考、自己去选择，最终形成他们自己的观念体系。

　　请记住：孩子不是一个好玩又无理取闹的存在，他是独立的个体，有自己的想法和需要。他不会说话或者不会准确表达只会哭的时候，你确实不知道他需要什么，但相信你一定有能力听懂孩子的哭声。这是你的孩子赋予你的"天赋"。通过不断地摸索和学习，你一定能知道孩子的哭声代表什么，知道如何帮助和抚慰他。因为这世上，没有任何一个人，比你更尽心竭力地想要读懂你的孩子。

　　孩子爱哭，挨打后还说"要换一个妈妈"，这位妈妈又是怎么渡过这个"难关"的呢？

　　我以前都是在网上搜一些育儿知识看，现在才知道，这些东西大多都是一些心灵鸡汤的东西，一点实战意义都没有，而且很多都不科学。而我在积木宝贝父母课堂里面学到的育儿知识，不仅科学

而且非常实用。

比如，姐姐以前真的特别喜欢哭，一不如意就开始叫，怎么也哄不好，有时候我会打她，导致她说"换一个妈妈，因为我的妈妈太凶了"。现在我知道了，孩子并不会无缘无故地哭，她一定是因为有某种需求没有得到满足，而我需要做的，就是共情，先满足她情绪上的需求，然后才是行为上的引导。

这几个月下来，感觉姐姐最大的改变是她越来越"老油条"了，到积木宝贝来特别放松，简直就是自己的主场。大运动也发展得特别好，看着她能够自己独立吊杆，上楼梯不用牵手，还可以一层层地往上跳，我真的很高兴。

——积木宝贝河南永城中心会员果冻妈妈分享

孩子爱打人？
全年龄段的解决方案在这里

一位妈妈反映自家的孩子无论是跟其他小朋友相处，还是跟家人互动，都只会用打人这一种方式。孩子看似简单的一个打人动作，背后却隐藏着各种问题。矫正孩子的行为之前，父母需要了解，孩子们为什么会打人？其实，当孩子第一次扬起手打人时，背后的心理原因并不复杂。具体来说，不同年龄，其打人背后的心理机制也有各自的区分。

● 分年龄详解孩子打人背后的心理机制

阶段一：不会说话之前，用打人吸引父母关注。孩子在没有发展语言之

前的打人，尤其是在孩子一岁左右的时候，他是在用"打人"引起你的关注。那时他不太会说话，又特别希望你关注他，刚好他的手部动作已经可以支配得很好了，所以他就可以用手的语言告诉你："妈妈，我需要你关注一下我。"

阶段二：1～2岁孩子打人，是他们表达情绪的一种方式。很多孩子这个阶段打人，是他在表达一种情绪，这种情绪不一定都是负面的，可能是很兴奋的情绪。有一个词叫"手舞足蹈"，孩子高兴的时候就是如此。不过，孩子还没有任何边界概念，手部力量也还没有发展好，没有轻重，所以他们就会失控打到你。而你也可能会认为，孩子打人了。当然，也有时候，若孩子的情绪是愤怒的，那他这种"打"，有可能也是在表达一种愤怒的情绪。慢慢地，当孩子的很多需求没有得到满足或者回应的时候，也有可能是想做的事情被父母拒绝的时候，会主动发出"打"的行为。

阶段三：3岁以后打人，是孩子缺乏安全感的表现。3岁到六七岁的大孩子，他的打人行为，更多是缺乏安全感的表现。即孩子极度渴望父母能够跟他在一起，去看见他，去感受到他的存在。所以，这个时候大人不要对孩子的打人行为上纲上线。比如有的父母会觉得，这孩子有暴力倾向，必须得好好管管才行。殊不知，这个时候，孩子能控制的身体范畴也就是他的手、胳膊、腿。他在用他能够利用的全部力量，向父母发出一个信号：你们需要关注我一下了。无论是心理上的需求，还是情绪上的变化。

需要指出的是，每个年龄段，孩子刚出现打人的时候，其实背后的心理原因，基本都是上述三种情况。但是若父母应对方式不恰当，就会让孩子的打人变得复杂起来，让打人行为固化。比如下面两种，就是常见的、被复杂化的孩子"打人"情况。

其一，大人做了坏的演示和坏的榜样——孩子就学会了：打人是一种解决问题的办法。

一开始孩子"打人"的动作，其实没有太多意义。孩子学会用打人的方式去解决问题，往往是被大人教会的。大人是如何教会孩子打人的？一般可以分为两种情况。一种情况是，一些大人在教养的过程中并没有太在意，经常会用恐吓性的语言来吓唬孩子，比如常对孩子说："你再不乖，我就打你。"实际上大人往往并没有真的去打孩子，但是孩子学到了：打我，是一个让我乖的方法，那我也可以用这种方式让别人乖。另一种情况是，孩子真的挨打了。孩子挨打以后很委屈、很难受，但是他发现，他哭了、听话了以后，爸爸妈妈会表扬他："你看你当初不听爸爸妈妈的话，还得挨一顿打，你早听话我不就不打你了吗。"孩子在挨打的过程中学到的同样是：打我，的确是一个让我变乖的方法，我也可以用这种方式让别人乖。孩子就因此可能在模仿中习得了"打人"的行为。

其二，男孩天生比女孩更有攻击性——强制性管制，会强化孩子的行为。

孩子两岁左右的时候，一般会迎来一个"爱打人"的高峰期。男孩尤其明显。男孩天生具有一种激素叫睾丸激素，睾丸激素的分泌就会使得男孩的力量、速度、爆发力等，都比女孩强。当一个小男孩发现，有一个小女孩来跟他抢玩具，他一开始会在愤怒情绪的驱使下，上去把玩具抢回来。随后，他会发现，自己的力量让小女孩倒在了地上，或者吓得哭了、跑了之类。这样，孩子就会认为，攻击性行为是奏效的。这个时候，如果身边的大人不及时引导，孩子更能够感受到自己那个攻击性行为的"威力"。之后，他还会继续用下去。

• 孩子打人行为的应对策略

对策一：1岁以前的孩子，给他们安全感。如果你发现自己家里不到1岁的小宝贝总爱用手抓人、掐人，那么别随意给孩子贴标签。一方面，要多给孩子提供一些可供手部探索的玩具。另一方面，当孩子有"打人"动作时，轻轻握住孩子的小手，转移孩子的注意力，逗逗他玩。因为孩子需要你多给予他一些关注了。很多父母都会发现，如果有一段时间陪孩子的时间偏少，那么孩子在你面前似乎会更闹腾一些。所以，给孩子足够的安全感是正解。

对策二：1～2岁孩子，帮他们把情绪内化到游戏中去。1岁以后，孩子的自我意识快速发展，希望自己做主，但是同时也开始遭遇大量的限制，包括自身能力的局限，以及大人的各种设限。因此，他们开始更频繁地出现负面情绪。如果发现你的孩子带着情绪地"打人"，别反应过大，或者大怒。孩子只是还没学会用别的方式去发泄自己的情绪。这时，我们就可以把他的

这种发泄方式内化到一个游戏中去。比如孩子正要打你，你拉起孩子的小手，玩个游戏，帮孩子宣泄情绪。同时，孩子也学会了：我不高兴的时候，除了打人，还可以做点别的事情。

对策三：父母首先要起到榜样作用，然后给孩子一个替代选项。若你的孩子恰好在两岁左右，频繁出现打人行为，那么父母就应该反思一下自己的教养方式了。父母是不是在生活中，渗透过一些坏演示、坏榜样呢？要知道，孩子正是在模仿中学习和成长的。不过，两岁的孩子可以沟通了，这个时候若打人，父母要明确告诉孩子："宝贝，这样是解决不了问题的，我们可以换一种方式来解决问题。"与此同时，我们还要让孩子知道，当你说他不对，或者当你剥夺了他一项行为的时候，他还有其他的选择。比如：宝贝，你不能去打这个小朋友，你可以和小朋友交换玩具玩，或者轮流玩。

不给孩子任何其他选择，只是一味禁止的时候，孩子会认为："我太可怜了，我被禁锢了，太难受了。"给孩子提供另外的选择，孩子就会知道："我不做这个事情，我还可以做别的事情。我是自由的。我可以为自己做决定。我还有力量。"

对策四：增加孩子的运动量，消耗孩子的多余精力。都说孩子越动越聪明。排除了多动症的一些标准，孩子的确是需要大量运动的。他一方面在运动中学习，一方面也在运动中宣泄一些过多的能量。所以，父母就应该给孩子增加一些运动量，让他做更多的活动。不只是体力上的活动，动脑子的活动或游戏也可以消耗其能量。只要父母真的和孩子动起来，孩子玩得尽兴了，你会发现，孩子的专注力和情绪稳定状态，会持续得更久。

对策五：帮助孩子分析问题，引导孩子用其他办法解决问题。如果你家的孩子3岁以上了，尤其一些孩子在幼儿园里，常常通过打人的方式解决问题，并且遭到其他小朋友家长的投诉，或者老师的种种不满，父母必须要把这件事情当作一件大事情去处理了。

父母需要不断地跟孩子重复，帮孩子建立新的行为方式。即跟孩子去沟通：一件事情，我们不通过打的方式，而是通过别的方式能不能行？即父母要跟孩子商量好，解决一个问题，可能有哪几种方案，并且把每一种方案的后果都告诉孩子。

3岁以上的孩子，已经有很好的逻辑思维了。他是可以分析事情的，也懂得结果为何，以及他是喜欢，还是不喜欢那个后果。

所以，父母需要跟孩子一步一步去分析，最终让孩子明白，打人的确是一种解决办法，某些情况下它能解决问题，但它不是解决问题的唯一办法。更多时候，我们可以采取更为有利的方式去搞定一件事情。

全程要避免唠叨式的批评指责以及用武力去解决问题，父母必须控制好自己的情绪。过于唠叨，或者采取武力，只说明父母的无助——这是没有更好办法时被迫采取的下策。

对于矫正这种顽固型的孩子打人问题，会是一个比较耗时耗力的过程，所以父母也要做好思想准备，并需要在孩子上小学之前矫正好孩子的行为。

孩子身上的很多问题其实是爸爸妈妈的问题。我们经常会提到一句话叫作"育儿先育心"。育什么心？育父母的心。育父母的什么心？育父母更从容、更科学地教育孩子的心态。如果我们自己把心放平稳了、敞开了，就会发现孩子身上很多的问题不再是问题，仅仅是发展过程中的一个小片断而已，只要恰当地处理，他就能够顺利地走过去。

有些妈妈问我：孩子打人，甚至打小动物，是不是没有爱心、没有同情心的表现？他会不会发展成一种反社会的人格？这个阶段真的不能这么给孩子贴标签。很多时候，孩子对生死、受伤、病痛等并没有特别深刻的体验，譬如说我们在跟孩子讲故事的时候，说这条鳄鱼把这条小鱼吃了，对小鱼来说，其实挺可怜的，对吗？它没有生命了。但是孩子一般都会认为，这挺正常的。小狗和小猫打架，小狗受伤了，他只是觉得挺好玩的。所以很多时候，孩子并不会把这些事情看得很严重，不像大人，很容易上升到道德的范畴去理解一件事情。

也有父母很提倡"棍棒底下出孝子"。有时候，打孩子是会当即管用，但是它只是暂时的。

如果父母以身作则，坚持使用更合理的方法去与孩子互动，你会发现孩子身上有些缺点也会慢慢消失，而且是孩子心甘情愿地去改正。

孩子乱发脾气？
父母须知这些心理根源

有的妈妈说："我的孩子发起脾气来，简直是地动天摇。"面对孩子情绪失控的场面，父母常常不知如何应对。而且，孩子在情绪爆发时还会伴随着一些破坏性的举动，这也让父母颇为尴尬。有的父母要么急匆匆想要制止孩子哭闹，甚至批评打骂，要么就是失去原则开始各种哄。

情绪不曾失控过的孩子基本很少。引导孩子学会自我控制，是父母该做好的一门功课。如何引导孩子的情绪呢？

建议父母跟着以下三个"须知"，或者说三个步骤去做，相信你会有收获的。

• 父母须知一：孩子有权生气

通常情况下，孩子突然脾气大作的时候，被父母视为"令人不快的时光"，会让父母很尴尬。因为孩子的不乖，是父母不愿意面对的。但是，父母同时也必须知道，生气、发怒是孩子的本能，也是他的权利。一个不会生气、发怒的孩子，通常是压抑和孤僻的。适当的哭闹，对孩子的身体是有好处的，还能提高智力，同时也表明心理健康。所以，不要动辄就对孩子说："不许哭，别闹了！"同样的，没有孩子会莫名其妙地大哭大闹，如果有，父母请先检查问题是不是出在自己身上了。

造成孩子大发脾气的原因有很多，主要有以下几个方面。

1.父母本身脾气就不好。不少父母本身性格急躁，容易发脾气，不管是什么场合，只要孩子不听话，就会训斥甚至打骂孩子，而且有时完全看心情来管教孩子，时松时紧，这样不仅无益于孩子自尊心的养成，也让孩子学到了"情绪失控"。其实父母首先要做好情绪管理，在孩子面前树立好榜样。

2.情绪日渐丰富，而语言表达跟不上。由于年龄和自身发育的特性所致，孩子有时没法用正确的语言来表达自己的意愿和情绪，当大人总是不明白孩

子的意思时，他就会着急，因为在他看来："妈妈应该是知道我要干什么的呀！"随着自我意识的发展，1岁半前后开始，孩子就日益希望运用自己的力量。尤其是叛逆期的孩子，在面对父母的过多限制时，他不懂得如何用语言表达，就只好通过发脾气、大哭大闹的方式去抗争和寻求自己的权利。这种情况，和孩子硬碰硬，只会让孩子变得更倔强，或者退缩。所以共情是关键，同时要教会孩子更多表达自己的办法。

3.孩子内心有恐惧。有些孩子，尤其是3岁左右，可能会在某一个情形下，或某段时间内，情绪上出现"退行"，变得易失控，并伴随出现行为问题，如打人、抢东西、摔东西等。这极有可能是孩子内心有恐惧。孩子觉得受到了某种伤害，不知道如何面对和处理，于是呈现出失控的状态。因为内心存在恐惧，他更渴望得到大人的关注和帮助，可他又不懂得如何正确地表达自己，只能通过哭闹等方式表现出来。若父母能够接纳孩子的情绪，便能有效地安抚孩子内心的脆弱，帮助孩子疏导不良情绪，排解孩子内在的恐惧感。这样，孩子才可能信任你，向你伸出求助之手。

4.家庭教养方式不一。家庭成员在对待孩子的问题上存在不一致，孩子就会看人来办。例如孩子在为了某种目的而哭闹时，如果爸爸妈妈不同意，他可能就会去找爷爷奶奶，利用家庭成员之间的教育分歧来达到自己的目的。一次成功了之后，孩子就会一而再、再而三地尝试。很多家庭就是这样被孩子的情绪所左右的。对此，首先要做的是，解决大人之间的教养观念冲突，避免有一方过于溺爱孩子；要统一教养方式，明确第一抚养责任人。

● 父母须知二：我们有权愤怒

在养育孩子的过程中，让父母怒不可遏的事情一定会存在，几乎无法避免。很多父母认为愤怒、生气、情绪失控是不好的，总是在对孩子发完脾气后又非常内疚，于是痛哭、愧疚、妥协、反悔，甚至惩罚自己，让自己和孩子陷入不良情绪中。

为了自己的愤怒、失控，陷入自责没有必要。须知，有时候愤怒也是有好处的。通过愤怒，我们的身体排出体内的毒素得到健康；通过愤怒，我们可以了解自己的情绪和态度，心灵得到成长；通过控制愤怒，我们的智慧得

以增加。

何况，教育本来就不可能是完美的。愤怒来了，首先，接受这个事实：我很生气！我有权生气，我接受我生气的现实。不必内疚或者羞愧。要让孩子知道你对他此时此刻的情绪反应是什么。其次，客观地表达出自己的感觉，你对孩子的担心。比如说"我生气是因为我担心你"，而不是说"你这个孩子怎么总是这么让人头疼"。不要翻旧账、给孩子贴标签，或是指责孩子。最后，可以直接告诉孩子，我们的期待是什么，明确给孩子指出一条可以避免"闯祸"或能够解决问题的有效方法，让孩子知道如何做会更好。

面对处于叛逆期、爱发脾气的宝宝，cindy 妈妈是这样教养孩子的：

我的宝宝cindy，三岁半，乐观开朗，小心谨慎，现在进入了叛逆期，感觉脾气有些大。但是还好沟通，不会出现躺地上不走，或者诸多让我束手无策的事情。

积木宝贝早教课对我和老公以及孩子的爷爷奶奶姥姥姥爷都有很大的影响，他们都会配合课程的指导去分析孩子的成长，而不是按照老一辈的思想去教育孩子。所以，孩子从一岁半开始上课到现在的成长过程都很顺利，没有撕心裂肺地哭过，也没有什么让人无法容忍的性格问题。

记忆最深刻的有两件事：一件是上课的时候宝宝帮别的小朋友送回去教具，得到了老师的表扬，后来孩子特别喜欢帮助别人，自己也很开心；还有一件就是，孩子第一次独立上课的时候，我在外面一会儿看一下，导致孩子注意力不集中，老师下课及时和我沟通，告诉我方法，后来孩子就可以安心上课了。

还有绘本，现在我的宝宝已经有快两年的阅读经历了，每天一本书，不仅培养了孩子的读书习惯，还让孩子从书中了解了更多的知识，宝宝现在很多书都可以自己讲出来了。

现在亲戚朋友有时候也会说："上过早教的孩子就是不一样"。这个时候，我就很庆幸自己的选择。

早教，不仅是教育孩子，也是教育父母。最近最流行的一段话说："十年以后，你会发现，除了给孩子最好的教育，你买的其他东西不知道扔哪了；二十年后，你会发现，你给孩子最好的教育，成全了一个熠熠生辉的生命！那些奢侈品被称作旧衣服，那些高端产品被称作过时货，你会发现，给孩子最好的教育才是永不过时的奢侈品。"

——积木宝贝太原恒大绿洲中心会员cindy妈妈分享

• 父母须知三：如何让爱发脾气的孩子学会自我控制

当孩子情绪的"暴风雨"来临时，父母还可以借鉴这样几种实用做法。

1.公共场合，从长计议，幽默化解。公共场合孩子发脾气，很多父母会觉得很没面子、尴尬。这是几乎所有父母都会遇到的问题，并不意味着你就不是合格的父母。此时，完全可以开个小玩笑，比如说："看起来我们有点家务事得私下处理一下了。"如此轻松的状态，既能打消旁人看热闹的兴趣，也可缓解自己的尴尬，然后带孩子到一个相对安静的地方，你们俩可以"从长计议"。

2.不要在孩子情绪激动时处理问题。孩子发脾气的当下，大人不要惊慌失措，或表现出不安，或立马失去了自己的立场，更不要说教。因为孩子哭的时候，他的注意力全部集中在自己的感受和寻求安慰上了，没有精力去关注其他。要知道，孩子有脾气、闹情绪的时候，跟他讲任何道理，都是没用的，因为此时孩子大脑皮层的其他位置都是关闭的，只有情绪中枢是活跃的。父母要做的就是轻轻将孩子搂在怀里，耐心陪伴他。让孩子知道，你是明白和理解他的。不妨等孩子哭完，再告诉孩子下一步该怎么办，或者和孩子商议如何解决。

3.避免用自己的愤怒回应孩子的愤怒。父母一生气，就容易使用一些过

激的词汇，比如：

粗暴地给孩子贴标签，责骂孩子：你这个坏孩子，总是这么不听话！

威胁孩子：你不乖乖的，我就不要你了！马上闭嘴，要不再也不带你出来玩了！

专制命令：不许哭！现在闭嘴！

说出负面暗示的话：像你这样，迟早要惹出大乱子！今后能有什么出息？！

父母一定避免用愤怒回应孩子，因为你的愤怒会使孩子的情绪扩大。要先控制自己的愤怒，以平静、温和的声音回应孩子。如果你没有调整好自己的情绪，就请先不要开口说话。实际上，这时你说出的任何话既不能被孩子接受，也不能表达你真正的意愿。

4.转移孩子的注意力。2～3岁孩子注意力的维持时间最长只有十几分钟。遇到孩子执着地在一件事情上哭闹不止时，采用注意力转移的方法通常十分有效，但一定要转移到另一个孩子感兴趣的东西上。对于3岁以上或可以用语言清楚表达自己的孩子，妈妈不妨说："你可以告诉我你坚持要××的原因，至少三点。"如果孩子还小，1岁左右，不能清楚表达，妈妈只需抱起孩子说"宝宝，妈妈带你看看更有趣的东西"，将孩子带离即可。不要跟孩子说太多道理，他不会乐意听。

5.学会转换语言，多用"我"做主语。父母稍微留意就能发现，孩子哭闹发脾气的时候，我们开口便往往会以"你"字为主语，对孩子的行为进行批评或谴责。但事实上，在遇到孩子发脾气时，父母不带抨击地陈述自己的感受和想法，在管教孩子的时候反而会更有效，如多用"我"做主语来对孩子说话。

6.失控可以，但要对失控的后果负责。孩子冷静下来后，父母还能做什么？父母需要让孩子知道：虽然生气、愤怒的情绪是正常的，但是处理这些情绪的方式不同，结果就不同。若处理得当，就值得鼓励；若处理不当，甚至造成了一些损失，那就要为自己的行为承担后果了。

7.做个关于失控的约定。孩子情绪平复后，父母还可以跟孩子谈他情绪

失控这件事，告诉他学习如何控制自己的脾气是一件很重要的事。可跟孩子约定，下次当他脾气爆发时，你将会协助他，要求他回到自己房间去冷静下来。告诉他如果当他被要求却没有立即回房间，他将丧失一天休闲时间的权利，例如看电视或者和朋友们玩等。

不着急，这样管理"磨蹭"小孩

在"积木育儿"微信公众号后台，很多家长都会问到孩子做事拖沓的问题：我的孩子特别磨叽，磨蹭得不行，每次出门前，得好几道手续才能出门。经常一顿饭要吃上半天才行。催促、提醒再多次好像也没用。这样的孩子以后长大了，会不会同样动作慢，爱拖延？

父母的担心到底有没有道理？孩子又为何爱拖拉？下面，我们列出了孩子拖延的几种常见原因，同时也给出了解决办法，供父母参考。

● 孩子本来就慢，建议给孩子一个合理的"节奏"刺激

孩子从 3 岁到 7 岁，其实一直在"长脑子"。所谓"长脑子"就是在增加脑容量，增加刺激联结，让大脑皮层的面积不断增大，大脑皮层上的联结不断增多。这之后，孩子才可能兼顾很多方面，当大人对他提出一些要求的时候，孩子才能很快给予反应。而在这之前，孩子的所有拖拉，跟成人的"拖延症"是完全不同的。

孩子越小，做事情的时候越慢，催促没用。孩子的生理限制，他是快不了的。他需要"慢慢"地长大。相反，催促多了，要么给孩子带去无助的感觉，让孩子反复体验到挫败："我好像很难达到父母的要求。"还有一种可能，就是让孩子变得逆反。

最好的做法是，利用更巧妙的办法，给孩子输入"短频率和快频率"的刺激。

比如说，我们可以跟孩子传达这样一个语言信息："宝贝，看我们两个人谁穿衣服穿得最快""宝贝，看我们两个谁先到达洗手间去刷牙""宝贝，看我们两个……"就是当你跟孩子有这种比赛或者竞赛关系的时候，孩子就真的能意识到时间的紧张，并且心甘情愿地想要努力去提高自己的速度。要知道，每个孩子都有这种想要变得更好的意愿，他一定会自动变得更快一点，试图去战胜你。所以，如果跟孩子玩这种游戏，要更多让孩子赢，父母适当示弱，并给予孩子及时鼓励。

如果有孩子不吃这一套呢？有的孩子天性就比较慢，你说跟他比赛他也快不起来，那么这个时候，父母应该放低自己的节奏，陪伴孩子一起去做某件事。因为很多生活习惯方面的事情，比如穿衣服、洗漱等，大人不教，孩子是不懂得如何更有效地做好的。

陪伴孩子的过程中，父母可以用语言进行鼓励：宝贝，妈妈相信你能做好的，一步一步来。中间可以再提醒孩子：哦，已经完成多少了？嗯，妈妈一定能够很快看到你完成的。即不催促，但是过程中，给孩子一个节奏，他就能慢慢地按照大人的节奏去努力。等到再大一点，他慢慢地就快了。孩子再大点，还可以带孩子一起制作一个"时间表"，和孩子一起学习时间管理。

简言之，在孩子小的时候，大脑是在不断地发展和完善之中的，父母要做的不是用语言催促，强迫孩子跟上自己的节奏，而是给予孩子有效的刺激，并给孩子时间让他去重复。慢慢地，孩子大脑内的联结就稳固了，孩子也就记住了。

• 父母做太多，孩子就会疲沓，请减少对孩子的包办

也有些父母会发现，自己的孩子好像不仅仅是"拖延"，还有一种惰性在里面。这在大孩子身上尤其明显。大人在，还能收敛一些；大人不在，就完全懒散，不能自我管理。这其实跟父母包办过多的教养方式有直接关系。

人都有一种惯性，或者叫惰性倾向，孩子也不例外。一个习惯了妈妈提醒起床的孩子，闹钟都省了，因为他已经对妈妈的提醒形成了依赖性。

所以，很多拖延的小孩，其实就是父母一手培养出来的。父母做太多孩

子本应自己做的事情，导致孩子不做主动加工，只做自动加工。仿佛每天上学、起床睡觉、吃饭穿衣、学习爱好，所有这些，都是和他无关的事情，反倒是父母的事。依赖父母也挺好，反正他们随时都在。

针对这种情况，我们的建议是，区分清楚哪些是孩子的事，哪些是该父母帮忙的事，父母帮的事情，该帮到什么程度。比如，吃饭就一定是孩子自己的事情，父母该做的，是做饭，规定好吃饭的时间与地点，定好规矩后，其他交给孩子。比如穿衣服、收拾玩具等，早期父母可以适当教孩子如何做，但后面就应该立好规矩，由孩子自己去做而不是父母代劳。

• 父母太专制，孩子在对抗，请降低对孩子的期待

我有一个朋友，吃饭特别慢。并不是她嚼的次数比别人多，而是吃饭的过程中她会做点别的事情，歇一歇，然后再继续吃。别人十分钟能够吃完的饭，她一般都要一个小时左右。

她告诉我说，已经习惯了。小的时候，父亲对她特别严。尤其是在饭桌上，规矩特别多。不许剩饭，不许挑食，不许边吃边玩等。可是很奇怪，为了吃饭的事儿，父女俩"斗争"了近20年直到自己出嫁，最终父亲也没能赢。其实，她是享受那种与父亲斗争的感觉，那样会让她觉得有力量。

有位做数学老师的父亲，他对儿子抱有很高的期望，尤其希望孩子在数学方面的学习要有不错的表现。孩子写作业，他有时间就会陪着。尤其是孩子写数学作业的时候，他必定要亲自监督，写完了还要严格检查。有意思的是，这孩子的数学一直是他最差的一个科目。

到最后，孩子对数学达到了厌恶的程度，一道很简单的题目摆在面前，他就是迟迟不能下笔，大脑习惯性地空白。其实，孩子不是真的讨厌数学，他讨厌的是父亲对自己的监控。后来父亲放松了对孩子的监督，尝试与孩子好好沟通。在亲子关系得到了有效改善以后，孩子对于数学的无感困境，竟也悄悄地发生了变化。

所以，如果你对孩子逼得太紧，而且发现你逼得越紧，情况变得越糟糕，那就需要想一想：我是不是做错了什么？

可见，上述三种孩子的"拖延"，问题都出在父母身上。甚至可以说，"拖延"二字本身就是不客观的，它更多的是我们往孩子身上贴的标签。所以，要养出优秀的孩子，就要先尊重孩子。为此，我们需要不断学习，逐渐去读懂孩子的发展阶段和需求，这样才能让我们更加从容地陪伴孩子成长。

在孕育和陪伴孩子的这一年多来，我真真切切地觉得"孩子你慢慢来"是多么的重要。

都说三翻六坐九爬，可葡萄开始得都比较晚，四个月还无法来回翻身。家里老人很着急，说要我每天要多训练她几次。可我是个淡定妈——我不管，我要顺其自然，让葡萄自己来。后来，葡萄六个月能来回滚了，但还是独坐不了，我还是不着急。

等九个月坐稳了，家里人又开始担心，怎么不会爬啊……这时，我决定带孩子去上早教。葡萄在早教中心，看到其他小朋友都在爬，她也受到了启发，回到家也开始自己努力地爬着。

看到她的努力和进步，我才体会到，合适的环境对于孩子的成长有多么重要。这让我更加有了带她上早教的动力。

经过一段时间的培养，葡萄的大运动突飞猛进，一岁就学会走路，没过几天，她已经走得很远很稳了。

在这个过程中，我们焦虑过，也和别的孩子比较过。父母的虚荣心真的是会去逼孩子，这样对孩子真的是很不利的。总有一天，孩子会学会这些的，为什么我们不能等等孩子呢？在孩子学习的过程中，给她足够的爱和支持才是我们为人父母该做的事情。

我想告诉我的孩子，不管你什么样，遇到什么事，只要你回头，就会看到妈妈在支持你、鼓励你。不要怕失败和挫折，妈妈会和你一起面对。

——积木宝贝青岛乐客城中心杜语熙妈妈分享

孩子是个爱搞破坏的"熊孩子"？
其实他们被冤枉了

　　随着身体发育，孩子手部和脚部力量得以加强，许多孩子因为实在太能"折腾"，他们到处"搞破坏"，实在是让大人发愁。所以，不少妈妈都在问：怎么样才能让我的孩子更乖点、更听话？为什么会这样？其实，孩子翻箱倒柜等行为并不是搞破坏，而是在探索，这与一个正在做研究的科学家的行为本质上是相同的。

　　忙碌的孩子绝不是我们表面上看到的在无意义地玩耍。著名心理学家皮亚杰就孩子的探索这样说过："主动地发现现实的这样一种教育，显然要比要求成人按照既定的意志行事、按照现成的真理去认知的那种教育高明得多。"

　　没错，孩子是在学习，在通过探索活动认识这个世界。孩子要触碰才会知道水的感觉是怎样的，凉水与热水有什么不同，将水从一个容器倒进另外一个形状不同的容器为什么会变形，水洒在地上和洒在桌子上有什么区别……所有这些对孩子而言可能都是一次新奇的体验，是孩子认知上的一次进阶。手部探索和嘴部探索是孩子最初认知世界的两种主要方式，同样也是被父母误解最多的两种行为。

　　孩子的手部探索从出生后 3 个月开始。

　　在第 4～6 个月，孩子的小手会有张开合上的动作，此时就应该给孩子提供可以大把抓握的东西，比如乒乓球、积木等玩具。

　　7～9 个月后，孩子会有松手的意识，大人以为孩子在扔东西，事实则是：当孩子把自己的手掌松开、东西掉落，他会发现原来自己的手这么有力量；而且，凡是扔出去的东西都会准确无误地落到地上。

　　进入 9 个月后，孩子会爬了，父母会发现，孩子不管爬到哪里，都会把东西拿起来再扔掉。比如吃饭的时候把碗扔了，喝奶的时候把奶瓶扔了，喜

欢拍桌子、拍枕头、撕纸等。对父母而言，麻烦的阶段开始了；而对孩子而言，探索这个世界的黄金时间到来了。

也就在这个时期，孩子的小手学会"二指捏"，即大拇指和食指能触碰到一起，"捏"的动作开始发展。孩子经常会捡些小东西，比如一根头发、一粒花生米等，当然也会捏大人的皮肤，"孩子会掐人了"的说法就这么出现了。

到10～12个月，孩子手部动作已经比较灵活，除了拍、抠、捏等动作，孩子能够握住物体，而且能够准确定位。

当进入12～18个月，此时孩子的意志力已经开始发展，他们希望通过自己的动作感受自己的力量。比如吃饭的时候，孩子不会像原来那么乖，他要自己进行"舀"的动作，尽管每一个动作都很生疏僵硬，还会把饭菜弄得到处都是。

除了手部探索，在两岁之前，孩子经常会把各种能触及的东西放到嘴巴里来"吃一吃"，其实这也是孩子探索世界的一种独特方式。

看到这里，父母应该就能明白了：原来孩子们不是在搞破坏，而是在进行重要的探索和学习。所以，错的不是孩子，而是父母。

孩子想干什么的时候，妈妈的第一个反应总是"No"，于是他也只学会了对妈妈说"No"。然而，这一声"No"却剥夺了他探索和学习的机会，对孩子成长的影响非常大。

首先，会影响孩子的体能发展。探索活动一旦被大人定性为胡闹和搞破坏，那就意味孩子正常的游戏和学习被否定，体能发展将直接受到影响。

其次，会影响孩子的智力发育。孩子手部精细动作是后期学习兴趣、探索欲望等发展的基础。

最后，会影响孩子的心理健康。探索活动对孩子的耐心、毅力、自信心等均有促进作用，因为每一次成功的操作对孩子而言都是一次美妙体验，而耐心、毅力、自信的品质也将是孩子社会化交往的基础。

如果孩子一有探索的尝试父母就上前干涉，在探索中一遇到困难父母就

替孩子克服，久而久之，孩子就变得越来越依赖父母。由于之前缺乏必要的探索经验，没有独立实践的能力，孩子可能会处处碰壁，大量的不良体验又会带给他种种痛苦。当进入幼儿园、离开父母保护后，孩子无所适从、无法适应，种种问题会立刻凸显。重要的是，这种艰难的适应过程也会给孩子的未来人生路带去不良影响。孩子会把新环境与痛苦画上等号，而不会认为新环境是一个可以获得更多快乐的地方。

当然，孩子在探索中会遇到各类危险，如何在放手和规则之间把握好度？这就涉及"放手让孩子探索"与"孩子规则建立"之间的关系。

设立规则，必须要建立在允许探索的基础上。完全不让孩子探索，给孩子各种限制，那不叫建立规则，那叫专制。若不让孩子尝试，孩子永远无法建立规则，因为这样就剥夺了孩子探索、学习并将规则真正内化的机会。父母一方面要在确保安全的前提下给孩子提供足够的探索机会，同时也要让孩子看到遵守规则的好处。寻找一些简单的亲子小游戏，在游戏中制定一些规则，陪孩子玩到开怀大笑，那样孩子就会在一种非常愉悦的氛围中懂得："规则"没有那么面目可憎，它是和快乐画等号的。

如果孩子看见仙人掌，非常想用手触碰，此时父母如果告诉孩子"不行，仙人掌不能摸"，那么，一旦父母不在，孩子一定会再去摸。父母完全可以通过自己的判断，知道仙人掌不会对孩子造成太大的伤害，只需要用严肃的表情告诉孩子"疼""扎手"，这样的表情和语句能起到很好的警示作用。

若孩子仍然好奇，便让孩子去摸一下也无妨。结果当然是被扎哭，但此时孩子已经体验到了应得的"惩罚"。父母切不可幸灾乐祸，更不能指责打骂，而要及时给予安慰。如此，下一次需要探索的时候，孩子仍然能够能量饱满，充满勇气和力量。更重要的是，经历了不当探索所受的疼痛后，孩子才会懂得权衡和判断。

世界上没有天生的父母，也没有天生的孩子。我们和孩子一样，都是这人生的新手，也都在不断学习着如何适应新的人生课题。不过，这都不要紧。只要父母能够不断学习、坚持自我成长，那么，当父母变得成熟的时候，孩子就会随着父母的变化而变化。

自从选择了积木宝贝早教，印象最深的一次，是前几节早教课的课堂上，老师要求孩子们归还教具，小汉堡当时不愿意归还，我情急之下直接从他手中把玩具抢过来交给了老师，小汉堡哇地哭了。老师当时就告诉我，不应该这么做，因为孩子太小，没有归还意识很正常，不应该强行从孩子手中夺走，而是应该用另一个玩具交换或者分散孩子注意力……

平时多多少少也看过这方面的育儿知识，当时没有往心里去。很感谢老师，能够及时指出我们家长的问题。

还记得小汉堡的前几节课，在彩虹伞的社交环节表现是很不错的，但是有一次我出差3天，宝爸一个人带孩子去上课，小汉堡就开始害怕彩虹伞了，一直到现在，虽然有所好转，但是还没有回到最初的那个状态。早教老师分析原因，说孩子之前一直没有离开过妈妈，第一次分开3天，很可能是缺失了安全感，对社交产生恐惧。

听了老师的分析，我们觉得很有道理。看来，早教真的不是教小朋友唱歌、跳舞、做游戏那么简单，上过早教的宝宝家长都会感觉到，早教真的很值得。当然有不少家长会说："我平时也很关注孩子啊，不一定非得去上课呀。"我想说，如果经济条件允许，参与到早教中来，那种氛围是不一样的，一个人不可能面面俱到，一群宝妈一起也不能像早教工作者那么科学、客观。

——积木宝贝合肥绿地中心会员顾梓轩分享

2016年底，憨憨2岁多的时候，我们渐渐发现憨憨的性格变得孤僻而胆小。他平时只喜欢自己玩，不喜欢人多的地方，尤其抵触与陌生人接触。

在室外，若是发现有陌生人看他，就会躲进大人怀里，甚至把身子弓起来藏着；如果别人跟他打招呼，他就会委屈地大哭起来。孩子的这一表现让我和他爸爸很是着急，我们意识到，应该让他接受专业的早教机构的引导和训练了。带着憨憨体验了几家早教机构之后，最终选择了积木宝贝。

前几节的亲子课程，开始得也很艰难。运动课上，即便是爸爸妈妈陪伴在身边，他还是一直不安地哭闹。我只好抱着憨憨坐在教室里，在小朋友围坐的圆圈外看着别的小朋友做自我介绍、握手、唱歌、做游戏……

远远地"观察"了几节课后，憨憨慢慢熟悉了，克服了对陌生环境的恐惧，终于可以和小朋友坐在一起。但是到了自我介绍环节，还是害羞地把头埋在我的怀里。我帮他做了介绍，小朋友和老师都为他鼓掌表示欢迎，其实他心里也藏着兴奋和喜悦。

又过了几节课，憨憨终于能够鼓起勇气，站起来说出自己的名字和年龄，还伸出自己的小手指示意自己的年龄。慢慢地，憨憨记住了每个课程的名称和老师的名字。每每睡前，他都要很期待地问："明天我们去哪里呢？去积木宝贝吗？我们去见谁呢？去上创意课吗？"

创意课鼓励孩子独立参与课堂，教室里只有老师和小朋友围坐在桌子周围，读绘本、做手工、涂颜色、玩颜料，和幼儿园的体验很像。我在教室里陪伴了几节课后，憨憨觉得这一切似乎并不可怕，最终可以在上课时间到了之后，友好地和妈妈说"Bye-bye"。

——积木宝贝太原南内环中心憨憨妈妈分享

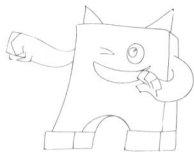

读懂孩子的身体秘密，
运动让孩子更聪敏

体能突出三个指标：力量、速度、平衡

中国父母普遍重视孩子的智力发育，但往往忽略了孩子全面平衡发展。早有调查发现，九成孩子的运动能力存在发展滞后现象。

2015年上海市儿童学习基础素养的家长调研表明：无论是幼儿园阶段还是小学一年级，家长对儿童运动能力的关注在各项能力中始终排位垫底。儿童的生活也逐渐显现出一种"静态模式"：不仅越来越多孩子的休闲娱乐活动被移动电子设备等占据，"低头族"越来越低龄化，而且孩子更多的时间被父母投入到以知识培养为主的训练中。

这种对运动的低关注和我们的教育理念息息相关。我们这一代父母在成长过程中，亦是被父母、老师不注重体育发展的，我们的体育课常常被调去补英语或数学。因此，在我们成年以后，能坚持体育锻炼、对体育保有热情的人少之又少。在对待孩子的教育中，这样的缺点也很明显地暴露出来。

为什么孩子需要运动？除了强身健体，运动和孩子的智力乃至心理发展

息息相关。你还在发愁孩子学习不专心，孩子不够胆大和自信，孩子爱闹脾气，情绪容易失控吗？其实很多所谓的"毛病"，通过运动都可以治愈。

运动使得孩子能够直接用身体去感知和体验，获取丰富的经验，主动学习，并习得更好的自控力。

运动会增加孩子大量的经验，从孩子出生伸胳膊蹬腿开始，他的运动生涯就已经开始了。大运动上，他慢慢学会抬头、翻身、坐和走；精细动作上，他从最初的紧握拳头到慢慢伸展手掌，学会用手指捏起桌上的珠子，再到拿笔写字、穿针引线。

孩子在这一系列运动的发展中，得以与周围的物质世界和社会环境进行深入互动，从而给个体带来大量新的经验。正是基于这些经验，孩子不断构建自己的知识世界。

在好姐妹的推荐下，我结识了科学育儿微学院，参加了大咖微课、读书会、每日早课等课程，了解了在孩子成长中大动作发育规律。小米没出月子时，我就每天让她爬一会儿，锻炼她的颈部力量，给她做抚触。慢慢的小人儿逐渐长大，也逐渐展现出了成效，小米五个多月就尝试开始爬，不到一周岁就可以走得很稳，现在会灵活地爬上爬下，俨然就是一只小猴子。我放手让她尝试，让她离危险很近，这样她在尝试中学会了独立避免危险的能力。比如我不会只是口头上告诉她杯子里的水很烫，我会让她用手在杯子上方去感受温度，让她知道这会烫伤自己，现在她不会再盲目地去抓杯子，会先去试探水温。

现在的小米虽然有时候脾气比较大，表达不清楚的时候会哭，遇见陌生人会躲，但我不会焦虑，也不会着急。我经常和小米的早教老师沟通，预先对孩子的行为有了解，因此对她出现的各种状况都有预判，也更容易去理解她，去和她共情，去更好地引导她。

——积木宝贝石家庄万达中心会员小米妈妈分享

人在运动时会产生多巴胺、血清素和正肾上腺素这三种神经传导物质。

多巴胺是种正向的情绪物质。人要快乐，大脑中一定要有多巴胺，我们的快乐中心伏隔核里面都是多巴胺的受体。因此，运动完的人心情都很愉快，打完球的孩子精神都很亢奋、脾气都很好。

血清素跟情绪和记忆有直接关系。很多抗忧郁症的药都是阻挡大脑中血清素的回收，以使大脑中的血清素保持较高水平。

正肾上腺素跟注意力有直接关系，它在面对敌人决定要战或要逃时分泌得最多。正肾上腺素使孩子的专注力增强。运动对注意力缺失和多动症来说也是自我控制的"良药"。

运动习惯的培养是一个长期的过程，培养孩子的运动习惯，最重要的还是要将运动意识内化到孩子心里，并最终形成终身体育的价值观。

整个6岁前，我们都会发现，孩子会一直动个不停，似乎根本不知道累，根本不懂什么叫休息。在整个过程中，父母最容易犯的错，就是把孩子贴上"熊孩子""捣蛋鬼"的小标签。所以，中国家长更多要改善的方向，第一是减少对孩子的限制、阻拦；第二是为孩子的基础运动能力发展提供有效支持。

一般而言，孩子的运动能力发展，大致从平衡、力量、速度等角度来激发和评价，且在孩子成长过程的不同时期，会各有侧重。

平衡能力它不仅能够帮助孩子更好地习得生存之初必须学会的那些大动作，也会影响到孩子接下来的协调、视觉追踪、认知、注意力等能力的发展。孩子早期平衡能力发展的时间段主要在0～2岁，关键期在0～1岁。

而孩子的一举一动都需要以力量素质为基础来进行，比如跑跑跳跳、登梯爬高、游戏学习等活动。发展和培养孩子的力量素质，不仅对于孩子的健康有益，更有利于孩子多种活动的进行和发展。一般而言，孩子力量的快速发展期是2～4岁，所以这个时候学舞蹈、体操比较合适，因为它们所需要的柔韧，其实就是建立在力量基础上的。

4～6岁之后，孩子的运动能力发展主要体现在速度上，如这个时候孩子开始接触各种体育项目，喜欢奔跑，爱玩球。

　　孩子4个月的时候，我抱着试试看的心态，带她上了第一堂积木宝贝早教课试听，出乎我的预料，宝宝moneta表现得特别好，每到一个角落都特别兴奋，看着她快乐的表情，我知道她爱上了这里。

　　从学会翻身，到扶坐，再到独自坐稳，每一节课，我们都能感受到宝贝在体能和运动方面的进步。moneta从趴着肘部支撑，一周时间就变成了双手撑住全身了。

　　课上通过跟老师的交流，也教给我一些改善宝宝睡眠的方法和大运动精细运动的锻炼方法。每次下课，宝贝都不舍得走，非要玩困了才肯回家。

　　看到宝宝的点滴进步，我深感欣慰。为了给孩子更好的教育，除了每周去早教课，听从早教老师的科学引导，我每天也会在群里和公众号里学习各种育儿知识，努力做一个合格的妈妈。

——积木宝贝哈尔滨爱建中心会员moneta妈妈分享

• 几个锻炼宝宝平衡力的家庭小游戏

　　宝宝的平衡能力是在运动中发展起来的，我们可以采用宝宝最喜欢的游戏方式，训练宝宝的平衡能力。

　　游戏一：大马驮物。给宝宝准备大一点儿的毛绒玩具，让宝宝驮在背上爬行。还可以让宝宝驮着玩具爬过山洞、爬越障碍等。

　　游戏二：身体小摇床。妈妈坐在地上或床上，支起双腿。宝宝坐在大人腿上。妈妈用双手拉住宝宝的双手，带宝宝一起前后、左右晃动。还可以双腿做支起、放下的动作。可以配上音乐，随着音乐的节奏进行。

　　游戏三：陀螺转转转。妈妈牵着宝宝的一只手，让宝宝在体前转三圈，停止时，立即把手松开，让宝宝自己保持不动。可以自编儿歌，增加游戏的趣味性，如：小陀螺，转转转；转来转去，转不停；转到路边，停一停。

游戏四：小飞机。平衡游戏不局限于平面、静态的平衡，也应兼顾上、下，甚至三百六十度的旋转等动态平衡。所以父母可以带着孩子，多来几个"飞机抱"。这种游戏同样简单、易操作。

● **给孩子的力量、速度发展提供恰当支持**

孩子 2 岁以后，喜欢跑、爬楼梯、上下坡、追来追去，这是因为他们正在发展自己的"力量"。这个时候不少父母会认为孩子太"猴"，觉得应该喝止他的这些举动才行；也有父母会认为太危险，着急忙慌地把孩子往自己怀里扯。

其实，我们更应该做的是，给孩子提供一个自由探索的环境，确保孩子安全的基础上，允许孩子去跟随自己身心的指引发展，多夸孩子："宝贝你真有力气。""宝贝你跑得真快。""宝贝你跳得真高。"可以帮助孩子更顺利地走向独立自主。

孩子 3 岁以后，喜欢你追我跑的游戏、折返跑的游戏等，这是因为孩子的"速度"在发展。这个时候，爸爸妈妈可以跟孩子扮演不同的角色进行孩子喜欢的游戏，比如"龟兔赛跑"，让孩子在乐趣体验中，充分发展自己的速度能力。

而且，一般孩子到了三四岁后，父母会给孩子寻找一些专门的体育运动项目，希望孩子更强壮更有力量。这需要适度，否则会对孩子尚稚嫩的小身体造成损伤。

游戏一：掷沙包。在地上画一条投掷线，让孩子站在线的后边，向前方掷沙包，爸爸妈妈也可以加入，跟宝宝一起玩，但爸爸妈妈不能掷得太远，要跟宝宝一块儿"学习"。此外，也可以让宝宝跟其他孩子一块儿掷，看谁掷得远。

游戏二：跳格子。用粉笔在地上画 5～8 条平行线，每条线之间相距 15 厘米，形成许多格子。让孩子从第一个格子开始跳起，一下跳一个格，直到完全跳出格子。格子的大小可以调节。随着孩子跳跃能力的增强，格子可以多画一些、画宽一些。

游戏三：踢足球。在孩子面前放一只小足球，离足球 1 米远的地方放上几个空易拉罐，让孩子瞄准易拉罐踢足球，足球滚动前进，击中目标。时间长了，还可以让孩子助跑一段距离后，踢球击中目标。

游戏四：跳高。在地上拉一根橡皮筋，高度约 10～15 厘米。让孩子从上面跳过去，如果爸爸妈妈也加入这个运动，孩子会更高兴。当然，学习跳绳也是一个很好的锻炼方法。

第二次试听课我们回归到积木宝贝的运动课。这次课是我跟西西姥姥带她上的，一起上课的差不多都是四五个月大小的宝宝。这次课程多了很多抚触环节，老师为我们准备了抚触油和干净柔软的大毛巾。运动课上主要是各种有趣的趴着玩，还根据这个月龄开始认生的特点安排了小小的社交时间。

Bonnie老师根据西西大运动发展情况，建议我们在家多做拉起，可以锻炼她的上肢力量。其实平时在家我有时也会练拉起，但是每次姥姥都会担心，这么小的孩子能做这个动作么？胳膊会不会脱臼啊？脖子会不会支撑不了啊……总之就是大写的不放心。

但是这次有了老师的鼓励，回家姥姥主动给西西练拉起，还会跟别人说"这个动作是老师教的"。这件小事让我颇有感触，有些新的育儿知识，我们给父母讲他们可能会听不进去，但是从老师的嘴里讲出来就会执行得特别好。

早教不仅仅是教孩子，更是教父母，甚至通过孩子和父母将科学育儿的知识传播出去，让更多人受益于科学早教的先进理念。

——积木宝贝大连开发万达中心会员猫猫分享

● 利用孩子擅长模仿的特性，带孩子体验运动的境界

7 岁前是孩子发展运动习惯、运动心理和技巧的关键期，各种运动都不妨让孩子试试，而且儿童的模仿能力也很强，高尔夫、网球、足球等看似成

人的运动，如果孩子有兴趣参与，对于提高身体的灵活性、柔韧性、协调性等非常有益。

不过，正式开始某项运动训练的时间，还需要结合孩子的具体年龄。不合适的大量运动，很容易伤害到孩子。下面，我们给出一些常见运动训练项目，以及它们对应的开始时间建议。

1.游泳，建议起始年龄：5周岁。这里指的是正式学游泳的最佳年龄。这是因为，学游泳需要一定的理解能力、自制能力和解决问题的能力，5岁以后，孩子才能理解教练的指令，适应陌生的环境和课程安排。如果孩子还在3～5岁之间，家长又非常想给他报游泳训练班，最好选择那种能够"一对一"或者小班教学而且课程安排相对宽松自由的训练班。在正式学习游泳之前，不妨充分地给孩子与水亲近的机会——从这一点来说越早越好。陪孩子在水池中投入地"疯玩"，让他慢慢体会在水中的平衡感。爱上水的宝贵体验，有利于让他愉快地投入到今后真正的游泳课。但是，如果他玩得不想从水里出来，则要巧妙引导，千万别厉声呵斥他。

2.跆拳道、武术，建议起始年龄：5周岁。武术、跆拳道对于孩子身体以及意志力的锻炼效果当然不言而喻，但是孩子过于年幼还无法领会其中奥妙，过了年龄段后又影响了柔韧性——因此，若想从事这两个项目的锻炼，建议在孩子5周岁左右就可以开始了。5周岁左右的孩子身体的协调性和柔韧性等能力发展较快，注意力、控制力、思维能力、行为控制能力都有明显提高，这为学习提供了良好的条件。但此时孩子的学习和运动能力毕竟还不强，开始仅适宜学习一些简单的武术动作和动作组合，运动量也不能过大。

关于孩子体能的重要性，身为游泳教练的妈妈更有发言权：

自从有了优优，我就退居二线，做游泳培训的基础工作。因为

职业原因，我知道身体健康对孩子来说意味着什么，所以在了解过积木宝贝的运动阶梯课后，我就毫不犹豫地给优优报名了早教，给他拥有一个好的身体打下基础。

我认为，运动员最需要的品质是坚持。作为竞技体育，成败论英雄，金牌就是硬道理是它的魅力之一。不过"坚持"是每一份事业发展的根本。在对优优的教育上，也应当如此！

其实教育本质都是相通的，拿早教和体育来说，都需要重复的坚持，坚持的重复，这样对优优才好！当时选择积木宝贝，就是因为环境、老师和课程吸引了我。积木宝贝提供给小朋友的环境非常安全、有爱，老师上课也具有一定的约束能力，能更好地去引导小朋友的专注和注意力问题。优优上积木宝贝早教后，现在最大的变化就是有规矩了、有秩序了，在老师的引导下，上课的情绪可以坚持，从不到5分钟到40分钟，作为父母，真的很为他感到高兴。

——积木宝贝成都SM广场中心优优妈妈分享

3.轮滑，建议起始年龄：4周岁。轮滑需要孩子的身体具备相当的平衡感及下肢协调控制能力，也需要有敏捷的肢体反应。在如此快速的运动中，发生危险的可能性极大。即使没有冲撞、没有摔跤，年幼的孩子也很可能因为用力不当而造成肌肉、骨骼的损伤。一般来说，年满4周岁的孩子身高、体重的增长速度仍处于稳速增长阶段，这时期的孩子特别活泼好动，运动功能也进一步完善，可以尝试轮滑运动。而在那以前，滑板车、踢毽子、跑步等运动方式都能起到类似的下肢锻炼作用。另外，即使年满4岁开始学轮滑，也要注意时间和强度。在训练过程中，不能长时间持续练习，基本上是"多次少时"的原则，年纪越小的时间强度也越低。切忌平时不玩，然后逮到一次机会使劲玩，过度的疲劳对孩子的身体损害很大。不过，即使年龄到了，若孩子不喜欢，也不能勉强。最好循序渐进地引发孩子对该运动项目的兴趣，观察孩子的兴趣、优势所在，再想着如何开始训练。如果希望孩子养成运

动的习惯，那父母首先得做到，而非一味向孩子提要求。

关于孩子的运动，七七妈妈有话说：

在我们这个四线城市，早教还不能被大多数人认同，不出意料，给孩子报名上早教课程后引来众多人的非议。众人疑问：你家孩子这么小她懂什么？带去上课能听懂什么？学会什么了？我真的一句都回答不出来……七七没有过早学会走路，也没有过早学会说话……究竟学到了什么？最终在某一节四阶的运动课上给出了答案。

那天一起上课的有五个孩子，最大的16个月，最小的13个月，七七14个月。那节课老师布置的体能搭建是爬小山和走独木桥，既然是爬小山，确实比平时的搭建略有些难度，其他四个孩子几乎全程哭喊着，焦虑和恐惧的情绪都无法平复下来，只有七七一个人，一次又一次地爬上爬下，不断地尝试和挑战，没有丝毫的迟疑。这一次我也终于明白她究竟学到了什么，她拥有了强大的内心，能够勇敢面对自己面前的那座"小山"。

其实对于每一个人来说，自己就是一座山峰，无论怎么努力地去攀登它，其实都是在挑战自己。

今天，一个14个月的孩子能够独立面对挑战，已经给她的未来写下了深刻的一笔。

——积木宝贝晋中唐诚银座中心会员七七妈分享

精细动作关系孩子智力发展

说到孩子的动作发展，父母大都比较重视"三翻六坐七滚八爬十二走"等大动作的发展，孩子这些发展稍微滞后一点，家长就会十分着急："怎么办？我家孩子是不是有什么问题？"

的确，大动作发展水平是衡量孩子发育水平的一项重要指标，发展得不好，势必会影响到孩子协调、视觉追踪、认知、注意力等能力的发展。但孩子的精细动作的发展常常被父母忽视，这是非常不明智的。对个体而言，手和口的发展与人类的智能发展水平紧密相关。

● 手和口在大脑皮层的投射部位所占比例最大

心理学家普遍认为，6 岁之前是孩子智力发展最快的时期，而这个阶段的孩子思维发展是以动作思维为主的。特别在 3 岁之前，孩子是通过对当前事物的感知觉与实际操作来探索世界和进行内心建构的，而整个过程无疑离不开孩子的手的动作。即对孩子来说，离开了动作（特别是手的探索活动），孩子的思维发展就会受限。

难怪蒙台梭利认为，当一个儿童能自由使用他的手时，这手就成了智慧的工具。因此，要想孩子聪明，父母首先要做的即是解放孩子的双手。

● 手是孩子最先探索的对象

刚出生的孩子第一能运动的器官是嘴，通过嘴的运动，孩子第一探索的除了生理方面的满足外，就是通过不停地吃手来认识手。

大人会很奇怪：手有什么可吃的？但孩子整天会将手含在嘴里，且嘬得津津有味，品得滋滋有声。有的大人会强行将孩子的手从嘴里拿出来，这时会发现孩子非常焦虑，会开始着急甚至哭闹，直到小手又回到他的嘴里。

"吃手"的过程不仅满足了孩子的口腔需求，更重要的是也刺激了他的

手的灵活性和触觉的发展——孩子需要调节对肌肉的控制能力来将手送到嘴里。

不要小瞧孩子的吃手行为，正是在吃的过程中，刺激了孩子的手部功能，让其朝着精细化方面发展。如吃着吃着，孩子就会不再满足啃整个拳头了，而会开始尝试品味一下大拇哥是什么滋味了。

● 手也是孩子探索世界的手段和工具

大概 3 个月之后，父母就会发现孩子用手越来越多，连吃奶都不会老实。例如，他会尝试控制手去摸妈妈的脸，甚至会无意识地紧攥妈妈的衣角。更多时候，他会追着声音去够挂在床旁的小铃铛，会漫无目的地挥动他的胳膊，偶尔会碰触到某个玩具，然后会抓过来摆弄一番。

4～6 个月的宝宝，会有意识地将手中的玩具拿来敲一敲、捏一捏，会对某个凸起或凹陷的部位感兴趣。随着对物品细节的关注，孩子的手指动作也变得越来越灵活，会改变一把抓的局限，转而更多地活动手指，通过手指的配合来摸索和认识事物。

7～9 个月的宝宝会对撕纸、抽纸等感兴趣，他能将餐桌上的抽纸全都拽出来，弄得满地都是，还望着你一副邀功的样子；给他新买的绘本，父母一转身就支离破碎，父母惊愕不已，他还意犹未尽地撕个不停。

10～12 个月的宝宝拿到什么东西都喜欢朝地上扔，大人刚捡起来，他拿着又往地上一摔。这个阶段的孩子还喜欢抠洞洞，看到一个小窟窿眼就要伸手指去够一够。

从心理发展的角度看，这意味着孩子开始有了深度知觉的能力，即孩子开始探索空间的变化和发展。

这个时期，父母最恰当的做法是给孩子准备一些弹性较好的小球，由孩子扔着玩，让他去体验不同的力度带来的球的远近变化；或是给孩子准备一些小豆子或小纸团，让孩子将它们捏起来，放进指定的小盘子里。

● **阻止孩子手的动作，即限制孩子思维的发展**

等到孩子能够灵活地运用手的时候，他见到什么都想要摸，会去插插座，会去拧瓶盖，会去玩水、弄沙子，重复的动作来来回回不厌其烦，一玩就是半小时。

很多父母坐不住了，会出于各种原因阻止孩子，但要知道：剥夺了孩子的动手能力，也就等于剥夺了孩子的思维能力；剥夺了孩子在反复操作过程中一次次手的精细动作的磨炼，也就剥夺了打磨孩子感知觉乃至思维发展方面的精、准、细、巧和灵活性。

孩子正是在用手去探索的过程中，逐步认识这个世界的。在大人看来，用手拿东西是多么普通平常的事啊，但所有这些点滴的变化对孩子来说都是重大事件。

用手去感觉软软黏黏的东西，去感受沙子、水从手指缝间流走、穿过的同时，孩子会思考："为什么会这样？"在撕扯不同的纸张、扔不同的物体时，孩子会从中感受用力大小的不同，这些是父母无法教给他的。同时，父母的阻止也会延长孩子的手的敏感期，比如，从小没有机会好好抓握过食物的孩子，到了四五岁都可能还未学会用勺子或筷子。从这个意义上说，剥夺并不一定是好事，反而可能导致孩子发育延迟或行为固着。

这样说来，你还会阻止孩子的手的探索行为吗？不仅不要阻止，相反，父母最好参与其中，根据不同年龄段孩子的发展特点，陪孩子玩一些诸如捏橡皮泥、拧瓶盖、投掷、折纸、剪纸、穿纽扣、搭积木等游戏。父母甚至还可给孩子一支画笔，让他随意去涂去画，一般不必要求孩子怎么画，让孩子去感受手臂、手腕、手指的运动带来的神奇变化就好。

这些游戏都能从不同角度对孩子手部精细动作进行很好的训练，而且还能对孩子的敏捷性、持久性、柔韧性、平衡能力等起到很好的训练效果，进而很好地锻炼孩子的思维能力。

宝宝发展过程中的各个方面都有其关键期，比如宝宝从8个月开始喜欢

用手去探索能看到的所有东西，而且喜欢把手中的东西扔掉，这其实是孩子到了空间探索关键期。他们通过走路、丢东西等达到对空间的认知。积木宝贝的创意百科课程从各月龄宝宝特征和发展的关键期出发，为宝宝量身定做课程，使宝宝的每个关键期都能得到充分发展，为宝宝成长过程中的心理建构和心理拓展保驾护航。

创意百科课程的研发旨在促进儿童智力发展，其中包括注意力、记忆力和思维能力三个领域。

第一，培养宝宝想象力和创造力。这是创意百科课的亮点之一，创造力是人类的第一生产力。有创造力的宝宝在进入学校学习和生活时会有更好的表现力和更多成功的机会。

第二，满足孩子的好奇心。教具材料丰富多样，并且生活化。课程有100多套全国统一配置的课程材料包，800多种创意材料，极大程度上满足了宝宝的求知欲；材料还包括平日生活中较少接触到的食材，或家长可能不允许孩子轻易碰触的用具，如剪刀等。让宝宝在安全的环境中充分探索世界。

第三，培养公共场合中的表达能力和自信心。3岁开始，课程加入陈述作品环节，锻炼宝宝在小朋友面前表达自己观点，培养自信。例如在《皇帝的新衣》一节，请小朋友用丰富的材料教具做自己的衣服和皇冠，然后小朋友们穿上新衣戴上皇冠走秀，锻炼小朋友在公共场合的表演能力，做到多人面前不扭捏、大方表达，增加孩子的自信。

第四，培养科学的思维能力。科学的思维方式是在通过五感（视觉、听觉、触觉、味觉和嗅觉）体验，对事物产生全面认知的基础上，运用概念、判断、推理等形式对客观世界的间接、概括的反应过程。其中有比较、分类、分析、综合、归纳、演绎，还包括直觉思维和创造性思维等。人的思维能力，代表着人的智慧。提高思维能力的主要途径在于改进思维方法。只要掌握科学的思维方法，就会成为很有智慧的人。科学思维能力，是领导者知识素养、实践能力的综合体现，也是做好工作、提高效率的客观要求。从小开始有意培养这方面能力对一个人的成长至关重要。

第五，培养孩子的专注力和目标感。从宝宝有兴趣的问题和点出发，制作各种材料作品，比如通过涂画和粘贴制作孔雀，画小树一点点长大的过程，等等，都是在锻炼宝宝专注力和目标感，为宝宝坚持完成既定目标打下良好基础。

第六，锻炼孩子的问题解决能力。宝宝很小就开始会尝试用哭的方式去寻找成人帮助，开始有他自己的问题解决能力了。在宝宝成长的过程中，需要引导他逐渐养成独立解决问题的能力。在家庭中，父母帮孩子代办了很多事情，穿衣吃饭、收拾玩具。创意百科通过课程设置，每节课设置一个主题，应用不同的材料和工具完成一项具体的任务。宝宝在一个个有意思的环节中开动脑筋，独立思考解决办法，逐渐形成独立解决问题的习惯。

第七，锻炼孩子的精细动作能力。每堂课都有创意涂鸦环节，课程提供可洗的无毒环保材料及各种材料让宝宝练习。不怕宝宝弄得满身脏，大胆鼓励宝宝随意发挥。宝宝手的动作发展至关重要。手是他们认识世界的重要器官，能表达出极其微妙的心理变化。手的动作熟能生巧，在相当程度上促进了宝宝智能的发展。

第八，培养宝宝早期审美和艺术欣赏。经过创意百科课程的系统学习，会培养出宝宝对美的鉴赏力和艺术素养。课程中丰富的创意手段，喷画、涂鸦、拼接、塑型、组合拼接、加热搅拌、凝固、撕、拼、拓印、喷洒、堆砌等等，培养了孩子发现美的眼睛，以及对艺术的感悟能力。

第九，拓展宝宝的视野、丰富宝宝对世界和历史的认知。创意百科课程不仅有生活中能见到的各种材料，头发、毛线、蔬菜水果等，还有从古至今、世界各地的文化素材，如中国古代的甲骨文、古希腊的马赛克等。

第十，培养宝宝通过多种方式表达情绪，促进儿童的人格健康发展。宝宝的小小头脑中丰富的思维与情感需要充分表达。课程帮助宝宝用绘画、涂鸦、陶艺、拼贴等各种方式去表达自己。同时，伴随语言的发展和表达，让孩子开拓更多的表达途径，健全人格发展。

0～1.5岁的孩子，父母这样陪玩

1岁半之前，孩子处于情绪发展的敏感期，不只是妈妈要卷入其中，爸爸也要卷入。爸爸凭借自身的力量和运动技能，可以参与育儿的方式与妈妈稍有不同。尤其爸爸的力气和先天的身体优势，能给孩子带去更丰富的体验。

• 0～6个月，抚触是父母卷入的最好方式

抚触是个来自西方的词语，即父母与孩子进行皮肤接触，给孩子提供丰富的触觉体验。随着现在剖腹产的日渐增多，孩子未经过产道挤压就突兀地来到这个世上，与顺产的孩子相比要更加脆弱。从临床经验来看，剖腹产的孩子由于缺乏人生第一关的"考验"，日后容易发生感觉统合失调，患哮喘的概率比顺产的孩子高80%，且更容易患多动症。

在这样的背景下，抚触的重要性进一步凸显出来。抚触可以广泛接触到孩子身体的各个部位，从而解决孩子皮肤"饥饿"的问题，促进孩子的肌肉协调，使其全身舒适、心情愉快、易安静、睡眠质量好。抚触时皮肤会受到不同程度的刺激，传至大脑，进而形成由带有轴突和树突的神经元和多种神经纤维组成的兴奋灶。持续在同一部位的皮肤刺激将会形成固定兴奋灶。从出生到1岁，孩子的大脑增加近3倍的重量，所以从出生就开始进行适当的抚触能够有效地促进孩子的智力发育。

当然，抚触并非随便捏一捏揉一揉就行了。在做抚触的时候，父母要了解一些必要的技巧：

1.在抚触时，手法要轻柔。选择温度适宜、孩子状态也好的情况下进行。如果孩子身体不适，或者身体某部位有疼痛，则不要进行。

2.在做抚触的时候，父母也需要做好准备，需要情绪好一点，高高兴兴地笑着给孩子揉一揉、摸一摸。在这个过程中，不要忘了和孩子说话："宝贝，

爸爸 / 妈妈现在给你揉一揉胳膊，给你揉一揉腿，揉一揉屁股。"爸爸 / 妈妈在说的时候，就是在给孩子输入不同的词汇，孩子以后的语言发展、智力发展，其实都跟这些有特别大的关联。

3. 如果能掌握几个关键部位，还有保健效果：经常按揉眉部，对感冒、结膜炎、流泪等症状有缓解作用；轻轻抚摸腹部，沿结肠运动的轨道按摩，可以促进肠道蠕动，通便，增强肠胃功能；根据穴位图找到足三里，这是肠胃保健穴，但凡腹痛、腹泻、恶心、便秘等肠胃不适，按揉足三里都有效。

整个抚触过程中，和谐、轻松地相处，目光相对所建立的亲子联结，都会让孩子产生愉悦感和满足感。所以，对于陪孩子时间少的爸爸而言，这种抚触是一种既轻松又高效的陪小宝宝的方式。当然，实际上除了正确的、健康的抚摸之外，我们还可以给孩子无意间的碰触，这些都可以给他带来安全感。

> 早教中心的老师告诉我幼儿早期的大动作发展是最关键的，孩子的活动范围越大，认知的事物也就越多，会更加聪明。所以，我很重视孩子的抬头、翻身、坐、爬行和走的动作发展。从一出生开始就不间断地为她做抚触，增强安全感，满足皮肤饥渴，感受妈妈浓浓的爱。与此同时，我们也给她做被动操，引诱她翻身、爬行，虽然家里没办法像早教中心一样全部铺成软垫，但是我为她准备了一套护膝，让她爬行的时候更加舒适。爬行可以增强前庭平衡和肌体协调性，也有助于专注力的提升。手膝爬行的能力越强，对孩子的发展越有利，因此我们不提倡让她过早地训练站立和行走，但是可以适当训练腿部力量，如果她的能力达到了，行走便是水到渠成的事情。
>
> ——积木宝贝厦门湾悦城中心会员刘熙瑶妈妈分享

• 6个月到1.5岁，父母的身体是孩子最好的玩具

6个月到1岁半这段时间，特别好的一个玩具就是父母的身体。父母把自己的身体作为一个玩具给孩子玩，比如，父母可以把自己的身体变成一个滑梯，让孩子从胸口滑下去；还可以把身体变成一座拱桥，让孩子从底下钻过去，或者从身上爬过去；也可以变成一匹小马，让孩子骑在身上，往前跑……可以让身体变成任何一个玩具或者是孩子感兴趣的东西。

这样做的好处是什么？第一，很明显的是父母特别是爸爸跟孩子之间的这种关系会非常融洽，孩子也能够意识到，一个男性的身体就应该具有这样的一种力量，这样的一种速度，这样的一种耐力。第二，在这个过程中，父母可以通过观察孩子的这些行为，发现孩子在哪些方面可能不足。

比如，9个月的孩子不太会爬，家长就会担心，会按照某些书上的方法顶着他的小脚丫，他就可以往前爬。其实不是这样的，总是这样催促孩子爬，可能效果并不会太好。何况，孩子的爬是有各种类型的：有些孩子倒着爬；有些孩子是一顺边爬，就在一侧使劲；还有些孩子就是匍匐前进的那种爬。所有的爬都没有关系，他一直在爬就好。最重要的是大人也要动起来，比如父母跟孩子一起爬，你就在孩子旁边，你爬给孩子看。你会发现，你爬起来了，他也就爬起来了。

所以，从6个月开始到孩子1岁半的时间，爸爸可以经常用自己的身体作为玩具，作为器械来陪伴孩子游戏。如，孩子可以攀爬在爸爸的身上，把爸爸当作一棵大树；爸爸可以拽着孩子的胳膊向上提，这些都是特别好的游戏。

• 父母在游戏中要做好孩子的保护工作

孩子1岁半前，父母可以不用给孩子在玩的过程中设计很多规则，只需要让孩子去享受玩的过程就够了。陪孩子的过程中，父母甚至可以带孩子做一些有挑战性的动作。因为有些孩子1岁半左右就已经发展出来比较好的运动能力，尤其是男孩子。

1岁半以前，父母陪孩子玩儿要做好保护工作。因为男孩子的动力性比较强，动作的速度快，力量也比较大，所以一般情况下，男孩子受伤的概率

就会比女孩子高。有研究发现，如果男孩子经常受伤，尤其是身体上经常受伤的话，对他以后对于自己身体的认知和自信心都会有影响。

总之，1岁半之前的孩子，首先，爸爸要跟孩子一起玩。其次，可以不用设太多的规则，尽情地享受游戏的快乐。最后，可以进行多种多样的尝试，比如抚触这种身体上的接触，以及以你自己为玩具的这样一种方式跟孩子沟通和交流，这样你和孩子之间建立起来的这种亲子关系，就是非常安全可靠的。

跟孩子一起运动，也是增进亲子关系的重要时刻。尤其对于爸爸在育儿中的卷入也十分有帮助。下面这位超级奶爸的经历就能给我们很多启示。

安安在参加早教课一段时间后，他的物体认知、运动锻炼、身体协调性、音乐节奏感都有了很明显的提升。积木宝贝在教具的选择、器材的组合、颜色的搭配、音乐的排列等方面，也都让家长们觉得很科学、很有美感。

其实安安比较敏感，刚开始时非常不愿意来，每次都要我们做很久的动员工作才勉强来。但坚持了不到一个月的时间，他就喜欢上了这里，也已经非常适应。现在课堂上，他都非常积极主动跟着老师做运动，有时候下了课都意犹未尽地缠着老师不肯走。

安安刚来的时候还不会爬，课堂中还有一些高难度的探索性运动，因为不会爬行，所以他也会有些抗拒。后来经过老师的引导，安安运动能力逐步得到了提高，也慢慢地适应和接受了爬高爬低的挑战。现在，安安已经可以很熟练地玩中心的各种玩具，有时候自己还能探索出新的玩耍方式，这都让我们感到惊喜！

作为奶爸的我，也会在所有自己的非工作时间陪着他游戏，在游戏中还会有意识地锻炼他的速度。一听说中心举办了爬行比赛，我们毫不犹豫地报了名，希望在赛事活动中可以激发安安更多的潜力，让我们父子关系变得更加亲密。

——积木宝贝北京四元桥中心会员安安爸爸分享

1.5～3岁宝宝的陪玩攻略

父母锻炼孩子体能的最好方式，就是陪着孩子一起动起来。但在陪1.5～3岁孩子玩之前，我们有必要先了解这个年龄段孩子发展的状况，然后结合孩子的成长需求去陪玩，会起到事半功倍的效果。

● 体能方面：孩子的运动能力有了飞跃

1.5～3岁，孩子可以走了，可以跑了，可以跳了，甚至可以发展到双脚跳、单脚跳、倒走、上楼梯、下楼梯都不费劲。与此同时，孩子的动作协调能力也很好了，譬如说他可以踢球了；他的手眼协调能力也发展得不错了，譬如说类似于羽毛球、乒乓球的运动也能稍微接住球了。这个阶段相较于1.5岁之前的宝宝，运动能力的发展有了一个很大的飞跃。

● 智能方面：需要重视注意力的训练

这个阶段，主要训练宝宝的注意力。很多家长都会反映，说我家宝宝注意力的时间总是很短。实际上，1.5～3岁孩子的注意力，也就在2～5分钟左右。所谓的注意力时间，指的是他特别用心的、有意注意的时间。

还有些妈妈说，我们家宝宝有的时候玩一个东西，譬如说他玩iPad，可以玩半个小时都不累。对，因为他在玩iPad的情况下，他实际上是一个无意注意的过程，所以他那个时间就会比较长。但这对孩子的注意力发展并无太多益处。

我们其实是想培养孩子一个有意注意的时间，也就是他有意识、有目的地在做一件事情的时候，投入的注意分配、注意的时间和能力。

● 心理能力方面：该给孩子立规矩了

现在1岁半的孩子，就基本上进入他人生的第一个逆反期了。孩子的自

我意识进入快速发展阶段。如果这个时候过于宠溺而缺乏规矩设置，父母就会发现孩子的脾气更倔、更加不能等待，更容易无理取闹，会出现各种行为问题。这些都不利于孩子将来的社会化。所以，这个时候爸爸尤其要多参与到育儿中来。即从1.5岁起，爸爸就要开始给孩子立规矩了。

● 父母陪玩的5点建议

1. 体能方面，多带孩子出门去动起来吧！这个年龄段的孩子，建议父母多带出去玩儿，做户外活动。尤其孩子2.5～3岁的时候，在奔跑的过程中，跨越的能力有了，他可以主动躲过一些障碍物的时候，父母就可以带孩子做一些球类运动，比如篮球、排球、足球。手上的、脚上的，都可以试一试。在球类游戏中，可以有很多同伴参与，父母此时就可以扮演一个教练的角色，带着孩子和其他小朋友一起玩，父母当教练引导大家去踢。在这样的过程中，孩子有了更好的参与意识，也为孩子的社会化打下很好的基础。

2. 智能方面，剪纸游戏培养孩子的注意力。用小小剪刀剪一剪，譬如孩子看了一本书，上面有条鱼，父母可以说："今天你能不能剪一条鱼给爸爸／妈妈看看？"不管孩子剪得像不像，这种方式就是在提示孩子去想：我的鱼是什么样子，我应该剪成什么样子，如此来调动孩子的有意注意。刚开始，孩子都不是特别会用剪刀，爸爸妈妈可以买一个安全剪刀，当然还有必要跟孩子说清楚，在用剪刀的时候，要注意离手远一点。刚开始剪的时候，不要一上来，就引导他去剪个斜线，或者剪个曲线，这会很难做到。当孩子的手形正确了，会使用剪刀了的时候，你再慢慢引导他剪一个"之"字形，或者引导他剪一个曲线……

需要提醒一下：刚开始，孩子会在相当长的一段时间，热衷于不停地剪，甚至他开始从剪直线，变到他把一张大纸剪到很小很小，剪成小纸片那种。不要干预或批评。

这些都是特别好的游戏，父母鼓励孩子去做就好。

在这个过程中，父母的作用，第一就是陪伴，你就坐在宝宝跟前，看看

宝宝是怎么剪的。第二就是在这个过程中，父母凭借自己不一样的思维方式，指导孩子：我们可不可以这样剪一下？我们可不可以那样剪一下……适当地引导。

3.心理能力方面，在"过家家"游戏中给孩子立规矩。这个阶段的孩子，已经开始具有一些模仿的意识了，比如你会发现，大人在家里做家务活的时候，孩子也会干，像模像样地拿一个小东西在地上扫一扫，拿着簸箕在地上蹭两下，其实他可能没有那么大的力气去扫，他也不能把垃圾扫到一起，但是他已经开始做很多这样的模仿性动作了。所以，发现孩子开始模仿你干活的时候，就可以找一些孩子能力范围内的事情，调动起他们参与家务的积极性。

当孩子开始要玩"过家家"的时候，父母可以充分地跟孩子互动起来。因为这个时候的小孩，同伴交往还没有那么强烈的需要，他最喜欢的就是跟爸爸妈妈玩"过家家"。父母不要觉得"过家家"是小女孩玩的，"过家家"游戏一样会对小男孩的认知建构非常有好处。

在家里的时候，爸爸就可以跟宝宝一起，今天我当爸爸，你当妈妈行不行，或者你当爸爸，我当宝宝行不行，可以跟宝宝交换角色，我们一起来搭个房子好不好，我们一起来做个早餐好不好，爬个山好不好。即使不具备外出游玩的条件，父母在家里也可以跟孩子一起设想，其实在设想一种情景的时候，就是在促进孩子想象力的发展。

这种玩法也是一种角色置换。在游戏中，父母留心观察，也许会发现孩子能通过他所扮演的"爸爸妈妈"，表达出他眼中的父母，以及平日里无法说清楚的一些挫折感、失落感、不安全感或者愤怒，等等。游戏中父母的倾听，尤其有利于帮助孩子疏导日常积累的负性情绪。比如一个小孩，若他扮演爸爸的时候，都是两手叉腰、比较专制的架势，那大人可不要只是觉得好玩，要考虑平日里跟孩子沟通的方式是否要调整了。

4.搭积木游戏培养孩子的想象力。搭积木是个好游戏，从三维平衡的角度看，它对孩子的三方面发展都有很好的促进作用。孩子操作的过程能很充分地锻炼到精细动作，搭积木对孩子专注力、想象力、耐心等促进作用也非常明显。

　　为什么推荐爸爸多陪孩子玩这个游戏呢？因为男性的空间抽象思维是比较发达的，而且他的操作性和实践性会比妈妈更好。我们常常发现，孩子在用积木搭建各种各样房子的时候，爸爸能够用自己的想象力和不一样的玩法，让孩子体验到更为新鲜的刺激。所以鼓励爸爸带着孩子一起来搭积木。

　　2岁左右的孩子，大概能够把3块、4块积木垒起来。到3岁的时候，基本上就可以搭一个比较平面的图形了，因为此时，孩子已经能兼顾到上、下、左、右、前、后。但3岁前的孩子，大多数时候，还只能兼顾一个维度。在这个时候，爸爸就可以带着宝宝，拓宽他的思路，比如，对孩子说：你看爸爸搭了一个什么样的积木？左边也有，右边也有，上边也有，下边也有，前面也有，后面也有。孩子就能够慢慢意识到，很多东西是立体的。怎么来表现立体的呢？就是环绕的四面都会有东西。慢慢地，孩子就会具有一些这样的空间概念。爸爸不需要刻意地拿本书跟孩子说，这就叫立体。你只要给孩子展示出来，孩子就能明白。

　　5. 亲子共读增进父子情感。推荐爸爸陪孩子玩的一个游戏，就是大家经常说到的亲子共读。打从出生起，孩子跟妈妈之间就是一个共生的关系。孩子会认为，这个世界是大人的，但是妈妈是我的。到了1岁半以后，孩子开始有自我意识了，这个时候他就可以慢慢地跟妈妈做分离了。所以这个时候，也是爸爸更多地介入育儿的最佳时间。若遇到刚开始没法跟孩子玩到一起去的情况，建议爸爸选择亲子阅读。每天晚上哪怕抽出10分钟的时间，跟孩子一起读一个小故事。

　　亲子共读的原则有以下几点。

　　第一，爸爸在跟孩子读故事的时候，要保证心情是比较愉快的。爸爸一回到家可能非常累，上班又特别不顺心，有点小脾气的时候，就要等一等，缓和一下；等到自己情绪稍微好一点的时候，再坐下来给宝宝讲故事。

　　第二，给宝宝讲故事的时候，最好把宝宝放在你的腿上，采用一个环抱的方式，让宝宝跟你贴在一起，身体的接触也可以增加你们之间的安全

依恋和亲子感情，抱着宝宝坐在你的腿上，环绕着宝宝拿着书，开始给宝宝讲故事。1.5～2岁左右的孩子，自己拿书都不特别容易，有一些优质的精装绘本壳都很重，所以建议刚开始，爸爸拿着书，保证把书拿到符合孩子的视角的位置。因为一般情况下，孩子坐到父母身上，孩子的视角会比父母的稍微低一点，所以可以问孩子：宝贝你看这样能看清楚吗？能看清楚，我们就继续。

第三，在讲故事的过程中，尽量忠于原作上面的一些词语。因为原作上面的词语，都是经过特别认真地去思考，他才想下那几个词，所以建议爸爸可以忠于著作。但能不能发挥呢？当然可以。因为这个年龄段的孩子，特别喜欢象声词，比如"咕噜咕噜""叽里呱啦""稀里哗啦"，孩子会特别喜欢，也特别想用，一听到这些词就会乐。父母可以在讲述的过程中这样说：今天甘伯伯带着我们的小动物去游河了，小绵羊说，我能不能上船呢，然后绵羊会"咩"叫两声——父母也可以咩叫两声，孩子就知道，小绵羊是这样叫的，他也会跟着你学。

在这个过程中，你就会发现，共读不但能增强亲子感情，还可以让孩子有很多知识上的开拓，这就是在促进他的智力发展。

除了我们上面特别推荐的，父母当然还可以带孩子尝试更多的游戏，譬如经常玩的"剪刀、石头、布"也是特别好的游戏。另外还可以跟孩子玩踩脚的游戏，这种追逐的过程也能给孩子带去极大的乐趣。

总之，在这个阶段，各种各样的生活中的小游戏，父母都可以用起来。

要强调的是，在游戏过程中，不需要区分男孩需要做这样的游戏，或女孩需要做那样的游戏。是不是父母教男孩去做一个菜，或者教男孩去缝个布娃娃，就不是男孩的行为了？不是的。在这个年龄阶段，孩子的性别没有完全分化，我们的建议就是尝试得越多越好。

在玩耍过程中，如果宝宝的参与意愿较低，或者动力不足的时候，家长可以采用一些宝宝喜欢的道具，提高宝宝运动的兴趣。比如，这个案例里的彩色球的运用就值得借鉴。

来到积木宝贝的时候，乐宝已经八个多月了，和其他宝宝一样能够坐在我的怀里听和看老师们的表演。那时候我的母乳好，乐宝吃得也多，但他一直不能爬行，在运动课中所有练习爬行的项目，乐宝的参与感都很低。这让我感到非常着急，害怕乐宝发育会落后。他最喜欢的是彩色球，于是老师告诉我回家用他喜欢的彩色球来吸引他，通过游戏让他情不自禁地向前爬行。经过一段时间的练习后，乐宝慢慢爬起来了，到十个月的时候达到了爬行的高峰时期。有一次，乐宝在参加积木宝贝组织的"环球爬行家"活动时，还拿到了爬爬赛的冠军，领到了属于他的人生第一枚金牌。

在乐宝学习爬行的这个过程，我想将耳濡目染地学习到的一些印象深刻的知识和大家分享：宝宝爬行更有助于他发展走路时的正确姿势，增强宝宝的体力，锻炼宝宝的膝、臂的动作协调能力和四肢关节的灵活度。正因为如此，我家乐宝后期的走路让我省心很多。

——积木宝贝洛阳富雅东方中心会员小宝妈妈分享

3~6岁孩子，父母这样陪玩

在自然界，大多数动物都具备高度发展的运动能力，如刚出生的羚羊，能在半个小时之内站起来，并快速学会行走与奔跑。而人类的婴儿，在出生之后很长一段时间内，身体是处于无助状态的，除了一些基本的反射活动，他所有的活动都需要在大人的帮助下完成。

这并不能说运动在孩子的发展过程中不重要，相反，运动在个体的成长中起着举足轻重的作用，不仅与个体的生长发育有关，而且与其心理发展是

相互作用的。

总的来说，孩子的运动发展大致分为两类，即手的精细动作的发展和全身大动作的发展。

如果说，手的精细动作的发展使个体的活动更具随意性（即目的性），促进了人类智力发展的"深度"；那么全身大动作的发展则能帮助个体扩展认知范围、发展空间知觉、促进分工和协调等，为个体智力提供发展的"广度"。

心理学家皮亚杰甚至认为，儿童的心理起源于主体对于客体的动作。个体心理发展的真正原因，正是通过动作对客体逐渐适应的过程，即，智慧或智力是动作发展的产物。

动作发展在儿童早期成长中的作用显而易见，运动也并非人们通常所认为的那样会让人"四肢发达头脑简单"，而是"四肢健康头脑聪慧"。那么，作为父母就十分有必要从小重视孩子的运动锻炼了。

可惜的是，在对待孩子运动的态度上，父母大都比较鼓励孩子的精细动作发展，很小的时候就开始张罗着给孩子锻炼手指了，如捏橡皮泥、串珠、画画等；对于孩子的大动作发展，却因为总怕孩子受伤或偏见，给予孩子过多保护和限制。

事实上，经常运动的孩子，反而能保持更好的敏捷性，很少受伤。而父母限制的不仅仅是孩子大动作的发展，同时还包括对孩子自尊、自信的打击。相信对一个从一米高的石头上蹦下来都不敢的 5 岁小男孩来说，他在面对生活中其他情境，如当众说话、主动跟小朋友打招呼等的时候，也是缺乏勇气的。

因为运动是最锻炼人的意志品质的，在运动中习得的技能和掌握的能力也会迁移和影响到个体生活的其他方面；运动不足，同样会影响他在生活中的表现。

• 3 ～ 4 岁是孩子多项能力快速发展的时期

3 ～ 4 岁宝宝的力量发展进入快速发展期。所谓孩子的力量素质，是指孩子身体的某一部分肌肉工作（收缩和舒张）时克服内外阻力的能力。通俗

地说，就是孩子的一举一动都需要以力量素质为基础来进行。

发展和培养孩子的力量素质，不仅对孩子的健康有益，更有利于孩子多种活动的进行和发展，当然，在全面增强孩子身体各个部位力量的同时，也提升了孩子的耐力、动作的技巧以及动作的精准度。

同时，3～4 岁也是宝宝的想象力、语言能力、情绪表达能力和亲社会能力等飞跃发展的时期。

在体能活动中加入角色扮演、职业体验等游戏环节，不但能丰富宝宝的想象力，并且能为宝宝创造更多与他人相处的机会。

游戏示例：好玩的小靠垫

准备：小靠垫 2 个

游戏目标：探索小靠垫的多种玩法，启发宝宝的创新思维，加深词语记忆和语言表达能力，同时促进宝宝大肌肉的发展。

步骤：

1.爸爸和宝宝分别趴在小靠垫上模仿游泳的小鱼。爸爸可以边玩边对宝宝说：“小鱼小鱼，游回家，游到深海里，游到浅海里。小鱼小鱼，出来透透气。”

2.爸爸和宝宝分别在小靠垫上跳，假装在玩蹦蹦床。爸爸可以边跳边对宝宝说：“蹦蹦床，真神奇，一跳跳到天上去。”

3.爸爸和宝宝分别拿着一个小靠垫，把小靠垫当作方向盘，模仿开汽车。可以边玩边对宝宝说：“小汽车，开得快，开到东，开到西。红灯停，绿灯行，请把车开到停车场。”

4.爸爸和宝宝把靠垫夹在两腿之间，模仿小兔子向前跳。可以对宝宝说：“小兔子，拔萝卜，拔到一个大萝卜，夹在腿间带回家。”

Tips: 游戏前，父母可以引导宝宝说一说靠垫有什么用处，比如躺、靠、抱、坐等。游戏过程中，爸爸和宝宝还可以共同研究靠垫的其他玩法。

父母提示：游戏前，爸爸妈妈应注意场地是否够宽大，避免宝宝在跑跳过程中因撞到家具而受伤。父母可多与孩子进行语言互动，孩子只有在早期得到丰富的言语刺激，其言语理解能力和表达能力、社交能力才能发展得更好。

• 4～6岁是宝宝速度与灵敏素质发展的关键时期

心理学家根据儿童大动作发展的关键期与运动能力数据分析发现：4～6岁是孩子的速度和灵敏素质发展的关键时期。

速度是指宝宝在能够掌控的范围内运动快慢的能力。灵敏素质是指宝宝在各种情况下，能够精确而协调地完成复杂动作的能力。

4岁之后的孩子已经非常有主见了。他们喜欢探险，主动尝试各种新的活动，对于自己喜欢做的事情，非常认真且投入。

这个阶段的孩子主要以踢球、抛球、接球等球类运动和基本的体操动作为主，综合、全面地锻炼孩子的速度与灵敏素质。

球类活动都有一定的规则和要求，可帮助孩子树立一定的规则意识，对增强孩子的意志力也很有好处。

孩子要从由生疏到熟练地掌握拍球，必须经过多次反复练习才行，父母不妨多鼓励孩子坚持并陪同孩子一起，这样他才不至于丧失兴趣。

而到5岁之后，孩子的平衡能力、力量、耐力、速度和灵敏素质有了进一步的发展。

父母可在继续练习速度和灵敏素质的同时，带领孩子玩一些团队合作活动，让宝宝在体验如何快速改变身体位置的同时，完成扔球、接球、躲闪跑、急跑、急停等动作，以及团队协作带来的成就感。

父母提示：这时最好是全家总动员，一起陪孩子快乐活动。

运动是每个孩子的本能，当他对运动表现出向往，请家长不要拒绝，给他时间和空间运动吧。

对孩子来说，所有运动都是游戏，而大人引导孩子运动最好的方式，就是激发孩子的好奇心和游戏心态，如此，孩子才会对运动充满热情，并积极投入其中。

在促进孩子运动的目标下，也可以带孩子参加一些社区活动、团体活动，或者早教课程，这样，在大环境的刺激和影响下，孩子也更愿意运动起来。

在妥妥8个月的时候，几经斟酌和对比，我和她爸爸给她报了积木宝贝的早教班。

妥妥最喜欢的就是积木宝贝的运动课了，课上老师为了调动宝宝参与的积极性，会变着花样跟宝宝们各种互动。与此同时，老师还会根据班上宝宝的不同情况设置相应的环节，比如妥妥刚上课的时候老师会更注重锻炼她的坐立和爬行，并有针对性地提升她抓、捏、伸、递等精细动作。

除此之外，老师还会设置很多亲子游戏，让家长参与其中，这不仅提升了宝宝和家长之间的亲密度，也让家长感受到亲子陪伴的乐趣。几节课下来，不止妥妥喜欢运动课，连我这个做妈妈的都很期待下次上课呢！

现在的妥妥在家也很喜欢运动，她常常拉着爸爸和她一起玩球、骑大马、玩爬爬。在"环球爬行家"比赛前，妥妥和爸爸在家曾练习过好多次。在此应该给这对父女热烈的掌声哦！

闲暇之余，爸爸也会陪着妥妥一起搭积木、看绘本、讲故事……看爷俩互动时那亲密劲儿，还真让人羡慕！

早教课程为小朋友之间创建了一个很好的空间，对于孩子早期的体能发展、性格养成、社交能力都有很大帮助。在这一点上，妥妥的变化就非常明显。原来有些内向的她，在早教课一段时间以后，性格变得开朗大方了，也更懂得与其他小朋友分享玩具和食物了，并且有很好的身体协调性和运动主动性。

——积木宝贝北京西三旗中心会员妥妥妈妈分享

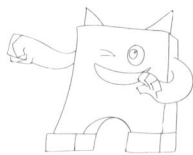

读懂孩子的智力秘密，
抓住智能发展敏感期

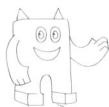

智能提出三个指标：
注意力、记忆力、思维能力

0～6岁是脑发育最迅速的时期，决定个体智力发展水平的75%，是语言、创造力、想象力、自信、自尊、良好习惯、积极心态发展的敏感期。

在孩子的智能发展过程中，注意力、记忆力和思维能力尤为重要。

从智能维度看，好的注意力，是孩子将来学习一切知识与技能的前提。0～2岁为关键养成期。如果孩子对新异刺激没有反应或太容易受到外部刺激的干扰，不能与他人目光对视，或者不能与父母和他人共同游戏，甚至对他人喊叫均无反应，这都属于注意力发展问题。若不能及时矫正，将会影响到孩子的学习表现，以及人际关系。

好的记忆力是孩子完成各种学习的关键。2～4岁为养成关键期。每个孩子都有一个记忆的口袋，用以默默收藏和温习他全部的所见所闻。这个记忆口袋里装的，不仅有各类事物的形象素材，还有附在这些素材上的个人体验、情绪记忆等。等他长大，这些记忆便成为他的一部分，影响他人生路上迈出的每一步。

思维能力指的是孩子对大脑里表征内容的操作过程。通过分析、综合、概括、抽象、比较、具体化和系统化等一系列过程，孩子对感性材料进行加工并转化为理性认识，最终实现问题解决。4～6岁为养成关键期。思维能力内涵很大，包括想象力、问题解决能力等。

由于孩子半年之后就上幼儿园了，所以我们报的小课时包，只上了创意课和运动课，没有上艺术课！孩子对这两类课程的老师都很喜欢！运动课内容丰富，节奏转换很快，老师表情生动，课上得很好，孩子全程跟下来很开心！由于孩子体质差点，再加上在家运动量不够，运动课对他来说大有好处。课后老师还会教一个动作让回家练习，还会对课上的小朋友挨个进行点评，老师很能发现每个孩子的优点，说我们专注力和逻辑能力都很好，课也上得很好！通过一起上课，我们发现每个小朋友都有优点和缺点，而我们孩子也不比别人差，这很好地打消了我对孩子上幼儿园的顾虑，我也不再担心他的力量，把一切交给老师和时间！

创意课内容也很丰富，涉及节奏感、手部精细动作、语言发展、想象力、创造力、涂鸦、手工、烘培、常识认知，等等。我发现孩子一些在家很少做或不愿意做的事情，跟着老师做得都很认真，比如愿意安静听故事了，比如认真涂鸦，比如什么食材都愿意吃了。看样子，专业的事还要专业的老师来做呀！看到孩子的变化我的心情是愉悦的！创意课老师也夸孩子专注力好，我想如果不来早教中心我都不知道孩子这些优点！

在积木宝贝度过的每一天都是开心的，我想只要孩子开心就好，来这里就来对了！我已经忘记了当初走进早教中心的初衷，直到幼儿园开学的前一个月，陆续有老师给我说孩子说话了，先是创意课老师说孩子最近上课话多了，这节课和我说了很多！然后是顾问老师说：孩子开口说话了，刚才我走过他身边，看他拿着几样玩具，我问他："要我帮你吗？"他说："不用了！"我听了感慨良

多！是啊，我不再担心他入园了！

入园的那一天很多孩子哭闹，只有我们家孩子安安静静地说："爸爸再见！妈妈再见！"我的心里特别感动，小小的人儿那么勇敢！就算我们家孩子发育慢一些又如何呢？他能做到的，那些比他发育快的孩子，却没有做到！其实他的表现我也很意外！

记得早教中心有个老师跟我说过：每个孩子发育有早晚，不要焦虑，静待花开！我想说，是的，静待花开和老师的默默耕耘是分不开的！蒙特利梭认为，孩子6岁之前是吸收性心智，一定要给孩子提供丰富的外在环境！我想说，还有哪里的环境比早教中心更利于孩子成长呢？

现在我终于理解那个老师说的，静待花开！因为孩子和花儿一样，需要阳光和雨露！花期不重要，重要的是耕耘！

——积木宝贝山东青岛乐客城中心会员少岚妈妈分享

0～6岁孩子的注意力很重要

什么是注意力？所谓孩子的注意力，简单说，指的是孩子的心理活动对外界一定事物的指向和集中。好的注意力，是孩子将来学习一切知识与技能的前提。0～2岁为关键养成期。

如果孩子对新异刺激没有反应或太容易受到外部刺激的干扰，不能与他人目光对视，或者不能与父母和他人共同游戏，甚至对他人喊叫均无反应，这都属于注意力发展问题。若不能及时矫正，将会影响到孩子的学习表现，以及人际关系。

事实上，注意力长短是可以培养的。它可以被"培养"得长，也可以被"培养"得短。这全在大人。

• 0 ～ 3 岁宝宝注意力发展特点及促进办法

3岁之前宝宝的注意力发展非常迅速。不过由于父母不了解，也很容易对这个年龄段的孩子造成很多误解，比如很多父母抱怨孩子太爱动，总把家里弄得乱七八糟，玩玩具的时候太没耐心，经常玩一个丢一个之类。

0 ～ 3 个月：孩子会偏好人脸；喜欢曲线多于直线；喜欢结构对称物胜过不对称物；喜欢看活动着的物体。所以，此时跟孩子互动的大人，是孩子最好的"玩具"。

3 ～ 6 个月：孩子偏爱有意义的物象，比如喜欢注视妈妈和喜欢的食物或玩具；较多注视数量多而小的物体；喜欢注视更复杂、更细致的物象。所以，确立主要的、稳定的抚养人，多陪伴，并多带孩子去感知身边随手可及的日常物品，是最好的促进办法。

6 ～ 12 个月：孩子的注意力更多表现在够物、抓握、操作和运动方面。所以，在确保安全的前提下，可提供多一些孩子手部探索的物品，各种材质均可，日用物品、食物等，大自然中的水、泥土、沙子等，都是孩子绝佳的"玩具"。这里需要提示一点，从这个时候开始，就不要一次给孩子太多玩具。最好一次陪孩子玩一个玩具，其他的都先收起来，换着玩。

12 ～ 36 个月：孩子的有意注意开始慢慢形成，他对外界的体验、探索变得更主动，富有个人意志。所以，尊重孩子的意愿，多给他营造探索环境和专门的探索时间，不阻止、不打扰。另外，此阶段孩子的注意力主要集中在语言的运用上。所以，多跟孩子交流、对话，多提问启发孩子，多陪孩子亲子阅读，多带孩子出门去见识丰富的外部世界等，都能简单又有效地促进孩子注意力发展。

总体上说，0 ～ 3 岁孩子对事物的注意是被动的，多由刺激物本身的特点引起的，注意力发展具有缺乏目的性、无稳定性、无分配性等特点。

所以，父母特别需要记得以下几个注意事项。

1.孩子在做一件事的时候，很容易受到无关事物的干扰，致使原来的任务不能完成。这个时候父母不要责怪，为孩子提供更为单纯的探索环境即可。

2.孩子的注意力维持时间很短。一般孩子的注意力时间在下述范围就都属正常：1～2岁宝宝每次能集中注意力的时间为5分钟左右；2～3岁宝宝的注意力能持续10分钟左右；3岁以上的孩子，大都能集中注意力15分钟左右。

3.孩子还看不到事物背后的联系，以及一些隐蔽的细节等，只是注意表面的、明显的事物轮廓。所以他找一样东西，往往就在眼皮底下也可能找不到、看不到。这时候，可别误以为孩子眼神不好。

4.3岁以下的宝宝不可能同时注意很多的事物。比如，宝宝在专心搭积木的时候，妈妈叫宝宝"吃饭啦"，宝宝却半天没有反应。这个时候一定不要说宝宝成心和大人对着干，因为很有可能宝宝是真的没有听到妈妈的呼唤。

• 3～6岁孩子注意力发展特点及促进办法

3岁以后的孩子，会开始追求完美，非常在意外界的评价，同时也开始逐渐拥有了一些自己的评价标准。他对外界环境、氛围的变化非常敏锐。所以，带孩子走出去，去接触、感知更大的世界，去融入更大的人群和集体，孩子就能有收获。

首先要做的事，就是送孩子入幼儿园。在幼儿园里，有规律、有节奏的学习生活会促进孩子的注意力发展，需要孩子驾驭自己的心理和行为，注意听讲，记住讲课内容并能回忆出来，按要求完成规定的任务等。

在家庭中，父母需要配合做的，就是给孩子进一步提供多样化的探索环境，培养孩子的观察力、判断力，让他从中寻找、发现并形成自己对周围人、事、物的看法。具体可有意识地多安排一些需要一定意志力的活动，如下棋、画画等。父母要多陪伴，孩子遇到困难时需提供必要支持，切忌指责和频繁打扰。

尤其要注意，这个时候的孩子自我意识很强，也很叛逆，所以强迫孩子的做法都使不得。要尊重孩子的意愿，循序渐进。大的原则是，要让孩子经

过努力完成任务，并给以积极的回应，让孩子知道他集中精神所做的努力，是有成效的，是能带来快乐的。如此，孩子的注意力维持时间，才能不断被训练延长。

如果宝宝的注意力或专注力一直提升不上来，不妨咨询专业的指导老师，越早干预越好。

一直以为，只要孩子吃饱穿暖、不磕不碰不生病，任务就完成了一大半，然而，真正考验父母的时候是从孩子1岁以后。

伴随着儿子自我意识越来越强，他的脾气也越来越暴躁，有时稍不合他意，便大哭大闹。我的耐心似乎用尽，有时也会不可控制地"河东狮吼"。这样的恶性循环，导致儿子更加叛逆，有时竟跟我横眉冷对，这一度让我陷入深深的焦虑。

我开始更多地关注一些育儿公众号，从中学习借鉴别人的育儿知识和经验。我尝试降低姿态，尊重他，和他平等地交流。

后来在朋友的推荐下，我们加入了积木宝贝厦门湾悦城中心。在第一堂运动课上，儿子和一个小朋友因争抢玩具而大打出手，我本以为他会没完没了地哭闹不止，没想到Ivy老师耐心独特的劝导方法让他一反常态，很快就调整好情绪，把"打架"的事抛在了脑后。我终于如释重负。我坚信，选择积木宝贝，是正确的。

我的宝宝活泼、好动，上早教课以前，专注力是很糟糕的，他的兴趣点就是在家疯玩、疯跑。我给他读绘本，他坐下不到十秒便要跑开。有时我也很气愤，可是越强制，越适得其反。和积木宝贝的Ivy老师请教后才知道，是家人不合适的教育方法在一点点破坏他的专注力，通过Ivy老师的指引，宝宝的专注力慢慢地提高了，现在的他可以坐着听我讲完好多本绘本呢。

这么长时间的早教学习，不仅孩子在各方面得到了提升和锻

炼，同时家长也得到了成长，感谢Ivy老师，每次碰到她，总会拉着她问这问那，她总是不厌其烦地给我答疑解惑。

除了每周的三节课，我还在积木育儿微学院跟大咖老师学习育儿知识，虽然我平时很忙，没办法像其他妈妈一样准时打卡、写笔记，但是我都会把每天的早课分享收藏起来，等我有空的时候拿出来学习。

每个孩子都是种子，只是花期不同。有的花，早早绽放；有的花，需要漫长的等待。又或许，你的种子永远不开花，因为他，是一棵参天大树。不论怎样，为了更好的他，我也愿意成为更好的自己。

——积木宝贝厦门湾悦城中心会员小宇妈妈分享

训练孩子的记忆力，父母不得不了解的事

何为记忆力？记忆力，是指个体将体验过的事物以图像、文字、回声、动作等多种方式存储到大脑里的过程。好的记忆力是孩子完成各种学习的关键。2～4岁为养成关键期。

每个孩子都有一个记忆的口袋，用以默默收藏和温习他全部的所见所闻。这个记忆口袋里装的，不仅有各类事物的形象素材，还有附在这些素材上的个人体验、情绪记忆等。等他长大，这些记忆便成为他的一部分，影响他人生路上迈出的每一步。

从这一点来说，记忆力对孩子的影响的确是深远的。

曾在网上看到一个视频，一个可爱的小姑娘在父母的要求下用心地想要记住"3×5=15"，可怎么都无法记住。与此同时，父母在旁边不停地训斥孩子，严厉要求。相信这个小女孩长大后，一定能够背住乘法口诀，但是与乘法口诀同时印刻到她脑海里的，会是当初背诵乘法口诀时的紧张、无助、压抑等负面情绪。如果父母持续催逼下去，这个女孩必然不会对这个给她带去那么多痛苦的科目有多少好感。

不喜欢，如何真正学得好？

有一个姑娘，她的童年几乎是背乘法口诀的小女孩的翻版。父亲对她很严格，也很用心。一个数学公式会教她很多遍，并且特别嫌弃她反应慢、记不住、老出错。为了学数学，她和父亲之间充满了对抗。

长大后她回忆说："我就看着我爸在那里着急，但我的脑子就是转不动。我也不知道为什么，现在想起来，心里还是堵堵的。"她的数学成绩始终没好起来，父亲曾经大量的付出，显然都是白费了。

由此我们能看到，了解孩子的记忆力发展规律，在孩子有需要的时候，有技巧地去训练孩子的记忆力，对孩子而言有多重要。尤其是孩子进入学龄期后，父母更会深刻体验到这一点。

● 不同年龄段，孩子的记忆特征

在学习训练孩子记忆力的方法之前，我们先来进一步了解孩子的记忆力发展规律。

0～7个月，孩子只能短暂记忆周边事物。例如，通过气味记住妈妈，通过手感记住自己的小玩具，通过声音记住哗哗作响的玩具等，这些记忆都是通过感官的方式，用自己的身体去体验的。所以，此时跟孩子发生关联的任何人、事物，都是促进孩子记忆力发展的好素材。

7～9个月，孩子能想起不在眼前的事物。7个月后的孩子往往会出现一个"认生"的高峰，其中一个原因就是孩子的记忆力有了进一步发展，记得熟悉的人、喜欢熟悉的事物带来的安全感，因此就排除陌生人和他们带给自

己的不安。此时，父母不勉强孩子，多带孩子出门，多接触一些人，同时多陪伴宝宝就能顺利度过。

9～12个月，孩子能够在记忆的基础上进行模仿了。通过感知、各种动作，孩子在学习、并努力识记这个新鲜的大世界。此时，多让孩子自由活动，多帮孩子通过嘴巴、手、皮肤等感知身边日常事物，就能够有效促进孩子记忆力发展。

1岁尤其2岁以后孩子的记忆力开始迅速增强，而且他逐渐掌握了词汇和母语的基本语法，可以通过词语，去理解、记忆更多内容，并且能够较长时间地记忆他经历的一些事情以及他接触到的事物。

3岁前后，孩子的自我意识飞速发展，记忆力同样开始转向有意识的记忆。此时，孩子容易通过重复的方式，去机械地记住他所接触过的事物。不少父母会发现，这个年龄前后的孩子，记忆力好得惊人。孩子完全不理解自己记下的到底是什么，却可以完整地背出来那些诗词等，用到的主要就是机械记忆。

此时，一些有意识的父母，会开始要求孩子记诵唐诗三百首、英语单词等等，再或者像前面提到的那个父母一样，要求孩子背拼音表、乘法口诀等。若能够通过更轻松的方式帮助孩子在早期记忆一些经典内容，必然是件好事，不仅能够训练孩子的记忆能力，也会给孩子的心灵带去滋养。

只是，问题往往出在背诵的方式上。反复记诵这件事本身是没有问题的，它的确是一个方法，而且孩子早期的学习，就是在不断重复中实现的。但是，如果都是通过父母强硬的方法，恐怕是对孩子的记忆力连同心灵的一次大荼毒。

• 训练孩子记忆力的几个策略

下面这些父母可以引导孩子去记忆的方法，供参考。

5岁以前，孩子是不懂得如何有方法地记诵内容的。所以，父母恰当引导，可帮孩子更轻松地认识、记忆很多东西。

策略一：复述。人们保存新信息时所使用的一个简单而有效的策略就是复述，即不断地重复直到我们认为已经记住了。这跟我们通常理解的死记硬背很像。但对于孩子来说，虽然复述有助于提高孩子的记忆力，但是要在以孩子的年龄特征作为基础考量的前提下进行，切忌死记硬背。

最好的方法，是把复述结合到各种游戏或者活动当中。而游戏，恰是孩子们需要的。比如，把你希望孩子记住的东西，编进有趣的故事里。通过可爱的故事主人公的嘴巴说出来后，即使是枯燥的乘法口诀，也会变得有趣。有亲子阅读体验的父母都知道，孩子对于喜欢的故事，常常会反复听。这其实就是孩子在学习和记忆的一个过程。

所以，父母千万别嫌烦。当然，也可以进行角色扮演，把需要记忆的内容，融入角色之间的对话当中。

策略二：组织。复述是一种十分有效的策略，但还是偏于刻板、缺乏想象力。如果人们仅仅依靠复述来记忆的话，就不能发现刺激物之间特定的、有意义的联系，而这种联系能帮助我们更容易地记住这些项目。所以，在很多情况下，组织是更好的记忆策略。

举例：

第一组：火车、打火机、锤子、裤子、花、眼睛、橡皮、猫、水壶、树叶

第二组：剪刀、毛衣、自行车、勺子、汽车、衬衫、袜子、公交车、盘子、汤匙

尽管这两组词汇的记忆程度可能是相同的，但事实上，对于许多人来说第二组更容易记忆。因为第二组项目可以明显分成有语义区别的三个类别（餐具、衣物和交通工具），这可以成为存储和提取项目的线索。

用在孩子身上我们可以这样帮助孩子记忆。比如想要孩子记住各种动物的名称，可以分别记忆昆虫类、哺乳类、鸟类等。或者在帮助孩子记忆数字时，可以把数字和想象的物品联系起来（1像筷子，2像小鸭子，3像耳朵，4像小旗子等）。同样在教会孩子记忆英文单词的时候，可以结合各种动作来记

忆（dog，妈妈可以做出小狗汪汪叫的动作；bird，爸爸可以做出双臂飞翔的动作等）。

策略三：提取。如果不能将存储的信息提取出来，将信息存入长时记忆中就是徒劳无功的。年幼的孩子提取信息的能力很差，这也是他在自由回忆和线索回忆中出现差异的原因所在。

在自由回忆中，孩子只得到一般性的信息提示，如"告诉我今天幼儿园里发生了什么事情"。根据妈妈所提供的一般性提示，孩子很难提取更多的信息。但是，如果为了促进儿童提取更多的信息，我们就要给孩子提供更多线索回忆的问题，这样的话，孩子通常能记起更多的东西。

举例：一天上午，一个5岁的女孩和父母一起在家中看了《狮子王》的动画片。下午妈妈问孩子："宝贝，你上午过得怎么样？"可想而知，这种封闭式的提问，孩子无非给出两种答案"好"或"不好"，不出所料，孩子的回答是："很好。"妈妈继续给孩子一个一般性的提示："你上午过得很开心，是吗？"孩子回答："是的。"截止到目前的谈话，妈妈和孩子的对话都还停留在"自由回忆"的阶段。

然而，如果妈妈能够换一种问法，比如问孩子："宝贝，你能给妈妈说说，救了辛巴的小动物们吗？"孩子就会继续提供很多的细节回忆，比如告诉妈妈丁满和彭彭是如何帮助辛巴、如何谈话、如何唱歌等细节。其实孩子不是不记得，而是需要给他提供回忆的具体线索，他才能将信息提取出来。

最后想说的是，训练孩子记忆力的时候，一定要尊重孩子的兴趣、爱好所在。

在大人的权威下，即使孩子死记硬背下了很多东西，这些东西其实都是未经孩子有意识消化过的，不仅不能让孩子变聪明，反倒很有可能让孩子提前倒胃口。唯有好玩的、生动的内容，孩子才更愿意去留意、去主动理解和记忆。

所以，与其强硬要求孩子记诵内容，不如先花心思想想，怎么样发现、提升孩子的学习兴趣。为孩子提供尽可能多的、好的体验，同时引导他学习记忆的方法，孩子就能学会构建一个世界，也构建自己。

经相关研究证明，音乐是可以提升孩子记忆力的。所以，适当给予孩子刺激，或者教唱儿歌，对孩子大脑记忆区的强化是很有帮助的。这一点，在汐汐身上，也得到了印证。

因为有了带大女儿的经验，所以我知道早教对于孩子的成长有多重要。早教可以促进宝宝各类感官发育、大动作发展、精细动作发育、情感发育、社会适应性能力提升等等。最重要的是让父母学习如何帮助宝宝健康快乐地成长。于是，在汐汐出生后3个半月时，我们就给她报了早教课程，这大概是积木宝贝里比较小的学员了。

像大部分女宝宝一样，汐汐最喜欢的是积木宝贝的音乐课。虽然月龄比较小，但是每次上课她都会认真地观察Gaby老师的每个动作，跟着老师的节奏打节拍，也特别喜欢和老师、小朋友一起互动。

回到家里，我会给汐汐放在早教课上听过的曲子，复习在课上做过的游戏。没想到汐汐的反应特别大，听到熟悉的曲子她会特别兴奋，咿咿呀呀，手舞足蹈；对于玩过的游戏，她也会给我积极反馈。我和她爸爸都会惊叹，这么小的孩子竟然有如此强的记忆力！

现在汐汐9个多月了，因为提前上了早教课，所以完全没有其他同龄孩子那样对陌生人的恐惧。她非常喜欢跟人交往，我们完全不用担心开朗活泼的汐汐长大后会内向、进入幼儿园会不适应。

——积木宝贝北京西三旗中心会员汐汐妈妈分享

保护孩子的想象力，刻不容缓

什么是想象力？想象力是一种高级思维，是人在头脑中创造一个念头或思想画面的能力。但这个创造并非凭空的，比如当你说起汽车，我马上就想象出各种各样的汽车形象来，就是这个道理。因此，想象一般是在掌握一定知识的基础上完成的。

什么是孩子的想象力呢？它是对已有形象的再造、联想、迁移等能力。比如说，看到一个圆形，孩子会回答出很多答案，太阳、鸡蛋、饼干、皮球等。孩子所想象到的事物，其实也还是现实世界中存在的，是可以触摸到的具体东西，或者能够闻到的气息，或者是能感受到的情绪等。

一般只要父母给孩子足够的探索机会，多接触新鲜事物，允许孩子表达，对于孩子的创造性表现和表达给予充分鼓励和肯定，孩子的想象力就能得到很好的发展。不过，可惜的是，真实的调查数据显示，中国孩子的计算能力排名世界第一，想象力却排名倒数第一，创造力排名倒数第五。美国一个权威咨询机构调查结果表明：孩子 1 岁时，想象力、创造力高达 96%，可这种情况在 7 岁上学以后发生逆转。到 10 岁时，孩子丰富的想象力、创造力只剩下 4%。

所以，保护孩子的想象力，刻不容缓。如何做呢？其实并不复杂。孩子生来就有想象的天赋。大人最该做的，就是不打扰、不阻碍。只要能够坚持做到下面几点，孩子的想象力就能得到有效保护。

● 陪伴孩子的过程中，父母别显得"太聪明"

常常见到大人带孩子出去玩的时候，说太多的话。比如去博物馆、动物园、植物园，家长为了孩子能够增长见识，就会不厌其烦地指着所见到的事物，不停解释给孩子：这是什么、那是什么……一副全知的样子，然后孩子的眼睛逐渐就不在外部，而在父母的嘴巴上了。

其实大可不必。当孩子认真看世界的时候，我们闭嘴，孩子的心才不容易受到干扰。孩子开口问了，我们再告诉孩子答案不迟。日常生活中也是。孩子问"为什么"时，很多父母会急于给出答案，甚至会担心自己回答不出来会影响自己的权威形象。不如试试反问孩子呢，比如说："你觉得这是为什么呢？"也许孩子会给出一个非常精彩的答案来。

一定记得，和孩子一起玩，要克制自己的"聪明"，尽可能保证孩子是游戏的"主人"，这样才能给孩子发挥自己的想象力留下足够的空间，而孩子也可以在自己的想象中玩得更尽兴、更自主、更活跃。

● 亲子阅读中，父母需学会适度"留白"

所谓留白，就是减少我们所说的、所做的。有的孩子亲子阅读开始得很早。不少父母看到孩子有进步，或者开始识字后，就会欣欣然开始进阶，给孩子买许多科普类、知识类的书。科普类、知识类书籍在孩子5岁之前可适当接触，但要少。因为科普书里面会把各类百科知识、各种标准答案全部列出来。知道的标准答案多了，孩子问"为什么"的热情就会降低。

一位从孩子几个月就开始亲子阅读的妈妈曾告诉我：孩子快4岁了，阅读年龄也差不多要4岁了，我总觉得那些低幼绘本对他来说是不是太简单了，所以后面给他读了不少"大部头"，尤其是各种科普、百科全书之类。不过，问题似乎也来了。读科普读物之前，他会蹲在地上，盯着一只小虫子看半天。可是读完科普读物，他就很少再去好奇地琢磨小虫子了，只是一本正经地告诉我：这是昆虫，有翅膀，身体一般分为两截……

我们都看到，经典绘本里都是多图少字。它好在哪儿呢？并非因为孩子阅读能力低，绘本里才不说那么多的，而是精练的语言加上充满表现力的画面，对天马行空的孩子而言，是最好的激发想象的工具。

待孩子稍微大一些，必要的知识储备有助孩子想象力发展。但是过早接触，并且接触过多，其实并不是什么好事。该是天真烂漫的年纪，还是让他们天真些为好。5岁之后，再慢慢去接触不迟。

亲子阅读的过程中，同样也有"留白"的讲究。比如，不要每次把故事念完就算大功告成，可以在接近尾声的时候，停下来，问问孩子：你觉得会

是怎样的结果呢？让孩子去完成一个故事试试。

● 想象力和知识从来不是死对头

在呵护孩子想象力的时候，有一类父母会走另外一个极端，即把想象力和知识人为地对立起来。"想象力比知识重要"，这是爱因斯坦说过的一句话。到后来，就被推论为："想象力和知识是天敌。人在获得知识的过程中，想象力会消失。因为知识符合逻辑，而想象力无章可循。换句话说，知识的本质是科学，想象力的特征是荒诞。"

这其实是谬论。想象力不是无源之水。它需要基于必要的知识。没有知识，或者缺乏人类通识的了解，那么再脑洞大开，也是无法想象的。所以，我们一直强调要抓住孩子智能发展的关键点是多体验、多探索，多给他机会亲自动手去实践。首先积累丰富的知识和生存经验；同时保持和发展与生俱来的好奇心；最后去捕捉创造性想象和创造性思维的产物，进行思维加工，使之变成有价值的成果——这就是想象的过程与价值所在。

● 别随便给孩子贴标签，先读懂孩子想象力发展中的敏感事件

孩子想象力发展过程中，会有一些特殊表现。很多父母会误以为孩子出了"问题"。所以，读懂孩子行为背后的想象力发展需求，很有必要。

1. 孩子的问题像连珠炮。好奇是孩子的天性，更是激发孩子想象力的原动力。在孩子的成长过程中，总有一段时间是个"问题"小孩儿，孩子的小脑袋里装了无数个问号，对任何事情都充满好奇。父母不要因此反感，压制孩子的好奇心就是扼杀孩子的想象力。久而久之，孩子将不再爱问爱想。

总之，要积极地鼓励孩子爱提问的习惯。别嫌孩子缠人。当孩子问得没完没了时，可以这样答复他：你问的问题我不知道，也许目前这世界上没人知道，也许你长大后会知道，那么，你将会成为第一个发现这个问题答案的人。

2. 孩子开始怕黑。很多孩子不爱睡觉的一个重要原因就是怕黑，怕黑可能源自人类自我保护的本能，也就是说，当孩子对黑暗中周围的一切产生了

不确定感，他的安全感也就大大降低了，这就是孩子对黑暗恐惧的心理根源。

所以，3～6岁的小孩会怕黑，是正常的自然心理。这并非坏事。瑞士心理学家皮亚杰认为，孩子怕黑是因为他的大脑有了初步的智慧，到了感知运动这个阶段。随着自我的增强，智力也开始探索未知，并创造幻想。有些父母平时喜欢跟孩子说一些故事，日积月累，孩子就会自己产生想象，认为这些电影、画册、故事里的场景和情节也能发生在现实生活中。

想要缓解孩子怕黑，同时又能保护好孩子的想象力，要记住3点。

首先，父母应该相信孩子自己也有内在机制可以调节，正常情况下他会随年纪增长而改变怕黑的心理。

其次，父母要懂得去倾听和了解孩子怕黑的真正原因，这比单纯跟孩子说"不怕不怕"更有作用。后者通常只是为了帮助孩子消除不安、降低焦虑，对于解决孩子怕黑的问题没有任何效果。父母应该倾听孩子的内心，弄清楚究竟是什么让他感到害怕，他内心不安的原因究竟是什么，这样才能有针对性地提供帮助。

最后，父母可以通过一些简单有效的方法帮助孩子。比如可以留一盏小灯；或是讲故事时，有选择性地挑选故事内容；再或者干脆跟孩子一起把屋子里"扫荡"一遍，把孩子害怕的那些"妖怪"赶出门去。

3.孩子开始"撒谎"。有些父母会发现，孩子经常会说一些"不真实"的事件，并认定孩子学会"撒谎"了。比如明明跟他一起出去玩，没经历的事，他却说得跟真的一样；比如今天没有吃包子，孩子却说今天幼儿园的包子特别好吃等。

是孩子在和父母撒谎吗？其实不是的，是这个年龄段的孩子还不能完全区分"想象世界"和"真实世界"，这些被孩子说出来的事件，其实都是孩子想象世界中的事情。

陪孩子玩这些游戏，有助于促进孩子想象力发展。

1.过家家。家务琐事可能会让你觉得厌倦，却是宝宝容易理解、能够分享或模仿的为数不多的大人活动。开始时，宝宝可能只是想要一块布，和你

用的抹布一样，用来擦擦抹抹，逐渐地，就会假装自己是要承担做饭、打扫或照顾孩子等家务责任的大人了。

2.毛绒玩具。不要认为毛绒玩具太幼稚，或是娃娃不适合某些年龄或性别的宝宝，就拒绝它们。这些玩具中，除了是陪宝宝睡觉的好伙伴，想象游戏里的角色，比如茶话会或坐火车游戏里的人物。孩子也会尝试体验父母的恼怒感，并亦真亦假地表演出来，因为他们想象自己时，是与大人相比的。

3.角色扮演。装扮有助于玩这个角色游戏，但是宝宝既不想也不需要一身现成的消防员或护士制服来装扮自己。他需要的只是一些"道具"，至少对他来说能够体现角色身份就够了。帽子通常是重要道具，宝宝也可能用到你的提包、公文包、购物篮、运动包；还有你的领带、太阳镜或跑鞋以及一些可以利用的废物；一件对你来说穿着去侍弄花草都嫌不够好的夹克衫，穿到宝宝身上，他就成了小大人；挎上一只提包，宝宝就变成了窈窕淑女；披上一件旧的睡衣长袍，宝宝马上又摇身成了一位新娘或女王。

貌似一切都是顺顺利利，但细心的老师还是在课程中发现了孩子的缺点：性子急，不愿等待。所以，上课的时候，老师会刻意让他等一等，在课下也会指导我们如何让他慢下来、静下来。

一次、两次，在潜移默化中，他开始有了一点点耐心。高尔基说："谁最爱孩子，孩子就爱他，只有爱孩子的人，他才可以教育孩子。"给积木宝贝的老师点赞。

听说要让宝贝的大脑更加活化，我们需要给他提供尽可能多的刺激。因此，我在积木宝贝给他报过运动课、音乐课、创意课，参加各种各样适龄的集体活动，如圣诞节、音乐会等；在生活中，我最爱做的事情就是带着宝贝看世界，虽然他小，走得不远，但是生活中每个陌生的环境，他的体验都是不同的。这些对他的教育来说，都是很好的催化剂。

——积木宝贝北京五环中心会员瘦点的分享

抓住 0~6 岁孩子语言敏感期

有父母问我，有没有更具体的语言训练方法呢？研究表明，语言能力的发展，是孩子智力发展一个非常重要的方面，同样也是帮助孩子树立自我意识的一个重要因素。因此，有意识地为孩子语言发展提供支持，不论男孩女孩，其实都有必要。下面我们按照年龄阶段给出一些建议。

● 0~1岁：语言储存期

孩子语言的学习是从听觉开始的。孩子在妈妈肚子里，听觉系统就开始运转了。因此，宝宝的语言储存从孕期就开始了。宝宝听到的悦耳的声响越多，父母的声音越多，宝宝在语言爆发期的表达越顺畅，语言能力就越强，心理也越健康。

1.语言刺激越早越好。在怀孕 5 个月时，宝宝就具备了听觉功能，父母可经常播放悦耳的音乐。准爸爸妈妈可以常常与胎儿说话，呼唤宝宝的名字，让宝宝熟悉爸爸妈妈的声音。宝宝出生后，在喂奶、换尿布、洗澡时，父母对宝宝说话要温和，表情要夸张，加大动作幅度，以表演的形式向宝宝说明我们正在做什么，吸引宝宝的注意力。说话时，父母要看着宝宝的眼睛。

2.应答宝宝的喃喃自语。宝宝出生2个月后，就会发出嗷、啊、咿等声音，有时发生在宝宝吃饱睡足后，有时是父母出现在他身边时，对此，父母要立即给予语言上的回应。"宝宝（或名字），你好""宝宝想说什么""是不是拉粑粑了"等等，即使我们可能猜不对宝宝想表达什么，但我们对宝宝的及时回应，会让宝宝感到发声和说话的乐趣，激发他再次发声的欲望。

3.从元音和叠音开始说。研究发现，宝宝在 7 个月大时，已经可以通过倾听试图找出准确的声音回应，他的脑电波反映出大脑中负责语言的颞上回

部分有明显的刺激反应。八九个月时，如果父母说一些简单的各种元音字和叠音词，如爸爸、妈妈、奶奶等，宝宝也可以模仿出来。注意发音时要将尾音拖长，保证清晰以及不断重复，让宝宝更容易学习。

4.为孩子营造温馨的谈话氛围。很多人认为，宝宝听不懂我们在说什么，那么我们说不说、说什么、怎么说也就变得没有意义。事实并非如此。倾听大人讲话能够训练宝宝的说话能力。宝宝可以通过大人之间交谈的语气、语速、表情及其伴随的肢体语言，感知其谈话的氛围。如果谈话是温柔的、和谐的、平静的，宝宝也会相对安静和放松；如果谈话时语言针锋相对甚至充斥怒骂，宝宝会出现惊恐烦躁的表情和情绪。

5.教宝宝说规范普通话，但不需要排斥方言。如今一个家庭存在几种方言的情况很常见，如爷爷奶奶辈说方言，爸爸妈妈说普通话，其实最后宝宝都能掌握，不必担心方言影响宝宝说普通话的标准度。方言与普通话存在地域和文化上的差异，宝宝多学一门方言，也是多学一方文化。既然是一种文化，也需要由孩子传承下去。因此，教宝宝说普通话的同时，也不应排斥方言。随着成长，宝宝就会在不同语言之间转换自如，发现不同语言之间的乐趣。

• 1～2岁：补充表达期

1岁以后，宝宝能组织简单的语句，包括主＋谓、主＋宾或省略主语的动＋宾等结构，我们称为"电报句"。一般要家中与孩子最亲近的人结合情境才能明白。

1.补足宝宝的句子结构。这个时期的宝宝一般会蹦出几个词,比如,"妈妈,水……"这时,妈妈可以补充完整这个句子,对宝宝说,"妈妈知道,宝宝渴了,想喝水",然后,让宝宝重复"妈妈,我渴了,想喝水……"或者妈妈也可以换一种方式,问宝宝:"宝宝是想让妈妈自己喝水吗? 谢谢宝贝这么体贴。"总之尝试补充一个完整的句子与宝宝交流。

2.引导宝宝清晰地说出要求。我们常常都在猜宝宝想干吗,宝宝一个眼神一个动作就知道他想干吗,但是,要促进宝宝语言发展,就要抓住机会让

宝宝用语言表达想法。比如，宝宝用手指水时，父母不要马上把水杯递给他，因为他可以不用说话就可以喝到水，这时父母可以给他一个空杯子，同时鼓励宝宝说出"我想喝水"等，用语言表达自己的要求。

3.向宝宝提问，让宝宝从被动的听转变为主动的说。1岁前，宝宝以倾听为主，1岁以后，宝宝逐渐可以与父母对话交流。试着向宝宝提问，比如，"宝宝你饿了吗"，"妈妈的鞋在哪里"，"宝宝的鼻子在哪里"，等等，让孩子的语言表达从被动变为主动。时间一长，这些语言信息自然而然就被宝宝的大脑储存了。另外，不要提超越宝宝智力范围的问题，态度要平和亲切，问题也不要过多，让宝宝感觉到压力。

4.尽量用规范用语。有的家长喜欢跟宝宝说话用叠字或模仿宝宝口齿不清的发音，比如"饭饭""果果""车车"，或者将"吃饭"说成"七饭"，"苹果"说成"苹朵"，认为这样发音宝宝更容易懂，但这也很可能延缓宝宝语言能力的发展。如果宝宝发音不准确，不必模仿重复，更不能取笑，而是多次重复正确的发音即可。

● 2～3岁：完整表达期

2岁以后，宝宝能说出完整的句子，能够描述味觉、温度，甚至描述人的外貌、情绪、品质。这一阶段宝宝的自我意识增强，探索世界的欲望强烈，很喜欢问为什么，并希望得到成人的积极回应和肯定。平时爸爸妈妈可给宝宝发一些简单的指令，如"请帮妈妈拿鞋子""把玩具放进收纳箱"等，提高宝宝的语言理解力。

1.鼓励宝宝给想念的人打电话。首先教会宝宝使用电话，告诉宝宝一些紧急情况下使用的电话号码。同时记住爸爸妈妈的手机号码。再鼓励宝宝给想念的人打电话。比如，想爷爷了就给爷爷打个电话，告诉爷爷自己心里的想法，讲一些自己最近发生的趣事逗爷爷开心，或者请爷爷注意身体健康，宝宝会因为自己能打电话感到欣喜。

2.用语言表达礼貌。2岁以后，宝宝开始有同伴交往，父母需要教宝宝正确使用"谢谢""请""晚安"等问候语，并且能保持微笑与同伴说话。

在路上遇到熟人，要主动打招呼，遇到长辈要用尊称，如"您好""再见"等。同时，鼓励宝宝用自己的语言与陌生人交流，比如去饭店吃饭时，鼓励宝宝向服务员阿姨要勺子，在街上鼓励宝宝问路等。

3.跟宝宝玩绕口令，或者朗诵诗。这个年龄段宝宝往往还不能很好地发音，一方面，父母可以找一些简短的绕口令，跟宝宝一起念，各种口误会让孩子觉得说话很有趣；另一方面，优美的儿童诗歌朗诵也可以激发宝宝对语言的喜爱和向往。诗歌中的韵律和字里行间的美，对宝宝的语言熏陶也是不言而喻的。

4. 与宝宝一起读绘本。读绘本是建立亲子关系、陶冶宝宝情操最好的方式之一。2岁以后，随着宝宝语言能力的发展，理解力也在跟进，宝宝逐渐能够理解故事情节，也会更加乐在其中。绘本语言是宝宝语言学习最好的来源。宝宝最爱的绘本，其中的语言也会被宝宝常常挂在嘴边。这会导致宝宝产生一种成就感——自己能掌控这些语言。

• 3～6岁：顺畅表达期

3岁以后，宝宝的语言能力逐渐从简单句向复合句过渡，词汇也更加丰富，对词汇的理解力加深，会造转折、因果等富有逻辑关系的句子，与外界的交流几乎没有问题。与这个阶段的宝宝谈话时很有意思，他说话会闹笑话，也会出现有深意哲理的句子。

1.尊重宝宝的自言自语。3岁以后，宝宝自言自语的现象会达到高峰，这是宝宝语言发展从外部语言转换为内部语言的关键阶段。可以看成是宝宝的思考工具，用语言来帮助自己思考，理顺思路，比如在画画时，他可能会一边画，嘴里一边嘀咕：这是房子，这是爸爸和妈妈，这里是草地等等。这其实是一种语言发展的自我调节机能，或者是驱逐孤独的一种方式，家长不必担心，更不要去打断宝宝的自言自语。

2. 小小讲解员。当我们看到宝宝一个人玩得很开心，画了一幅画，制作出一件模型，做出一件手工作品时，也要趁机打开宝宝的话匣子。首先用一些具体的语言，肯定宝宝的作品，比如，色彩搭配很炫（香蕉是蓝色的，鸟

是红色的），结构很富有想象力，再以欣赏的态度引导宝宝慢慢讲解自己的作品，以提问的形式让宝宝说出想法，既锻炼了语言表达又了解了宝宝的内心。

3. 宝宝故事会。语言是交际的工具，我们可以鼓励宝宝邀请小朋友到家中做客，为宝宝创造一些小环境锻炼宝宝的表达。比如，请几位小朋友到家中举办故事会，让宝宝们都讲出自己认为最好听的故事。宝宝可能会有表达不清的地方，但大人不需要帮忙，宝宝自己会想办法让同伴明白自己的意思。

整个语言训练过程中，家长一定要以身作则，做好语言上的示范。儿童的模仿力极强，作为父母，说话要为宝宝作出表率。即使语言不优美，也不能太粗鄙。努力给宝宝创造标准、丰富的语言环境，让宝宝自由去表达、交流，这样宝宝的语言发展就会轻松、顺畅。

培养语言能力，最重要的是让孩子多听。父母要持续地给孩子语音输入，不厌其烦地跟他说话，像朋友般交谈。

关于培养孩子的语言能力，想想妈妈在孕期胎教就已经开始了，她也分享了很多心得：

孕期时我就经常边轻抚肚子边听轻音乐，或者讲故事，走路或做事的时候，也会跟胎宝宝交流，告诉他今天天气如何，把看到的经历的，都说给他听。想想满月后，正值夏季，空气也好，我们每天都会把他抱出来呼吸新鲜空气。他躺在婴儿车里，我会指着蓝天和白云让他看，给他介绍小区里的花草树木，假山池里的鸭子、鲤鱼，以及发生的事。另外，我不会只顾跟大人们聊天而忽略他，我知道他对这个陌生的世界充满了好奇，虽然还不会说话，却可以吸收我们传达的语言信息，在大脑中存储。

结果，想想6个月的时候，就能清晰地发出"妈妈"的声音；13个月有意识地叫"妈妈"；19个月会唱摇篮曲，会说绕口令，会背六七首唐诗和5首小儿歌，记住了十几本绘本每一页的内容，会自己

按键给太姥爷打电话，用自己和太姥爷的口吻自编对话内容，会背大段《三字经》和《木兰辞》；22个月，与大人自主语言交流毫无压力。我想，这是让孩子多听、多进行语言输入起到了良好成效。

两岁以后，想想从绘本、日常交谈和睡前故事中学到了更多的新鲜词汇，以至于常常让大人都自叹不如。到了3岁，他对于新词的理解和运用，用爸爸的话说，"到了出神入化的地步"。比如："这件事，正在往好的方向发展，你就放心吧！" "这几种蔬菜里，我今天只有一种不爱吃的，那就是胡萝卜！" "爸爸，你的枕巾该洗了，你的头发太爱出油了！不过，请你不要悲观！"

——积木宝贝北京大钟寺中心会员想想妈妈分享

从宝宝的成长可以看到，早教其实带给我们的是一点一滴的改变。有人会觉得早教只是做做游戏，玩一玩，根本学不到什么。可是，早教中心的每一节课程都是根据孩子发展特点设计的，它也许没有教授知识，没有立竿见影的效果，但是就是在游戏中，孩子的各项潜能潜移默化地得到发展，孩子的成长也在不经意间发生着。

现在，我家宝宝通过和小朋友的接触，慢慢地不认生了，会主动和其他小朋友握握手、打招呼，安全感也在渐渐地增强，不再一味地依赖父母。宝宝也从不会爬变成一个活泼爱爬甚至拦都拦不住的运动宝。上体能课时，爬坡、钻洞的项目也自然

不在话下。

　　其实，改变的不仅仅是孩子，作为父母，我们也在努力改变、成长。从我为了孩子，第一次去听绘本课，去详细了解如何通过绘本与孩子建立良好的亲子关系，在微学院我们每周坚持上课，特别是爸爸陪伴的增加，再到现在爷爷奶奶看了中心的环境后，对早教也认可了。这是一个改变的过程，更是一个成长的过程。而我们作为父母，不仅是陪伴她、鼓励她，还要与她一起学习、成长、进步。虽然我们谈不上是满分的父母，但我们在今后也会一如既往地爱她，为她做好榜样，伴她长大。这才是父母的最好时光！

　　　　　　　　　　——积木宝贝江苏淮安万达中心会员郑雯分享

第三章

早教中心是科学早教的促进者和示范者

　　积木宝贝认为早教中心不能替代父母和家庭对孩子的早教价值，但是它也是科学早教不可缺少的重要一环。早教中心通过促进父母的早教意识，示范科学的早教方法，帮助父母更好地认识孩子、欣赏孩子、懂得孩子，并与孩子快乐、和谐相处。更多父母通过积木宝贝的早教课堂、父母课堂、微学院、线上视频等多种方式，感受到了早教的重要性。

积木宝贝强调：科学早教首先是教会父母读懂孩子、有效陪伴

高质量陪伴孩子的三个要素，所有父母都能学会

所有的早期教育都在强调，0～6岁是孩子建立安全感的重要时期。因为6岁前的孩子，判断力和耐受力差，心理比较脆弱。且他以自我为中心的思维方式，会让他把身边发生的所有事，都归结到自己身上，比如：父母陪伴自己少，那也许是自己不可爱，不值得他们陪吧！父母争吵不断，应该是自己太不听话，拖累到他们了吧！妈妈怎么好像不太高兴、板着一张脸呢，我是不是哪里又做错了？所以，不是我们跟孩子在一起就叫陪伴了。高质量陪伴还需要有技巧，能够读懂孩子的心理需求，并给以恰当的回应，如此才能够帮助孩子真正建立安全感，并为孩子未来走向外部世界储备足够的心理资源。

下面所要讲到的，就是高质量陪伴孩子的几个要点。很简单，却又最常被父母忽略。若能做到下面这些，即使没有整日跟孩子腻歪在一起，也是很棒的陪伴了。

● **高质量的陪伴，是按照孩子原本的样子接纳他们**

高质量的陪伴，所陪的对象，是一个完整的、鲜活的孩子。要接纳孩子本来的样子，而非夹杂太多个人评判。

一位朋友，她早年跟爷爷奶奶一起生活，到10岁才被父母接到自己身边。她的年轻力壮的母亲发现了这个10岁的小姑娘身上有诸多"问题"，于是施以各种批评指责，甚至是责骂与羞辱。这位母亲的初衷竟也是"为了孩子好"，"担心孩子长歪了"。

后来长大后，这位朋友感慨道：跟父母一起生活的那些年是我最痛苦的日子。就好像是，无可奈何又无法自拔地在漩涡中打转。所幸，我没有放弃自己，竟然活了下来。感谢奶奶，感谢心理学。

所以，你看，并不是父母把孩子带在身边就叫陪伴。若父母不能够接纳孩子，以致过于强权地要求孩子按照自己的设想去发展，那么给孩子带去的心理创伤将是巨大且深刻的。

总之，待在孩子身边，并非真正高质量的陪伴；看到孩子，亦并非真正的"看见"。比如，看到孩子难过、哭泣，想去快些结束孩子的难过、哭泣，这样做，父母就没有真正陪伴孩子的难过、哭泣；比如，看到孩子愤怒、大发脾气，想要躲开抑或制止孩子的愤怒和脾气，这样做，父母就没有真正允许孩子的愤怒和坏脾气；比如，看到孩子情绪低落、焦虑，开始担心孩子的情绪低落和焦虑，这样做，其实父母同时也陷入了焦虑的陷阱里；再比如，看到孩子犯错、无助，于是大发雷霆，批评指责，这样做，其实映射出的是父母自己的无力无助。

● **高质量的陪伴，会在孩子需要自己的时候敏锐回应**

高质量陪伴，其实就是在孩子需要自己的时候，给以恰当回应。相反，若孩子正专心探索一个事情的时候，你去打断他，或者孩子喊了你半天你没有回应，这都不算高质量陪伴。

说到这里，也许你认为高质量陪伴需要非常高超的技巧。不是的。下面以"躲猫猫"游戏为例。

低幼孩子都非常喜欢玩"躲猫猫"的游戏。这个游戏非常典型地反映了低幼孩子"渴望独立于母亲，又渴望重新回到母亲身边"的矛盾心理。因为，要玩"躲猫猫"，必然需要独自跑掉，躲到一个妈妈看不见自己的地方；而同时，要玩好"躲猫猫"，最后又必须要被找到。如果孩子躲起来了，却没人找到他，对孩子而言是件非常可怕的事。不被找到，等同于不被看见。所以，陪孩子玩过这个游戏的父母一定看到过，当孩子被找到的那一刻，他笑得有多么快乐。

打从1岁半起，一直到6岁，孩子处于一个探索外部世界的高峰期。一切对于他而言，都是新鲜的。但是，尽管外部世界如此诱人，孩子在探索过程中，仍然会时不时地想要重新回到父母身边。就好像一辆越野车，即使行得再远，总要时不时去加油。所以，若孩子玩着玩着，抬起头喊妈妈，妈妈一定要回应。当孩子跟其他小伙伴疯着疯着，突然跑转回来，在你的怀里腻一会儿，你一定也要亲亲抱抱他，让孩子确认，他没有被抛弃，妈妈一直在，孩子也一直是被爱着的。

也许我们之前并未能够高质量陪伴孩子，从现在开始，也不晚。

有一位妈妈，她的儿子今年刚读小学一年级，那会儿，她为了孩子的学习操碎了心。总在担心孩子跟不上，老师会不喜欢他，于是在家里不停地给孩子补课。这反倒把孩子逼到喘不过气，尤其是妈妈守在自己身边的时候，这个孩子犹豫不决、小心翼翼的状态特别明显。

听过我们的建议后，这个妈妈终于从孩子的家庭作业中撤退了，交由爸爸多陪儿子。爸爸做了什么呢？什么也没做，就是坐在距离孩子远远的地方。孩子写完作业了，就陪孩子疯上一阵子。短短一个月过后，孩子的学习情况就发生了很大变化。在没有妈妈辅导作业的情况下，孩子的成绩反倒比刚开始更好了。

这是个很棒的转变。在这个过程中，其实不止孩子进步了，妈妈的改变也很大。对妈妈而言，并非只是放下了对孩子家庭作业的干预，她放下的，还有深深困扰自己的内在的焦虑、不安全感，以及控制欲望。

没错，没有天生的父母。对新手父母而言，有了孩子也会是自己一个比较艰难的时刻。同样，没有天生的父母，也没有天生的孩子。我们和孩子一样，都是这人生的新手，也都在不断学习着如何适应新的人生课题。不过，这都不要紧。只要父母能够坚持自我成长，那么，当父母变得成熟的时候，孩子马上就会随着父母的变化而变化。

我们的宝宝添添1岁3个月了，是一个风一样的女孩，每天快乐地在家中的客厅和房间来回穿梭。她喜欢和爸爸一起踢球，和妈妈读绘本，还会自己拿着勺子吃饭。

添添3个月的时候，我们从朋友口中听到了"早教"这个词，说孩子从0岁开始，甚至从怀孕期间就应该开始进行早期教育，但我们当时只是觉得，这么小的孩子知道什么。后来，纯粹出于好玩，我带着添添和朋友去参加积木宝贝的早教体验课，从此便和早教结下了不解之缘。在早教体验课上，3个月的添添，会听着老师唱歌跟着手舞足蹈，会目不转睛地听老师讲故事，还会怯怯地伸手去摸老师递过来的小玩具，甚至主动去摸摸旁边小朋友的手。我想，添添这时，是快乐的。

看到孩子开心的状态，我心动了，想给添添报早教课程，又觉得费用太贵，心中也会担心没有效果。我们犹豫了很长时间，期间去了不同的早教中心体验，主动去了解早教和早教课能给孩子的成长带来什么，也学到了一些专业的词汇，如"敏感期""物体客观性"等。最终，在添添11个月大的时候，我和添爸正式决定报了积木宝贝，以此作为添添周岁的生日礼物。

之后，我们带着添添开始了每周一节或两节的早教课程。如今，3个月下来，最大的收获是添添和我们每次去早教中心，表现出来的状态都是快乐的，甚至每次上完课都舍不得离开，还想多玩一会儿。我想，快乐是非常重要的。对于家长来说，每次早教课我们也会很享受，因为快乐源于陪伴。

正因为早教，我也学会了去反思自己的陪伴方式、引导方式是否恰当，有时候也会跟添爸讨论，一家人如何去共同地引导添添养成好

的习惯。

因此，通过周一到周五的父母课堂，无论是早教大方面的引导，还是小的育儿细节的讲解，比如温柔而坚定地定规则、更多的陪伴、及时的表扬、恰当的处理分离焦虑等，我们都感到受益匪浅。从此，我们学会了用特定的分别仪式来缓解宝宝在分离时产生的焦虑，学会了温柔而坚定地制定一些简单的小规则，也在学习如何高质量地陪伴。

我也明白早教不等于早教课，我和添爸也不是满分父母，但我们会通过不断学习、勤于思考，通过高质量地陪伴带给添添更多的快乐和更好的成长引导。同时，我们也需要不失去自我，成为添添最好的榜样父母。

——积木宝贝南昌盈石中心会员钱新沐妈妈分享

孩子不离身，是你需要还是孩子需要

初为人母后，"分离焦虑"这颗小小的种子，就深深地扎入了新手妈妈的心中。也许妈妈并没有意识到自己有分离焦虑的症状，但妈妈可以自我审视一下是不是心中难掩这样的情绪：一边抱怨着带孩子的辛苦，一边又乐此不疲地包揽着孩子的所有事务？这样矛盾的状况，通常会在新手妈妈身上展现得淋漓尽致。

● **虚构的"二人世界"，造成孩子难以断乳**

宝贝快两岁四个月了，我母乳喂养了 18 个月。孩子 14 个月时我感冒了，和孩子朝夕相处不久也传染给了孩子。考虑到母乳喂养，我自己用药比较谨慎，感冒拖了一个多月才好，最后没法就强行给孩子断奶了。我感冒好了以后，还

是和宝贝一起睡觉。半夜里，宝贝就会蹭衣服要吃母乳。那个时候孩子已经能听话，我们俩就商量好不告诉别人，连爸爸都瞒了好久。就这样，母乳又喂了好几个月。到后面我基本没有母乳了，孩子吃得很费劲，有时候吃老半天可能都没有，她很生气。我就跟她说，宝贝已经长大了，不吃奶了可以吗？她说，好。喝牛奶好吗？她也懂事地点点头。这才渐渐用奶粉、酸奶、鲜奶来代替母乳了。可现在的问题是，每天她睡觉要摸我的乳房，有时候大白天也要摸，不管旁边有没有人，她都会说，妈妈我要捏捏，不给就哭闹。家人都怪我宠着她，我该怎么办呢？

妈妈坚持母乳喂养是很伟大的，宝宝那么懂事也很让人心疼，但是妈妈串通宝宝隐瞒爸爸的行为很不好。妈妈的心里显然只有宝宝一人。当妈妈将自己全部的关注点都给了孩子的时候，孩子往往会因为难以承受如此重的压力而选择心理发育迟滞。其实，不是孩子难以断奶、难以真正与妈妈剥离开来，而是妈妈不愿放手，不愿切断与孩子的亲密联系，放手让孩子独立成长。正因如此，才会出现后面一系列的问题。

• 还孩子自己的小天地

很多新手妈妈的内心都有一个这样的错误意识，那就是孩子的世界中只有我，其实这是妈妈的投射性思维。初为人母的女人，眼中和心中尽是孩子的一举一动、一颦一笑，无论孩子是否有需求，母亲都时时刻刻守护在孩子的身边，似乎只有这样才算是尽到了母亲的责任。也正因如此，很多好动的宝贝失去了自己活动的小天地。其实，孩子失去的不仅仅是一块不大的自由活动的空间，更多的是失去了发展自我认知能力、了解周边世界的机会。

婴儿期是各种认知能力发展最迅速的时期，错过了，就不可能重来。让孩子有更多的机会接触到不同的人、不同的环境和不同的事物，这对孩子的认知发展具有很好的促进作用。给孩子一片相对自由的天地，妈妈可以在旁边看护，鼓励孩子去触碰他所好奇的新鲜事物，鼓励孩子与妈妈以外的人接触，大一些的孩子可以多与同龄孩子一起玩耍。

有些妈妈可能会有顾虑，孩子那么小，他能保护好自己吗？请不要低估了孩子，只要大人做好看护工作，紧急危险情况下给予孩子及时的保护，其他时间就交给孩子吧。

• 不要剥夺孩子成长的权利

有跌倒才会有爬起，有失误才会有成长。父母若义无反顾地替孩子承担起了成长的责任，留给孩子的只有遵从和跟随，这样的人生还是孩子自己的吗？孩子再小，从母体分娩出的那一刻起，就不再与母亲"同体"了，他有自己的思维、自己的活动方式，跟母亲再亲密，也是两个人。

实际上，很小的孩子就有"独处"的需要与能力了，有研究发现：1 岁内的婴儿就会自己玩，而且听着音乐能很愉快地独处。但因婴儿活动能力有限，"独处"表现不明显而已。更多时候，"独处"并不是孩子不正常，而是大人不习惯。因此，我们不仅建议父母尊重孩子的"孤独"时光，也建议父母定期体验一下"独处"的快乐，让自己与孩子保持适度距离，给自己和孩子一个思考和历练的空间。

• 母亲比孩子更需要亲密关系的建立

女人在生育后的角色由原来被宠爱的娇妻，又附加上一个新的角色——施爱者"母亲"。新的角色需要新的自我认同。我们的母亲通常以无微不至的关爱来获得自身认同，似乎只有无时无刻地围绕在孩子身边，才能称之为一名合格的妈妈。其实这只是母亲为了满足自己的需要，而把自己的内心感受无形之中投到孩子的身上。

新手妈妈的压力也不小，在还未适应新角色时就被要求做个"好妈妈"了。这虽是分内之事，但若妈妈有半点的疏忽，通常会招来周围亲友的一通数落和指点。为了避免将自己陷于这样的境地，新手妈妈只能时刻围绕在孩子的身边，以确保不良事件不会发生。她这样做，其实是在"下意识"地用行动告诉身边喜欢指手画脚的人："我已经如'贴身丫鬟'般伺候着了，已经很尽力地照顾孩子了，我不需要别人的指点。"

值得一提的是，妈妈全心全意的付出，同样也期望得到孩子百分之百的回应。可是，孩子的看护者未必只有母亲一人，孩子也未必只跟母亲一个人关系密切，也有可能和其日常照料者爷爷奶奶或者姥姥姥爷关系更好。而这恰恰是妈妈不愿意看到的，她的心里往往充盈着失落和失败的双重感受。结果很可能会出现这样的情况，母亲会竭尽所能地要拉近母婴之间的情感联系。

● 学会享受忙里偷闲

母婴之间有着割不断的血脉亲情，妈妈大可不必过于忧虑孩子到底是不是和自己最亲，只要你承担起一个母亲应尽的责任和义务，在工作之余多跟孩子说说话和做做游戏，在孩子心里你永远是个好妈妈。如果你见到孩子和其他照料者亲近黏腻也没必要暴跳如雷或者急于自我否定，因为孩子还小，并不完全懂得真正意义上母亲的含义和母亲对自己的重要性，多一点耐心，等孩子稍稍长大一些，不用太久，3～4岁时，大部分孩子就会表现出和妈妈最亲。到那个时候，就算你想有个自己清静的时间都难，所以，还是好好珍惜眼前这并不富裕、来之不易的宁静时光吧。

这时妈妈不妨利用有限的空闲时间，犒劳一下整日为孩子操劳的心，一个人逛逛幽静的公园，听一场音乐会，也可以"抓"来老公一起共享久违的二人世界。这些安排既可以缓解往日紧张的情绪，也可增进因照料孩子而不知不觉中忽略的夫妻情感，何乐而不为呢？

产假结束后，我就重返了职场，把大部分养育孩子的责任交给了老人，我努力权衡在工作与家庭之间。但由于那段时间工作太忙，一时疏忽了孩子的早期教育，结果出现了问题。

孩子1岁多的时候，我发现他的性格有些胆小怕生，见到陌生人就往家人身后躲。刚开始我以为孩子还小，并没太在意，可是到后来，孩子的这种性格缺陷越来越明显：平时在家里好说好动，可是一到外面就蔫儿得连话都不敢说，就连比自己小的孩子，他都不敢主动跟人家接触，遇到任何事情都习惯性地后退……

经过多方打听、各种咨询，以及详细了解，最终决定给孩子报了

积木宝贝的早教课程。

我强迫自己无论多忙都要保证每堂课能陪伴在孩子身边，跟他一起游戏、一起学习。

上了半年多的积木宝贝早教课程，孩子真的有了很大的变化。他能主动加入小朋友的游戏当中，在众人面前敢于表现自己，有时候遇到不公平的事情，他还敢主动上前理论了……这让我既欣慰又感动。

我知道，孩子的成长离不开积木宝贝老师们的科学引导，当然我的陪伴也给了儿子很大的鼓励。

我一直觉得自己在为给孩子的美好未来而努力，拼命赚钱给孩子最好的生活、给他买最贵的玩具、挑最好的衣服……我却忽略了，孩子需要的并不是这些，而是父母的陪伴。

细细想想，我们陪伴孩子的时间太有限了，不珍惜眼下这几年，当孩子大了还需要我们的陪伴吗？

以前总抱怨自己太忙，没有时间去陪伴孩子。早教老师建议我，陪伴可以随时随地进行。哪怕在厨房洗碗的时候，也可以和孩子讲一个故事、说一段笑话；在睡前的时候也可以和孩子玩一会枕头大战的游戏。

事实证明，这种方法特别好，只要我们家长的注意力在孩子身上，在哪里、什么样的陪伴方式都不重要。

现在，我的儿子已经变成一个活泼开朗的小男孩了，从他的笑声里，我能感受到他的快乐和幸福。

——积木宝贝太原万达中心imprint妈妈分享

做个积极介入孩子成长的智慧爸爸

如果说妈妈是水，滋养生命和当下；那么爸爸就是山，昭示目标和远方。在孩子的安全感和积极情绪的培养中，妈妈处于主导地位；而在孩子行为、性格以及整个社会化过程中，爸爸则起着不可替代的作用。但是，在中国人的传统观念里，养孩子是女人的事。中国爸爸在孩子成长过程中的缺席现象十分严重。

有一个孩子，今年1岁半，平常总是跟妈妈在一起，爸爸由于长期出差，在孩子的成长中基本呈缺席状态。这天，家里来客人了，一个年轻姑娘上来要抱孩子，孩子不要。又一位阿姨上来要抱孩子，孩子仍然不要。这也正常，因为平日里孩子都和妈妈黏在一起，也比较认生，别人轻易抱不了。可是，有意思的事情发生了：同来的有一位男性客人，且孩子第一次见，当这位男客人微笑着把手伸向孩子的时候，孩子开心地接受了这个陌生男性的拥抱。

● 爸爸的功能

上面这个孩子，家庭条件其实很好，什么都不缺，就是缺"爸爸"。由于爸爸经常不在家，孩子看见和爸爸相像的男性，就会对其有好感。缺爸爸的孩子，让人心疼。故事背后，我们更需要思考的是：爸爸对孩子的成长到底意味着什么？

1.影响孩子的情绪发展。研究数据表明，在缺少父亲介入的家庭里，孩子，尤其是女孩，情绪容易偏焦虑和抑郁。一些在父亲角色缺失家庭中长大的孩子，一旦回忆起爸爸曾经在家的时候就会很高兴；一说到爸爸要走的时候，立刻变得沮丧。根据前面讲到的孩子的思维特点，在孩子眼里，你离开我，就是不要我了，就是不爱我，因此他会觉得很伤心。长时间缺失爸爸角色的第一个后果，就是孩子会出现情绪上的问题。

2.影响孩子的性格。与妈妈不同，爸爸的行动力更强，也更善于解决问题。如果爸爸不介入孩子的教养中，孩子的性格大多数时候都会比较悲观和消极。

他在面对一些困难的时候，常常采取退缩的态度。想要孩子有一个外向、开朗的性格，爸爸就必须要多陪伴孩子。一个女孩如果跟爸爸关系特别好，通常也会有比较阳光的性格，而且她会将自己今后的小家庭经营得很好。

3.影响孩子的自我存在和自我价值感。美国一个心理学家有这样的观点，爸爸对一个孩子表扬的魅力大大超过妈妈对孩子表扬的魅力，那么这个孩子在长大之后"成功"的可能要大于那些没有总是被爸爸表扬的孩子。我们在父亲角色的研究里发现，若爸爸不能介入家庭教养中，孩子的自信心会比较低。因为爸爸在孩子自我系统的建构中有很重要的作用，爸爸带给孩子非常重要的一个信念就是"我相信我行"。

4.影响孩子的自尊心发展。自尊心建立的第一个重要条件就是家庭，尤其是父母双方无条件的积极关注。但很多时候，我们做不到无条件积极关注，尤其是爸爸。常见的情况是，爸爸会说："宝贝，你爬过来。"孩子爬过去，被夸"真棒"。让孩子画幅画，画完了，被夸"宝贝真棒"。即等到孩子做了一些事情之后，才给予孩子肯定。这就是有条件的关注。所谓"无条件积极关注"就是不管孩子说什么，不管他做什么，只要是在规则范围内的，你都认为是对的、是好的。

5.影响孩子的社会化行为。这一点更多表现在男孩身上。研究发现，男孩更容易沉迷于网络、酗酒、打架甚至吸毒。所有这些行为问题，或多或少都跟爸爸有着密切关系。

为什么会出现这样的问题？这是因为爸爸在家庭里扮演的常常是跟孩子一起游戏的角色。在游戏的过程中，爸爸帮孩子建立游戏规则，培养规则意识。这种规则意识能提高孩子的自我控制能力。一项跟踪了10多年的心理学研究表明，自我控制水平越低，孩子的问题行为越多；自我控制水平越高，其社会成就越大。

● 退行的爸爸

细察当下中国孩子的发展状况会发现，有很多爸爸在孩子成长中是大量缺席的。因此，从这个角度来看，爸爸若能够从边缘走回到家庭中央来，就已经算是中国爸爸的一大进步了。

所谓爸爸退行，即爸爸变成孩子的角色。主要是因为孩子出生后，年轻的爸爸感受到极大的压力，不知道怎么应对，于是选择逃避，成为一个不理智的"大孩子"，看起来也需要被照顾。比如，妈妈照顾孩子，爸爸在边上玩游戏，即便孩子哭也当作没看见。爸爸这种没有成长反而还"退化"的表现，也会造成爸爸角色在孩子成长中的缺失。

经常会有妈妈埋怨："为什么照顾孩子那么累，我老公却不帮我，反而去打电子游戏？"之所以爸爸进入角色的时间要那么久，因为妈妈和孩子是共生关系，所以妈妈的母性从孩子未出生起就已经被培养出来了，她们更容易自动地去承担养育孩子的责任，可是爸爸却不是。很多爸爸甚至直到孩子1岁多了，会叫"爸爸"之后，才能意识到自己的确是有孩子了，而一旦孩子哭了，就束手无策，赶紧喊妻子来解决。

还有一种情况会让爸爸退行，即随着孩子的长大，妈妈很辛苦，身体、心理都备受煎熬，情绪自然容易失控。面对妻子的训斥，丈夫会进入迷惘、无助的状态，干脆什么都不管了，自己玩自己的，心里想："惹不起我还躲不起吗？"

面对退行的爸爸，妻子应该给自己的丈夫一些信心和指导，让年轻的爸爸介入到孩子的成长当中，并让他看到自己介入的效果。

● 中国爸爸最常见的九种类型

当然，也有很多爸爸是陪在妻儿身边的。可是，他们在教养孩子的过程中，却仍然处于边缘地带。下面的九种类型，爸爸可以尝试对号入座。找到自己的分类，基本也就找到了问题所在。

1.事业型。这类爸爸认为工作最重要，为了孩子、妻子，以及家庭日益增长的物质需求，整日忙得不行。这种爸爸给孩子提供的是什么？物质上的满足，但是他忽略了其他很多东西。而这，恰恰是孩子成长过程中更为迫切需要的。

2.3分钟热度型。这类爸爸在妻子生孩子的时候特别高兴，最初的时候会很主动帮忙。等孩子渐渐长大，在孩子的养育过程中发现困难不断出现，孩子总是哭闹个不停，却又总弄不清为什么会这样，便开始不耐烦。慢慢地，回到家里就3分钟的时间跟孩子玩得挺高兴，3分钟之后该做什么就做什么

去了。这种爸爸也不在少数。

3.心不在焉型。这类爸爸有些像是还没长大的孩子，在家里也跟孩子玩，但是孩子玩孩子的，他玩他的。他这边高兴地打着游戏，那边孩子在哭闹。面对哭闹的孩子，这样的爸爸就会嘴上说："别哭了，别叫了。"只说，就是不行动。

4."顾问"型。这类爸爸并不是我们一般意义上的顾问，如果爸爸能成为教养孩子中的顾问，那将是孩子极大的运气。这里的"顾问"是指：顾得着就问，顾不着就不问。例如，今天不太忙就早回家，发现孩子一些不好的习惯，就埋怨妈妈："你都没有好好照顾孩子，你看看你把孩子养成什么样了！"而顾不着的时候，他就又忙自己的去了。

5.漠不关心型。这类爸爸可能完全没有进入到自己的角色中。他认为养孩子就是妻子的事，跟自己没关系。因为我们传统的观念就是这样，小宝宝往往更需要妈妈的照顾，爸爸只是一个第三者。所以很多时候这类爸爸就采取了漠不关心的态度。

6.面子十足型。这类爸爸很会吹牛，在外人面前喜欢说自己多会照顾孩子、教育孩子，其实孩子哭了，他过去安抚的时候，孩子也不理他。这是虚荣心较强的爸爸，容易将孩子作为满足自己面子的工具，即满足自己内心的需要，而并不懂得孩子到底需要什么，更谈不上教育。

7.不知所措型。这类爸爸其实想亲自带孩子，也想好好带孩子，但是因为从来没有被"培训"过，所以不知道怎么带孩子。孩子一开始哭着找妈妈，他就赶紧把孩子交给爱人。这般"消极"的爸爸，即便一直陪在孩子身边，也不能真正发挥爸爸应有的积极影响力。

8.学院理论型。这类爸爸以学者专家的理论为教养孩子的根本参照，不会去看孩子到底是什么样的、需要什么。这样的爸爸过于固执，偏于教条，所犯的根本性错误就是不承认孩子的个体差异，不能尊重自家孩子的生长发展需求。

9.轮不到型。这类爸爸在教养孩子的过程中，经常插不上嘴。想关心孩子，孩子的长辈或者孩子的妈妈会觉得爸爸没有带过孩子，自己还是个孩子呢，怎么敢放心把孩子让他带。时间长了，慢慢地，爸爸的耐心和信心就被磨光了，这个角色就在孩子的成长中缺失了。这种类型爸爸的产生，长辈或妻子有很大责任。

下面这位爸爸就为积极参与孩子成长做了一个很好的榜样，不过，他也经历了很多次心理上的蜕变，才变成了今天的超级奶爸。

三十而立，一曰立身，二曰立业，三曰立家。

这一年，我荣升成为一名父亲。

如同诸多的新手父母，刚开始我们并不懂得如何更好地照顾这一位新的家庭成员。无论是职场叱咤风云的精英，还是家里万千宠爱的宝贝，或是旅途见识广博的行者，此时我们的这些身份都将搁置一边，在孩子面前，我们只是父母，我们必须做为人父母该做的事情，尽为人父母应尽的责任。

自此，我开始学习如何冲洗奶瓶，如何更换尿布，如何辨别儿子哭声需求，如何陪伴儿子游戏玩耍……我也曾手忙脚乱，打翻了澡盆，乱发了脾气；也曾焦急万分，只因儿子反复发热，咳嗽不断。每天看着宝贝恬然酣睡的脸，总是不禁自嘲，原来自己也有不理智的时候，而这一切只因为，我是爸爸！哪怕被儿子气得七窍生烟、歇斯底里大叫，恨不得挥起巴掌揍他屁股，我还是爱他的爸爸！

时过两载，昨日和儿子一起翻看家庭相册，不禁感叹，人生成长如此快哉！晃眼间儿子已经会风驰电掣地奔跑，不再是襁褓中的小婴儿了。时间一分一秒、不紧不慢如水流逝，我也不再是初出茅庐的愣头青，在社会家庭诸多的环境中磨砺了品性，担当起责任，学着无条件地接纳我的家庭，以及我所选择的生活。

我亲爱的宝贝，爸爸要给你宽阔的肩膀，给你有力的臂弯，你要勇敢成长，欢笑向前闯天涯！

——积木宝贝成都温江中心会员培蔚分享

● **父亲如何介入到孩子的成长当中**

养育一个孩子，陪他长大，才能真正成就一个父亲。养育孩子需要很多智慧，尤其是父亲的智慧。上文指出了父亲的介入对孩子成长有重要意义。那么，父亲要如何介入呢？

1. 做父亲也是门学问。如果父亲的意识能够上升到这个层面，就是一大进步。如今，在西方社会里，越来越多的男人心甘情愿做超级奶爸。中国的父亲也必须意识到：养孩子不只是妻子的事，也是需要夫妻双方共同协助的高深的事。我们常说父母不懂孩子，其实指的就是不了解孩子的身心发展规律。3 岁以前的孩子，安全感的建立非常重要。孩子的安全感，尽管很大程度上来源于妈妈的爱，但父亲给孩子建立的自我控制、自信、自尊，则会让孩子在成长过程中感到自在、自主。这样的人生才是有价值、有意义的。所以，父亲要去学习，读一些发展心理学方面的书，多听听育儿专家的讲座。

2. 支持妻子的努力。有这么一个问题：父亲每天回到家进门第一件事应该做什么？正确答案是：应该当着孩子的面，先亲吻或拥抱妻子，然后再亲吻和拥抱孩子。很多时候父亲在外面工作，回家后发现孩子出现这样那样的问题，于是进门没多久就开始批评妻子："你看，孩子怎么又这样？"父亲的这种批评对妻子而言，是种自尊心和自信心的打击，不仅无益于问题的解决，反而会伤害夫妻感情，伤害家庭和谐与孩子安全感的建构。所以，父亲对妻子的努力作出支持，对孩子的妈妈而言很宝贵。父亲需要了解妻子带孩子的方式，要跟她保持一致立场，这一点很重要。如果真的爱孩子，就要先爱孩子的妈妈，给孩子一个有爱的、充满积极情绪的家庭。

3. 给孩子不一样的游戏。父亲和孩子做的游戏，与妈妈跟孩子做的游戏肯定不一样，因为男女有别。游戏的类型不一样，视野和角度也定会截然不同。比如，比较高难度的一些动作，像跳、飞机抱这种活动，父亲做得会更多。

父亲陪孩子玩游戏时，要专注、用心、积极、有效。所谓专注，即父亲在陪孩子玩的时候不要去想其他事情。因为，孩子说的第一句话、做的第一件事情，全都是模仿。我们身边，一直有一双小眼睛在观察着我们。如果你心不在焉，孩子看得很清楚，会有样学样，更会感受不到你对他的爱。孩子是用心养出来的，用细心、耐心养出来的。如果你现在没有用心，一些问题出现了，原本可以用

10天解决，以后可能需要花费10个月、10年的时间来解决。有一些用心的父亲，会把游戏带入和孩子互动的生活点滴当中，真正拿出男性的幽默感和洒脱，这才是真正跟孩子一起成长的父亲。积极，这是父亲能够传达给孩子的最重要的情绪。因为如果父亲做很多事情都保持一种消极的状态，孩子就会成为一个没有好奇心的宝宝。长此以往，情感上，孩子会变得孤僻冷漠；行为上，孩子会变得孤独乖张。有效，即陪伴孩子是有技巧的。不是陪得时间越长就一定越好，质量是最重要的。很多父亲说："我工作忙呀，晚上回到家孩子都睡了。"如果你想念孩子，相信你会拒绝一些不必要的应酬和无所谓的加班，你会在下班后第一时间冲回家里。所以，如果你回到家里，请不要带着工作，不要带着你的疲惫和焦虑，不要带着你的不安和烦躁。放下工作中的一切，跟孩子一起笑、一起爬、一起闹，就像他的小伙伴，这才是有效陪伴。

父亲最好跟孩子做专属的游戏，每天都跟他一起通过这个游戏度过快乐的亲子时光。总之，父亲无条件地积极介入孩子的成长才是真正爱孩子的表现，这种爱是孩子一生取之不尽、用之不竭的财富。

如果孩子长期缺乏父亲的陪伴，很可能影响安全感的良好建立。外界的辅助影响手段也许能够帮助孩子找回一些安全感，但是父母或者爸爸的回归和良好陪伴才是解决问题的根本。好好小朋友的经历也许可以帮助大家思考。

因为我是一个新手妈妈，在对孩子的教育上实在没有经验，再加上好好的爸爸工作繁忙，有时候他下班到家时，儿子已经入睡，所以养育孩子的责任几乎都落到我一个人的肩上。我恶补各种育儿知识，每天定点陪孩子听音乐、做游戏、看绘本、读唐诗……

在孩子性格和行为习惯养成的关键期，我如履薄冰，小心翼翼。我生怕自己的疏忽而耽误了孩子，影响他的成长。然而，越怕什么，

越来什么。

一次，无意中给孩子做了积木宝贝的早教测评，拿到测评结果我格外惊讶：好好运动能力满分，记忆力满分，专注力满分，安全感却只有1分。测评老师为我分析，很可能跟孩子长期由妈妈一人陪伴有关系。这样的环境下长大的孩子对唯一的陪伴者会产生极度的依恋和信任，一旦离开陪伴者，他就会缺乏安全感，而且还会伴有孤独感。

我知道他爸爸在家庭教育中的缺席有一定原因，他为了这个家、为了我和儿子的生活越来越好，我实在不能再要求他什么。为了改变孩子性格上的不足，我给儿子好好报了积木宝贝的科学早教课。

最初进入早教课堂，好好处处表现得小心翼翼，有的活动甚至会选择逃避。第一节课、第二节课、第三节课……慢慢地，好好偏灰色的安全感模块逐渐鲜亮起来。

大概半年多的样子吧，小伙子长大了，又到了测评的阶段，哇哦，这次好好的安全感得到了老师们的认可，竟得了满分。

现在，两岁九个月的好好，身心健康、语言爆棚、愿意和别的孩子交朋友、有独立完成一件事情的能力。他会经常说："妈妈，我们去上课吧，我喜欢穿学校的衣服，你和我们一起跳舞，一起搭积木吧！"

看着好好在积木宝贝的成长和进步，我格外欣喜。很庆幸当初选对了早教，选对了一个充满爱和自由的环境。

——积木宝贝山西太原万达中心会员好好妈妈分享

科学早教，教会父母懂得孩子，自我成长

爱，不是教，是影响

现实生活中，我们会发现一个现象，有些父母似乎大大咧咧，育儿技巧上也不甚讲究，他们的孩子却养得很好。而有的父母即使读了再多育儿书，育儿方法再"正确"，亲子关系依然有可能存在问题。

为什么这样呢？自体心理学创始人科胡特曾经说过一句话：父母是什么人，比父母做什么事更重要。也就是说，若父母人格相对比较健康，是比较放松的人，他们即使做一些一般人看起来错误的事情，对孩子的人格也不会有太大影响。相反，若父母本身人格有问题，过度依赖或者控制，那么他们无论怎么育儿，过程中都可能散发不健康的味道。

下面所要分享的一个调查，就从一个有趣的角度，反映了我们上述所讨论的观点。

哈佛大学有一个儿童教育研究成果集，其中第五章"怎样才能成为完美的父母"，内容是关于子女教育的。这一章里，有个很有意思的分析研究。这项研究分析的细节，可以去看原书。由于篇幅有限，这里直接引用研究结论。

研究者列出16项关于家庭的因素，然后逐一统计分析这些因素和学生成绩之间的关系。本文仅指成绩，不涉及情商之类的考虑。这16项家庭因素是：

1. 父母受过良好教育；

2. 家庭非常和睦；

3. 父母有着很高的社会经济地位；

4. 最近刚刚搬到一个比较好的社区；

5. 母亲是在30岁（或者30岁以后）时生下第一个孩子的；

6. 母亲在孩子出生以后到上幼儿园的这段时间里没有工作；

7. 出生时的体重较轻（指不是过重婴儿）；

8. 参加了儿童发展进步计划；

9. 父母在家说英语（这一项可以替换为父母在家说主流社会语言，在中国就是汉语）；

10. 父母经常带孩子去博物馆；

11. 是领养的；

12. 经常被打屁股；

13. 父母参加家长教师协会（PTA，一种在美国很流行的家长参加的教育组织）；

14. 学生经常看电视；

15.家里有很多藏书；

16.父母几乎每天都给孩子读书。

你或许可以自己先猜一下，这16项因素中，哪些和孩子的成绩有关，哪些无关。

研究者的统计分析结论是：和学生成绩高度相关的8项因素是：

1.父母受过良好教育；

2.父母有着很高的社会经济地位；

3.母亲是在30岁（或者30岁以后）时生下第一个孩子的；

4.出生时的体重较轻；

5.父母在家说英语（这一项可以替换为父母在家说主流社会语言，在中国就是汉语）；

6.是领养的；

7.父母参加家长教师协会（PTA，一种在美国很流行的家长参加的教育组织）；

8.家里有很多藏书。

和学生成绩无关的8项因素是：

1.家庭非常和睦；

2.最近刚刚搬到一个比较好的社区；

3.母亲在孩子出生以后到上幼儿园之间这段时间里没有工作；

4.参加了儿童发展进步计划；

5.父母经常带孩子去博物馆；

6.经常被打屁股；

7. 学生经常看电视；

8. 父母几乎每天都给孩子读书。

很困惑，对吧？许多往往被认为是很有影响力的因素，比如搬家到一个比较好的社区，经常带孩子去博物馆，每天给孩子读书，却被证明不能影响孩子的成绩。而另一些因素，比如出生时孩子体重较轻和晚育（30岁才生第一个孩子），却被证明可以影响孩子的成绩。

这两组家庭因素的分布，其中有什么规律？研究指出，规律就是：那8项影响孩子成绩的因素，很多表明的是父母本身的特点，即"父母是一个怎样的人"，所谓的"以身作则"；而那8项不能影响孩子成绩的因素则是父母的行为，即"父母对孩子做了什么"。换句话说，在教育孩子时，父母自己是什么样的人，远比他们对孩子做什么、采用某种教育方法更重要，更能影响孩子。这个结论的意义远比看上去深刻得多。

实际上，除了遗传因素，决定孩子学习成绩和人格发展的，一定是父母的行为，包括他们对孩子做了什么。那么，为什么说父母是什么样的人，比他们对孩子做了什么更重要呢？

那是因为，真正决定你在日常生活中做什么的，是你是个什么样的人，而不是你有意去做什么事。刻薄一点儿说就是：你装得了一时，装不了一世。

你是个爱读书的人，家里有很多藏书，就算你没有坚持每天给孩子读书，你天天兴致勃勃手不释卷的样子，也会被孩子看在眼里记在心上。他会认为读书是生活的一部分。当他认字以后，就会自然而然地读书。

如果你的最大爱好是打麻将，家里日日都有牌局，天天出入的都是牌友，两口子讨论的都是牌技和牌运，就算你每天晚饭后坚持给孩子读上一小时的书，孩子对书的兴趣也不会比对麻将更大。对他来说，麻将牌而不是书，才是生活中必不可少的内容。

政治家的孩子，从小就看到父母在家中举行政治集会，和同事商讨各种政治话题，很自然地就会掌握其中的言谈举止和交往技巧，虽然他很可能意识不到这是在学习。

商人的孩子，从小就见惯进货销售、盈利亏损。如果他长大以后决定经商，即使是新手，他对商业的理解和兴趣，也和那些父母一辈子拿工资从来不知道商业风险为何物的孩子大不相同。

当然，论及人，结论永远不会绝对。相反的案例一抓一大把。而且，上述规律，不应该成为个人逃避努力的借口。决定你生活和命运的，永远是你自己，而不是你的父母或其他人。

揭示这条规律的意义在于，它告诉我们：教育子女的方法多种多样，但说到底，你想要孩子成为什么样的人，最好的办法是自己先成为那样的人。或者说，你的性格和优缺点，很可能就是你子女未来的性格和优缺点。

诚实者的子女也可能成为骗子，但更多的骗子，是从小就从家里学到了撒谎和欺骗之术。勤奋者并不能确保孩子一定也同样勤奋，但如果你日上三竿还在高卧，就别为孩子的懒惰而怨天尤人了。

如果父母能拥有饱满的爱，那么这份爱必然会慢慢流淌给孩子。舒文的爸爸就在一点一滴中，给孩子树立着为人父、为人师的榜样。

平等是给你第一份爱的教育，我在这里，和你一起成长。

孩子，我希望我们相处是平等的。孩子和家长真的很难做到平等，我也是在不断地摸索和前行，用平等的爱来帮助你成长，我没有用教育的字眼，我不想把自己放在一个父亲的高度。我希望我们像朋友一样，我爱你，希望你也一样爱我。

舒文，我的宝贝，北京寒冷的清晨让父亲更好地思考爱你的方式。也是因为爱你，才有了给你写信的动力，爱的力量真的改变了许多人生的囧途。

言传不如身教，我们曾经无私地爱过一帮孩子，他们是你母亲转校后接的第一个班的孩子，也是刻在父亲记忆里的七二班级。我们从陌生到朋友，我选择聆听他们的声音，满足他们的需求，改善他们身上的缺点，以及家长的教育问题；通过家访增加彼此的友情；陪伴他们，理解他们，学习他们；不求回报，因为无私地爱着他们。

我没有在乎过世俗的眼光，我没有使用传统的教育，我没有抛弃过所谓的问题孩子。我不是教育家，也不是老师，但是孩子家长对我一声刘老师的称呼是我最大的快乐，虽然他们现在分班去了其他班级，但是，我无时无刻不在想念着他们，祝福着他们，希望他们快乐成长。这是我有生最无私的爱。

——积木宝贝北京花乡奥莱中心会员舒文爸爸分享

做母亲，我们不焦虑

从女孩到女人，从女人再到妈妈，我们不仅生理上发生了变化，社会身份也变了，心理上尤其是。最开始，我们只是一个简单的女孩，是父母的女儿，也许还做着王子公主的梦。后来长成为女人，进入恋爱关系，那也只是两个人的小世界。等到结婚生子，小人闯进来时，我们的身份一下子就发生了巨大变化：从原本的二人关系，进入到了一个家庭系统。在这个系统中，有责任，有分工。置身其中的我们，随时需要调整自己的角色，有时候是女儿，有时候是妻子，更多时候是母亲。我们还会发现自己体内一直以来都沉睡着的一股力量一下子被激发。当然，问题也接踵而来。

小小乐的妈妈在"科学早教成就满分父母"的征文中，就写出了自己在教育孩子上的焦虑和挫败感：

我一直从事幼教工作，在没当妈妈之前就计划着如何教育出一个优秀的孩子。工作中，会仔细观察每个孩子的点点滴滴，并在心中暗自计划着自己孩子的未来。

可是，当孩子出生后，我的一切设想都没能按照计划进行。

相信很多妈妈刚开始都一样，面对这个突然的小生命会忙到不知所措，我也不例外，虽然我之前做了充分的心理准备。

刚开始还能坚持每天早上醒来给孩子听音乐、做抚触，渐渐地，变成隔三岔五地听，到最后变成偶尔听一次、做一次。

后来，因为工作，我把五个多月的小小乐放在了阿姨家。但是我忽略了孩子的感受，我没有告诉小小乐任何我要去上班和让她去阿姨家的信息。就这样，我们一分开就是十多个小时，现在想起来，好难过（孩子和阿姨也是陌生的）。

我想，就是那个时候，小小乐开始依恋吃手的，直到现在都在吃。

一直以来我都觉得自己教育孩子很在行，因为我年年被评为优秀教师。孩子也很听话，每个见到小小乐的人几乎都会说同样的话："孩子好听话啊。"每当这时我总是笑笑，我不知道这样的听话到底好不好。

——积木宝贝山西长治中心小小乐妈妈分享

俗话说，医生的孩子也会生病。像小小乐的妈妈虽然是教师，但在孩子的教育上也会有很多问题。所以，从来没有完美的教育。作为妈妈，需要放轻松，摆好心态，这样才能在育儿的路上，做出正确的行为和姿态。

有的妈妈忽略了其他所有，完全离不开孩子；有的妈妈面对柔软的小生命以及错综复杂的家庭关系，感到忧虑重重；还有的妈妈坚信，婆婆是无法改变的，一切都让人绝望。这些念头压在心里，往往会遮住眼睛，让我们拒绝孩子的成长与外在的变化，更拒绝自己的成长和变化。其实，当我们发现身边问题重重的时候，也许可以试一试，不要总是将目光锁定外界，而是向内里找原因。因为我们看到的外在"问题"，往往都是我们内在的投射。

女人自己的成长很重要。我们需要永远记住："我"更是"我"自己，独一无二的那个"我"，一个虽然不完美，但是可以自我觉察、懂得自我完善和成长的女人。如今都说，女人要爱自己。如何才是爱自己呢？是舍得给自己花钱还是允许自己放纵？这些都不是真正的爱自己。

真正的爱，是让自己活得更自在、更自由和更自主，是让自己有更多的快乐情绪和体验，是让自己充满动力和创造力，是让自己永远面带笑容，心头敞亮。就像一棵树，无论置身何处，仍然淡然自若，长成你应该长成的样子！独立，柔软，有自己的原则和底线，有爱和温度。这同样也是家庭对一个女人、一个母亲能有的全部期待。

● **做忧虑妈妈，还是优雅妈妈，都是我们选择的结果**

随着新生命降临到这个家庭，妈妈和爸爸的功能都有了新的内涵。爸爸的责任更重，而妈妈则要担负更多具体的家庭事务，以及处理更加复杂的家族关系。这不仅仅是个体力活，还需要心理、智力方面的共同努力。我们活在现实世界里，随时都面对着多种选择。比如，孩子要自己独立吃饭的时候，可以选择给孩子喂饭，也可以选择让他自己吃；当孩子吃饭时把自己和地板等弄得脏兮兮的时候，可以选择生气，也可以选择夸孩子有进步了；当屋子里看起来不那么整洁的时候，可以选择大为发火，自己闷头打扫，也可以选择自己拿起一份报纸读一会儿，还可以选择调动孩子和另一半的积极性，让他们参与到家务劳动中来。

劳累的妈妈，往往是自己选择的结果。如果，我们一方面心不甘情不愿地做出选择，一方面，又把负面情绪带到家庭生活和孩子教养当中去，那就更得不偿失了。所以，妈妈若能尝试去看清楚自己的状态，换一个角度，先从改变自己的心态和行为做起，一定会有不一样的收获。

● **至少拥有属于自己的十分钟**

微信上有一位年轻妈妈，孩子七个多月。孩子的父亲忙于工作。大多数时候她自己带孩子，很辛苦，内心也有许多迷惑。她说，孩子很爱哭，她忍不住会有情绪。然而，她又担心自己情绪不稳定，会对孩子的安全感建立有不好的影响。她想要寻找稳定自我情绪的具体办法。

这是一位很细心的妈妈。其实，我没有能帮她立刻改善情绪的特效药。我让她每天等孩子睡后，留给自己十分钟，只属于自己的十分钟，不做任何事，只是放松，并暗示自己："我是不焦虑的妈妈，一切都很好，我会找到属于一个女人、一个母亲的力量。"这十分钟，就像孩子一样，怎样舒服就保持怎样的姿势。接纳当下的那个你，不要有任何焦虑。这十分钟的前一秒，已经是过去了的事，而这十分钟的后一秒，奇迹随时都可能发生。

除了孩子、丈夫外，你还要有自己的人际关系、自己的空间、自己的时间——哪怕只有十分钟。要知道，女人是一个家庭当中最复杂的角色，每一个年轻妈妈都是了不起的。虽然会面临很多困难，但要相信自己肯定行的！没事，我们慢慢来。

世界上唯一不能偷懒的就是育儿这件事，宝宝就像一面镜子，迅速而直接地反映出你的付出和努力。

对于宝宝的照顾，我缺失得太多，也不能在短时间内全面掌握，我意识到需要寻求专业机构的支持，帮助我了解宝宝的成长规律，并有针对性地给予辅导。经过考察对比，我们决定让积木宝贝陪伴我们一起成长。在这里果然所有老师都告诉我们，小月龄的宝宝是需要无条件接纳的阶段，课程也是通过教家长给宝宝抚触按摩或者亲子瑜伽培养亲子关系，增加宝宝对父母的亲密与信任关系。

这极大地缓解了我的焦虑，在宝宝不舒服哭闹的时候，我不再焦虑不安，而是平静下来，全然去看宝宝的情绪。是因为不舒服，所以哭闹？没关系，妈妈在，妈妈陪着你，如果想哭就哭一会，妈妈永远都爱你！我发现自己淡定地去跟宝宝交流的时候，宝宝真的可以被安抚，再也不会因为妈妈的焦虑而哭闹得更加厉害。通过积木宝贝的父母学堂，我在学到很多育儿知识的同时，也知道了做好自己的重要性，因为养育不是生硬的教条，而是潜移默化的影响，身教远大于言传。我承认一开始我是没有准备好的，但是没有关系，有了积木宝贝的指引，我可以边养育边学习，我不苛求自己成为满分的完美妈妈，我只想做个温尼科特说的"good enough"的妈妈，因为我知道，做父母是一场渐行渐远的修行，我们的有效期很短，在宝宝需要我的时间里，给足爱与陪伴，这样才能在他需要空间与分离的时候，毫无遗憾而得体地退出。那时候我应该会庆幸，一直以来我留有时间去实现自己的梦想，而不是把梦想给了孩子。

——积木宝贝广西柳州中心会员憨憨妈妈分享

用对育儿方法，还能很好改善夫妻关系

一份关于家庭关系的问卷调查就新手妈妈的情感侧重点做过统计，结果发现，68%的新手妈妈勾选了"生活重心放在孩子身上多"，32%的新手妈妈勾选了"生活重心放在丈夫身上多"。

孩子出生后，大多数妈妈的世界被孩子填满，视线不再停留在丈夫身上了，而是时刻关注着孩子。以下几条，妈妈不妨自查一下，你是不是也经常这么做：丈夫感冒了，不是立即关心对方而是马上警告对方别接近孩子；好吃的永远留给孩子；去哪儿玩由孩子决定……

孩子的一个小喷嚏就可能引发夫妻间的相互指责和争吵，甚至孩子发生一件小事就指责对方：要是孩子有个三长两短，我就跟你离婚。

如果你家经常上演这样的情景，则表示你重视孩子远远超过了重视另一半。要知道，如果亲子关系高于夫妻关系，夫妻关系很容易出问题。

是的，妈妈不妨尝试将学到的一些育儿知识用到丈夫身上，就会有意想不到的惊喜。

● 像哄孩子一样"哄"老公

在一次妈妈沙龙上，一位30多岁的年轻妈妈说："我的宝贝儿子刚过3岁生日，正是淘气惹人嫌的时候。但是我不嫌他，而且很会哄他，常常逗得他咯咯大笑。由此，我想到了自己的老公。他常常像孩子似的，一不顺心就使性子。我要和他硬来，他会针尖对麦芒，与我没完。可是，我将他当孩子看待，柔柔地哄他，便也让他咯咯大笑。"

那么，她是怎样把老公当孩子哄的呢？这位妈妈继续说："其实，很简单。比如，他出门时，替他抚平衣角的皱褶，还提醒他，过马路时要小心；中间不妨打打电话，告诉他该喝点水了，要不会上火的；下班回家了，听到脚步声就为他开门，替他拢拢头发，温柔地说'温水打好了，洗洗手吃饭啦'；

饭毕，再替他擦去嘴角的饭粒。一次晚上看电视，他在沙发上睡着了，我为他轻轻擦去嘴角的口水。醒来后，他好感动啊！把我的嘴都吻疼了！你们别笑，就这么顺手即成的小事，便把老公哄得乖乖的、美美的、暖暖的！一句话，把老公当作孩子，没错，会获得事半功倍的效果！"

虽然这位妈妈的做法有点小极端，不过，她的做法从一个侧面印证了一个问题，那就是男人也许比孩子更需要温柔相待，只要妻子对他付出一点耐心和关爱，对夫妻关系的改善是大有益处的。

自从儿子出生，我的心里、眼里都只有一个儿子，24小时全天候围着儿子转，我已经记不清上一次和老公拥抱是什么时候，我也想不起最近一次关心老公是什么时候，我能想起来的都是对他的指责和不满，他什么时候漫不经心摔了儿子令我生气我记得，他哪一次儿子生病不知所措的样子让我愤怒我记得，总之，只要关于儿子的事我就像装了自动点火设备，随时准备燃他一把。

好不容易找个空闲不用想儿子，我又想到因为要更好地照顾儿子而失去了体面的工作，在做全职妈妈的一年里，我一个人带孩子、做家务，儿子和柴米油盐捆绑了我，社会、职场、朋友圈，一下子都在一个我看得见却碰不到的距离，他们恰到好处地让我把自己塑造成了一个伟大的牺牲者，所以我理所应当地要从老公那里得到更多的爱、更多的关怀、更多的歌颂和赞扬，可是我并没有如愿，每当心里的天平失衡，我总会尽情地释放我的语言天赋，用最刺激的话语把老公推到对立面去狠狠批判。

那时候的我只以为科学育儿就是妈妈亲自照书养儿子，却不知道夫妻关系的和谐对孩子心理健康成长有着至关重要的影响，更没想到给儿子报的早教班还能拯救一段岌岌可危的夫妻关系。

在认真学习了积木父母微学院的课程、读了静博士的书籍

后，我尝试接受男人心里永远住着一个孩子的观点，努力控制
自己的情绪、转变说话的方式，给予老公更多的理解，给他留
面子，传递出想要和解并且互相包容的态度，老公被我的突然
改变一下子惊呆了，我们在彼此折磨了很长一段时间后终于再
次促膝长谈并最终达成共识，我们决定重新谈一次恋爱，并承
诺将我们的爱都平均地分成三份，一份给儿子，一份给对方，
一份给父母，这一次，我们立志要做一对满分父母。

——积木宝贝厦门湾悦城中心湫浦晴岚分享

● 记得给老公留面子

生活中我们经常会看到这样的情景：繁华的大街上，妻子毫不留情、旁
若无人地数落自己的老公，站在旁边的丈夫则一脸无辜；朋友聚会上，妻子
开玩笑似的细数自己老公的种种"恶习"，全然不顾身边满脸通红、尴尬笑
着的老公……

这种在外人面前不给老公留面子的女性，当着同事、朋友甚至是长辈的面，
把自己的老公当孩子一样批，心理学上将她们称为"母性特质"显著的人。
尤其是30岁以上的女性，她更倾向于管理家务、相夫教子，在婚姻、孩子、
家庭方面比男人投注的精力更多，因此也就更加在意老公在家里的一举一动：
袜子有没有按时换，看过的报刊有没有归回原处，几天没洗澡了，甚至于指
甲多少天没有剪等。倘若男人对女人的提醒不当回事，女人的抱怨就开始了，
并蔓延到与朋友的交谈之中。

之所以会这样，是因为她混淆了家庭里自己所扮演的两种角色：妈妈和
妻子。母性特质显著的女人往往为了自己的理想，希望孩子健康、老公卓越，
而忘了自己首先是一位妻子。若无法分清这两种角色，她就可能把对孩子
的教育方式提前在老公身上演练一番。这种把老公当儿子对待的直接表现，

就是任意批评老公，不给老公留面子，把老公塑造成自己心目中的好"儿子"，不分时间场合、不留情面地给予"家长式"的教育。

我们在育儿中常常强调要尊重孩子，把他当作独立的个体去看待。这个方法妈妈也可以用在老公身上。要把老公看成独立的、可以对自己负责以及有着自己未来目标的"大孩子"，尽管他仍不知道袜子该洗了、杂志要放好、指甲该剪了，你还是一样地爱他。相信他为了美好的未来，会从现在开始努力。接受老公的现在，学会放大老公的优点，忽视他的缺点，学会用母亲般包容的爱鼓励他，相信他会慢慢改进。

● 像夸奖孩子一样夸老公

夸奖是我们常常用在孩子身上的育儿办法，其实用在老公身上同样会有很神奇的效果。

一位女士的老公经商有道，婚后她就在家里做了全职太太，照顾家庭和孩子。她在微信上向我们抱怨过很多次，每次发来的文字都很长，看得出她已心力交瘁：清不尽的垃圾，洗不完的衣服，做不完的一日三餐，天天忙得像个陀螺，照顾家里、老公、儿子，一点自己的时间也没有。可以说，我为这个家操碎了心，可结果换来的是什么？14岁的儿子嫌我唠叨，叫我"看守"；老公嫌我脾气大，叫我"泼妇"！操碎了心却落得众叛亲离，我真是死的心都有了！

我们跟她沟通过很多次，让她换种方式去跟丈夫交流。我们建议她换个思路想：她面对的是"两个孩子"。而且，男性的生理决定了他们对女人的啰唆尤其抗拒，因为他们是"视觉动物"而不是"听觉动物"。

后来，这位妈妈跟我们反馈说：我明白了，好老公和好孩子一样，都是夸出来的。下面这些话，都是她发过来的。

1. 妻子首先要学会"欣赏"老公。我开始体会他每天在外面辛苦劳碌，试着去理解他，帮他分忧解难，多看他的优点，随之自己的心境也慢慢开阔起来。有一天，老公突然一本正经地跟我说："老婆，你不是泼妇了，你正在慢慢蜕变成天使。"当时我简直不敢相信自己的耳朵，因为婚后很长时间，老公都没跟我说过"甜言蜜语"了。

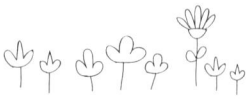

2. 改变自己，努力做孩子的好妈妈。我组织了家庭会议，坦诚地跟老公和孩子说出了自己的困境，以及自己内心的转变，还公布了自己的努力目标：第一步，不做"看守"，给孩子自由；第二步，不做"河东狮吼"，学会微笑；第三步，学会倾听，了解孩子的喜怒哀乐，关注孩子的情绪；第四步，学会由衷地赞美；第五步，永远不指责、不抱怨，要以商量或建议的口气引导孩子。当场，我就得到了两个男人发自内心的拥抱。

3. 老公和孩子的反馈让我感动。儿子在家庭会议上跟我说："妈，我最怕您用失望的眼神看我，您一用这种眼神看我，我顿时就觉得自己比人矮了半截。如果您能用以我为豪的目光看我，我终有一天能让您为我骄傲的！"听了儿子的话，我十分震撼，并发誓一定要学会欣赏孩子。这之后，原来气氛压抑的家变得温馨、和睦了：受到我的欣赏，儿子开始争做好孩子；老公变得越来越体贴。其实，家还是那个家，老公还是那个老公，儿子还是那个儿子，唯一变化的就是我自己。我转变了观念——以前只看到别人的缺点，现在能处处发现别人的优点。得到的效果是显著的，我的"欣赏"让老公和孩子开心，也带来了老公和孩子的成长！

> 总说父爱如"山"，但很多妈妈常常反映孩子的爸爸像大山一样"矗立"在那一动不动。其实这些爸爸并不是不想和宝宝玩，只是面对这么小的孩子，他们不知道该怎样陪伴。
>
> 自从毛豆开始上早教课，毛豆爸爸就开始自告奋勇地主动接送他，并经常陪着他上课、参加活动，回家还会继续陪着毛豆玩课堂中的小游戏。我也终于不再抱怨他对孩子的不重视，经常一家三口腻在一起，幸福感爆棚。我想这也是作为妻子、作为妈妈最骄傲的事了。
>
> ——积木宝贝太原恒大绿洲会员毛豆妈妈分享

若想孩子成功，父母必先做到这些

成功学一度非常流行，我们的教育也难免不被熏染。曾有这样一则新闻：某国内名校毕业生，谋得的第一份工作是在一家企业做职员，月薪八千元。为这，其父差点儿跟他断绝父子关系，为何？父亲认为，千辛万苦考上名牌大学，为的就是成功发财或有权有势，孩子至少也应该进入政府部门谋个一官半职，或者年薪达到多少标准。

这则消息被报道出来后，无数人为之咋舌。成功学之所以在国内流行，不仅有时代的因素，更有文化上的原因。古语有云"成者王侯败者寇"，这种说法非常决绝，对于失败几乎零容忍。

成功并没有错，因为人们都需要通过成功来确认自我。但成功到底是什么，不同的人会有不同的观点。有人愿意做舞台上耀眼的明星，也有人愿意做台下鼓掌的人。只要是做着自己喜欢的事情，完成自己内心的目标，都可以算成功，可是生活中，很多人走偏了。

其实，也许成功就是身体健康，智力足以应对自己喜欢的事，内心和谐，有快乐的能力……如此便算成功了。

第一，身体是革命的本钱。如今生活水平提高了，基本没有孩子会缺乏营养，但每个孩子都健康吗？未必。身体健康，还包括好的生活习惯、水平相当的体能。想要实现这一点，不仅需要从小养成好的生活习惯，还要进行自控力的培养。

第二，一定水平的智商是必要的。智力是我们认识世界、学习及生存的一种能力，一部分是天生的，但绝大部分可以通过后天来培养。没几个人能够拥有爱因斯坦的智商，但父母的鼓励和支持，却能给孩子加分。同样，家长的不当教养也会给孩子减分。譬如，面对一个爱问"为什么"的孩子，若家长总是不耐烦，总以"哪那么多为什么"结束对话，那无疑会破坏孩子的求知欲，阻碍孩子的智力发展。

第三，也是最重要的，就是心理能力的发展。单纯的高智商并不能与成功画等号。早有心理学家发现，当人们面对生命的挑战而必须做出智慧的反应时，许多高智商的人失败了，而许多低智商的人却成功了。他们强大的心理能力，与最后的成功有着直接关系。

同时，积极心理学也有这样一个有趣的研究结果，爱笑的人更幸福。幸福是成功非常重要的一部分。一个人，即使家产丰硕，财富足够其追寻所有的物质满足，但其获得的都不过是一种暂时性的感官愉悦，并不是真正的幸福。

早有研究表明，彩票中奖 500 万元，人的兴奋度也会在短短三个月的时间内消退。何况现实中，有太多的"富二代"在虚无中迷失自我。他们当然算不得成功。相反，一个通过自己努力获得成长、成就的人，即使他的成就看起来微不足道，却仍然能够赋予其人生更为丰满的意义。

好的安全感、接纳自己和接纳他人、爱的能力、自我管理以及管理他人等，构成了孩子成功的心理素质。而想要孩子学会这些，父母先要懂得它们的重要性。

• 鼓励孩子多运动，和孩子一起运动

陪孩子玩球、骑脚踏车、游泳……多运动不但可以锻炼孩子的体能，也会让孩子变得更开朗。保持动态生活可以适度疏解孩子的压力与情绪，并且让孩子喜欢自己，拥有较正面的身体形象，并从运动中发现乐趣，获得成就感。父母还可以和孩子一起制订各种作息时间，这样有利于孩子养成动静分明的生活、活动习惯。

在这个过程中，父母的陪伴和引领很重要。如果大人自己都做不到，却对孩子提出各种要求，自然对孩子不具说服力。当然，对小宝宝而言，游戏就是运动，更是他认识世界的方式。所以陪孩子玩起来，即使是发自内心的哈哈大笑也是一种非常棒的运动。

• 陪孩子阅读，并耐心回答他的"为什么"

弗兰西斯·培根早在 450 年前就已指出："读史使人明智，读诗使人聪慧，

演算使人精密，哲理使人深刻，道德使人高尚，逻辑修辞使人善辩。"

卢梭的父亲伊萨克是一位钟表匠，他在工作台上一边工作一边教 3 岁的卢梭读普鲁塔克的《古希腊罗马英雄传》。在他的督导下，卢梭在 7 岁前已读完了勒苏厄尔的《教会与帝国历史》、丰得奈尔的《世界通史讲话》和《宇宙万象讲解》，以及莫里哀的戏剧集。博览群书使卢梭获得了阅读能力和理解能力，发展了才慧、想象力和悟性，激发了使命感、荣誉感和责任感，最终使他成为一位伟大的启蒙思想家、文学家。

阅读的好处可见一斑。但是，要记得，若想孩子阅读，不能直接把书扔给孩子，起码在孩子的阅读兴趣培养起来之前，父母绝对不能这么做，这么做只会带给孩子压力和抵触情绪。

陪孩子阅读，并且要珍视孩子由此生发的疑问，引导孩子学会使用工具查阅知识。

知识本身不重要，重要的是整个过程中，孩子的"学习能力"在慢慢形成。

• 学会"看见"你的孩子，并且给他做自己的权利

孩子健康长大，是建立在他的需求被满足的基础上。除了生理需求，孩子的智力成长和心理需求同样需要被大人"看见"。研究发现，温柔地抚触拥抱，可以让早产儿变得较健康、较活泼，情绪也较稳定。可见，孩子是在与父母的亲密关系中学会爱的。请多抱抱你的孩子，多对他说："我爱你。"

孩子需要自己的探索空间，这是他学习的途径——不仅仅是学习知识，更是获得自我的成长。所以，请不要把孩子的时间安排得太满。美国儿童教育学者曾指出，自由玩耍比有计划性的活动，对学龄前的孩子来说更为健康有益。父母要避免将孩子的时间塞满各种活动。所有的孩子都需要有一些无所事事、随性玩耍的时间。

孩子需要感受到自己的力量，这是孩子形成独立自我的关键。所以，请尊重孩子的自我意识，给孩子选择权。给孩子相应的自由，表明我们信赖和尊重孩子，孩子也会因此更加尊敬我们。在大人允许的范畴内给孩子选择权，通过提供选择，

可以避免紧张氛围。如："睡觉时间到了，你是要听昨天的故事呢，还是想听一个新的故事？""你今天是想穿粉红色的上衣，还是蓝色的 T 恤？"做选择并让孩子担负义务，这些虽是日常的行为，但对于发展孩子的自我价值观至关重要，可以帮孩子以更有力量的姿势走向这个世界。

• 学会"听见"你的孩子，并且接纳孩子的一切

孩子在成长中，会遇到他自己的烦恼。他会有自己的喜怒哀乐，他会发脾气，会大哭，会看起来有些无理取闹，这些都是孩子发出的信号。做父母的，要能够放下身段，聆听孩子到底想要表达什么，并给予恰当的回应。

没有什么比用心聆听更能让孩子感受到被关心、被理解了。要想当个更好的倾听者，父母就不能只是用耳朵，更要用心。当孩子对你说话时，请尽量停下手边正在做的事情。孩子说话时，不要中途打断他，急着帮他表达或是要他快快把话说完，即使他所说的内容你已听过许多遍了。陪孩子上学的途中或哄孩子上床睡觉时，都是最佳的倾听时刻。当然，你随时随地都能与你的孩子进行这样的互动。倾听的过程中，请帮助孩子确认他的各种情感（尤其是消极的），并接纳孩子的各种情绪状态。当父母否定孩子的感觉时，孩子会感到孤独、失望，随之而来的就会是行为问题。只有当孩子的情绪、情感被接纳，他心里舒服了，他的行为才会良好发展。所以当孩子大哭时，父母最好的做法是保持自己情绪的稳定，给予孩子拥抱或目光安抚，并且说："你很伤心，因为……"

不论孩子提出的问题是大还是小，均请尽可能立即去倾听，而不要让孩子等你有了空闲时间再说。立即倾听孩子说话，可使父母多了一次懂得孩子、靠近孩子的机会，也可获得孩子的信赖。

千万别等孩子长大了，距离自己越来越远了，什么话都不愿意跟自己说了，才后悔：早该多花点时间去"听听"孩子的。

最后，记得要放弃完美主义。父母在倾听孩子说话的过程中，一定会发现孩子"无法让人接受"的一面，记得不要忙着纠正。请给孩子自己成长的时间，你最需要做的，就是等待和接纳。

● **确保专门的亲子时间，并在这段时间里传达给孩子快乐、积极的信息**

父母再忙，也应该抽时间跟孩子单独相处，共同做点双方都感兴趣的事情。在工作之余，我们要腾出一些时间跟孩子一起做游戏。带孩子出门，尽可能让孩子接触到各类东西，父母全程都要作为孩子的倾听者、支撑者和陪同者。

陪伴过程中，请传达正面信息，少告诉孩子不要做什么，多告诉孩子应该怎么做才对。因为负面的口吻只会将所有人的注意力集中于孩子的负面行为上，而孩子仍然不知道好的行动是什么，自己应当做什么。孩子将脚抬到桌子上，消极的说法是："脚能放桌子上吗？这是放脚的地方吗？"积极的说法是："请把脚放下去，桌子是我们吃东西的地方哦！"

传达积极信息的另外一点，就是多关注孩子的优点，不要总盯住孩子的缺点。也许有父母会说，我的孩子真的跟别人家的孩子没法比，就是一无是处啊！不是孩子没有优点，是父母没有发现。

居里夫人有两个女儿：伊雷娜·居里和艾芙·居里。早在女儿牙牙学语时，居里夫人就开始对她俩进行探索性的发掘。经过观察鉴别后，她发现：大女儿伊雷娜性格镇静、朴实、专注和自然，着迷于物理和化学，这些正是科学家所具备的素质。小女儿艾芙心灵跳跃、充满梦幻、情绪多变，她的天赋是文艺。正是居里夫人这种发掘孩子天赋的家教，促成大女儿伊雷娜·居里因"新放射性元素的合成"于1993年荣获诺贝尔化学奖，小女儿艾芙·居里成为一位优秀的音乐教育家和人物传记作家。

需要提醒的是，陪伴孩子不仅仅是妈妈的事儿，爸爸在孩子成长中也十分重要——爸爸不仅是孩子的监护人、物质提供者，更要成为积极的参与者。如果你对照后，发现自己有很多不符合的地方，请不要焦虑。你的发现就是转变的契机。

没有完美父母，但我们可以通过更智慧的爱，滋养出更优秀的孩子。

记得5年前，靓宝1岁多的时候，一次偶然的机会，我们在大钟寺和积木宝贝相识并且结缘。当时报了最大的课包，而且坚持了两年多的早期教育课程学习。

现在回想起来，孩子和我是很幸运的，在那个阶段我和孩子都特别需要这样的体验。

小小的靓宝在大钟寺遇到了积木宝贝最初的一批老师，他们个个充满活力，对孩子热情、友好，对工作认真进取。我和孩子很快就喜欢上了这个集体。孩子非常喜欢老师，虽然她还不到两岁，很多话也说不太完整，但是她竟然能说出每位老师的英文名字，而且常常像小尾巴似的跟在老师的身边。

我们那时候的出勤率是很高的，每个星期基本都会有三节早教课，而且中心组织的各种活动我们也从未落下。在两年间，孩子和我在大钟寺积木宝贝体验了音乐、艺术、体能等方面课程，孩子在体能、智能、语言和情感方面得到了飞速的发展。

而我，作为一个全职照顾孩子的母亲，在积木宝贝也找到了自己交流学习的伙伴。在育儿方面，常常能和一些专家、老师面对面交流，困惑的时候也会和周围早教课堂的父母讨论沟通，相互学习。

孩子现在已经7岁了，已然是二年级小学生一枚。她在班级50多名同学中有很明显的特征，性格外向、活泼、非常自信，善于和老师同学沟通，学习能力也很强。常常有家长问我，靓宝在小时候是如何培养的？其实，作为母亲我很清楚，我们并没有刻意去培养她什么，她今天的很多优点很大程度上与早期的学习和开发有关系。

现在，靓宝的妹妹雪宝今年也两岁10个月了。正因为有了之前很好的体验，所以在妹妹只有几个月的时候，我们同样选择了

早期教育的一些课程。而且在第二个宝贝成长的过程中，我主动运用了当初在积木宝贝陪伴靓宝一起学习到的一些理念和方法，效果是很好的。孩子需要陪伴，需要成长，而我们父母更需要学习和进步，积木宝贝恰在我最需要的时候给予了最好的帮助。

每次谈到积木宝贝，谈到大钟寺，我和孩子都会有很深的感情，美好的回忆一幕幕浮现在眼前。

——积木宝贝原北京大钟寺中心靓宝和雪宝妈妈分享

在宝贝一岁半时，我给他报了积木宝贝早教课程。

在短短一年多的时间里，宝贝从一开始上课的不适应，到现在大胆的自我介绍，发生的变化令我感到惊喜！

每当有其他妈妈问我："你每天带着孩子去游泳、上早教，麻烦吗？"我想说的是：我的宝宝每天作息规律，早上起床吃完饭，我就带着他去游泳、上早教，不管天气多么恶劣都是这样过来的。

在游泳馆和早教中心，宝贝结识了不少小朋友，在这里有他最喜欢的玩具车，有最喜欢读的卡通绘本，有他最可亲的小伙伴们；在他玩耍的同时，我则在一旁认真地看书或当他玩累时也会给他读几本绘本，我和他在这里度过了许多美好的亲子时光。慢慢地宝贝越来越开朗了，语言表达能力、舞台表现力也越来越好。

在积木宝贝学习的歌曲宝贝喜欢听唱，我也同样喜欢，有时

我也会把在积木宝贝学到的英文歌曲教给我那些学生们，收到了惊人的教学效果。

宝宝的世界是空白的，更有无限的发展可能，我们大人不应该按照自己的标准给他定型，应该培养他自己的想象力，让它自由地放飞，比如创意课上在桌子上放面粉让宝宝尽情地展示自己想象的翅膀，而这些在家中是难以实现的！

在积木宝贝的两年多的时间里，宝宝不仅学会了游泳，锻炼了身体，促进了生长；还通过各种各样的早教、户外活动，增长了见识，结识了朋友，为日后孩子性格的塑造奠定了很好的基础。

最初，我给孩子报名积木宝贝，孩子爸爸一直很不理解："小小的孩子，报那么贵的课程，有什么用？"看到宝贝的成长进步，现在他也由衷地感叹道："积木宝贝对孩子成长太有帮助了，不仅仅是学习上，更重要的是对孩子性格的塑造培养上，这是传统教育忽视的，但同时也是最重要的地方。"

——积木宝贝太原恒大绿洲中心会员梦彤分享

附录
"科学早教成就满分父母"征稿经典语录

"2017科学早教满分父母"有奖征文活动在宝妈宝爸的热情参与和科学早教专家团的专业评选下顺利落下了帷幕。看着一篇篇饱含父母爱心和感悟的稿件，时而掩卷深思，时而感同身受，时而热泪盈眶。

养育孩子的过程，有累，有忧，有苦，有乐，有反思，更有成长。

也许并不是所有的父母都能成为满分父母，但是所有的父母都在尽自己最大的努力，为孩子创造一个幸福的家庭、科学的教养环境、体验丰富的童年。

父母对孩子的爱如此无私、博大，令人动容。

现精选在本次征文活动中的经典语录，收录于此，与宝爸宝妈们共勉。

育儿路上，有你有我。感谢积木宝贝150余家早教中心会员的爱和分享。以下经典语录都来自积木宝贝会员和粉丝。

我还记得柔若无骨的你好奇地依偎在我怀里，睁着乌黑的眼睛一眨不眨地看着我，努力认识这个未知的世界，努力认识周围热情的亲友。

作者：灯火妈妈
来源：成都温江中心

有人问我上早教的意义是什么？我最大的感受是，我们一起让自己变成了更好的自己。不是要跟别人比，也不想成为"别人家的孩子"，我们只是想要做更好的自己，仅此而已。

作者：憨憨妈妈
来源：广西柳州中心

虽然我和明朗爸爸已经不是第一次经历这样的"折磨"，但我此刻的心境与几个月前完全不一样：几个月前，我和明朗爸爸还像是彼此对立的"敌人"，而现在，我们宛如同一战壕里的"兄弟"。

作者：明明妈妈
来源：厦门湾悦城中心

现在我知道了，孩子并不会无缘无故地哭，她一定是因为有某种需求没有得到满足，而我需要做的，就是共情，先满足她情绪上的需求，然后才是行为上的引导。

作者：汤景惟妈妈
来源：湖南衡阳中心

每个孩子都是种子，只是花期不同。有的花，早早绽放；有的花，需要漫长的等待。又或许，你的种子永远不开花，因为他，是一棵参天大树。不论怎样，为了更好的他，我也愿意成为更好的自己。

作者：小宇妈妈
来源：厦门湾悦城中心

十月怀胎，我很顺利地自然分娩，生下健康活泼的女儿。她如我一直期盼的样子：水嫩的皮肤、黑亮的眼睛、洪亮的嗓门。抱着健康的小生命，我泪如泉涌。甚至从那一刻，我发誓要给孩子最好的教育、最美好的人生。

作者：moneta 妈妈
来源：哈尔滨爱建中心

每每看着她就会感觉好幸福，会感恩上天的恩赐和眷顾。我最喜欢在每一个太阳升起的早晨，捧着她粉嫩嫩的小脸蛋，对她告白说："亲爱的小天使，妈妈如此这般的爱你，会永远陪伴你！"

作者：Doria 妈妈
来源：山西长治中心

父母和孩子在一起真的会互相影响互相成长，她变好的同时我也在进步！我时常说，真的很感谢女儿，让一个新手妈妈在育儿之路上成长，变得更加完美！

作者：薇薇妈妈
来源：江苏宜兴万达中心

生娃是一时的事，养娃却是一辈子的事，我会踏踏实实做一个学习者，陪伴悠宝成长的每一个瞬间，与她一起成长。我也许不会成为满分妈妈，但是我会一直走在通向满分的道路上！

作者：悠宝妈妈
来源：石家庄勒泰中心

早教不等于早教课，我和添爸也不是满分父母，但我们会通过不断学习、勤于思考，通过高质量的陪伴带给添添更多的快乐和更好的成长引导。

作者：添添妈妈
来源：湖南株洲小巨蛋中心

家长用没用心，看孩子一眼便知。我们曾经山盟海誓地许下了"为孩子"的很多誓言，别只是说说。孩子需要你的时间很短暂，别错过了再悔当初。如果真的爱孩子，就努力做一个让孩子骄傲的"满分父母"！

作者：糖果妈妈
来源：哈尔滨爱建中心

对于一个全职妈妈，孩子一岁前，吃喝拉撒是我生活的重心，吃的够不够营养健康、穿的够不够暖、生病了怎么办……虽然也会手足无措，但我一直在努力去学、去做。很享受陪伴孩子成长的过程，一路走来虽然辛苦，却也幸福。

作者：好好妈妈
来源：太原万达中心

孩子的第一次抬头、第一次翻身、第一次会坐、第一次会爬……那么多的第一次，我都亲眼见证，并用文字和图片记录了下来。很庆幸在孩子成长的道路上，我一直在身边陪伴。

作者：航航妈妈
来源：湖南株洲小巨蛋中心

我一直觉得自己在为给孩子的美好未来而努力，拼命赚钱给孩子最好的生活、给他买最贵的玩具、挑最好的衣服……然而我却忽略了，孩子需要的并不是这些，而是父母的陪伴。

作者：晨晨妈妈
来源：山西太原万达中心

其实，对于每一个人来说，自己就是一座山峰，无论怎么努力地去攀登它，都是在挑战自己。

今天，一个14个月的孩子能够独立面对挑战，已经给她的未来写下了深刻的一笔。

作者：七七妈妈
来源：晋中唐城银座中心

那是一个明媚的日子，万众期盼中，我的女儿仿佛天使般降临这个世界。她天真无邪的童真，与生俱来的依赖，无时无刻不在感动、温暖和改变着我。伴随着她的成长，我付出了很多的爱、时间和精力，而她给予我的幸福、快乐，早已无数倍偿还。

作者：刘熙瑶妈妈
来源：厦门湾悦城中心

丫宝宝25个月时，我们终于住进了新家，迫不及待地报名上了积木宝贝，也是上了才知道，孩子是多么渴望自我成长，多么喜欢自我表现……

作者：丫丫妈妈
来源：太原恒大绿洲中心

是啊，美好的时光就让它随风轻轻拂过，随岁月静静流淌，何必执意留念？正如"天空没有痕迹，鸟儿已经飞过"。

作者：雨果妈妈
来源：山西大同中心

我们现在所谓的80后、90后大都已为人父母，可是我们自己不都还是个孩子吗？我们大都是从小被家长宠爱着的独生子女，怎样才能学习好这一全新的技能，进一步做一个满分父母呢？这是一个需要不断探索的过程。

作者：蕾蕾妈妈
来源：太原万达中心

第一次当妈的使命感和兴奋感让我对儿子患得患失，真的是"捧在手里怕摔了，含在嘴里怕化了"，生怕孩子出一点差错，恨不得吃饭睡觉的事都能替他做了。儿子在我所谓的保护下变得谨小慎微、安全感缺乏，独立能力也很差，啥事都依赖妈妈。

作者：宝马妈妈
来源：积木育儿粉丝

在我怀里的时候，她总会看着我，专注地喝着neinei，如果发现我也正好在看她，她就会高兴地笑出声来。看着她在怀里，一脸满足的样子，她沉甸甸的分量让我踏实，感觉仿佛拥有了整个世界！

作者：九九妈妈
来源：太原万达中心

作为孩子的天，我们除了给予经济的满足之外，更要时刻呵护和发现孩子的心理需求，放下手机，放下电脑，放下应酬，放下所谓的忙碌，在孩子需要的时候给予，在孩子渴望的时候满足，因为我们的付出和境界，直接影响着孩子的未来。

作者：小允妈妈
来源：积木育儿粉丝

我认为一个满分的妈妈，不是任劳任怨的牺牲和付出，更不是在面临危机感、价值感的时候焦虑重重，而是在陪伴孩子的过程中保持自己的成长，让两个完全独立的个体可以共同进步。

作者：承承妈妈
来源：湖南衡阳中心

从来都没有完美的孩子和父母，有的只是"拒绝成长"，不愿意面对问题的家长，孩子的成长是不可重来和复制的，感谢积木宝贝的线上和线下平台，

给我们提供了优质的学习渠道，让育儿之路变得如此轻松有趣，让我们一起静待花开，聆听生命的生长……

作者：暖暖妈妈
来源：积木育儿粉丝

教育更是从孩子呱呱坠地那一刻便已经开始，作为新手妈妈，将来会遇到更多的挑战，我无所畏惧，愿意和宝宝一起成长、一起进步，感谢她的生命中能有我的参与。

作者：西西妈妈
来源：北京六里桥中心

夜深的时候，望着小米熟睡的脸庞，我想，是啊，我是多么不负责任的妈妈。小米那么柔弱，她是投奔我而来的，我怎能不去尝试努力给她好的成长环境，与她共同成长呢？

作者：小米妈妈
来源：石家庄万达中心

本来不想对你说感性的话，可看着小床上搂着邦尼兔子，脚蹬 Hello Kitty 睡得正憨的你，突然觉得时光恍如白驹过隙，如果不用我短短几十年的人生在你小小的生命里尽力留下些什么，实在是对我和你最大的残忍。于是写下这些话，希望有一天你读到时，依然如你现在，眼睛里，生命里，都充满欢喜。

作者：港港妈妈
来源：大连开发区万达中心

这一年你成长得太快，妈妈甚至还没反应过来你就能自己睡了。很怀念你趴妈妈身上睡觉的时光，但更感动于你的成长、你的变化，愿生活给予你足够的阳光，永远爱你！

作者：悠悠妈妈
来源：湖南株洲小巨蛋中心

当你还是一粒藏在土壤里的小种子时，我们猜你的性别，猜你的模样，猜你会不会调皮；当你坠入人间，从皱巴巴的"小猴子"出落成漂亮的小丫头，我们又憧憬你未来的蜕变……

作者：未未妈妈
来源：积木育儿粉丝

每当我看到你拼尽全力地学习翻身，小心翼翼地一步步向前，全神贯注地用自己的小手指对付着桌上的饭粒，或者满头大汗、兴高采烈地追逐着漂亮的肥皂泡泡，我就会看到，努力的态度才会让生活充满快乐；每当你总是无比热情地跟陌生人打招呼，大声与路过的行人说再见，不管别人是否回应你都毫不在乎，我才会悟出，幸福来自于自己的内心，而非在意别人的态度。

作者：可儿妈妈
来源：山西长治中心

当妈以后，内心变得更加柔软，也变得更加强大。你对我无条件的信任和依赖，让我感知自己的责任有多重大。你在努力长大，而我也在努力成为称职的妈妈。也许我不能给你最好的物质，但我可以给你最好的陪伴。

作者：嘻嘻妈妈
来源：厦门湾悦城中心

童年的阴影仿佛一道伤疤，偶尔还会疼痛，但也让我更加坚强。抱着出生7天的宝宝，心中思绪万千，"宝贝，我童年的覆辙绝不在你的身上重演，我愿用满满的爱，给你最快乐的童年。"

作者：瑾睿妈妈
来源：积木育儿粉丝

养孩子就像是玩游戏去升级打怪，解决一件件孩子成长中的大小事件，就像打败一个个游戏关卡里的Boss，只有这样才能最终闯关成功。

作者：豆丁妈妈
来源：西安龙首印象城中心

在育儿的路上，我有时会觉得迷惘，有时真的不知该教孩子什么知识。遇到一些生活小问题不知该怎么向孩子阐发观点。幸运的是，又在微信遇到了科学育儿微学院，在我们的大家庭里跟大咖老师学习科学早教，在"积木育儿"公众号里学习做科学早教父母。

作者：皮蛋妈妈
来源：山西长治中心

你爱笑，走在路上都会冲着陌生人微笑打招呼；你爱动，乐此不疲地完成早教课上的各种搭建；你也能静，一大早起床就拿着绘本在那翻。你的成长点滴我们看在眼里，记在心里。育儿的路很长，我也会不断学习，充实自己，和你共同成长，一起遇见更好的自己！

作者：小茉莉妈妈
来源：重庆荣昌中心

我很认同的一句话是，教育孩子的路上一生只有一班车。我只是想陪着孩子慢慢长大，并且帮助她记录下有趣的点点滴滴。希望小小乐以后有一个好的性格，能交到好的朋友，就像她的名字一样。

作者：小小乐妈妈
来源：山西长治中心

教育路上，永远不晚，只要及时发现自己在教育上存在的错误并加快步伐

学习，调整自己，给孩子树立好的榜样，你就是满分父母！

作者：小小妈妈
来源：郑州九鼎中心

宝宝第一次抬头、第一次会爬、第一次翻身、第一次站立、第一次会叫爸爸妈妈，每一次都让我无比欣喜，虽然有时彤彤会闹腾得半夜不睡觉，也曾气得想要给她塞回肚子里去。

作者：彤彤妈妈
来源：山西长治中心

在Gym Angel陪伴豆叮成长的日子里，对作为家长的我而言，又何尝不是一种成长呢？有时候，真想大声地喊出"吾家有女初长成"这句话，但细细琢磨，总觉得还不是那么恰当。

因为，成长的路上不只有我的女儿，还有我，有我们，有Gym Angel！

有你们真好！

作者：豆叮妈妈
来源：牡丹江上海印象中心

我真心感谢给孩子上过运动课、创意课、音乐课的老师们。是你们帮助我培养了孩子的体能、智能、心理能力，使孩子成了人见人爱的全面发展的小孩。孩子的每一份荣誉都离不开老师的培养。

作者：毛桃妈妈
来源：太原万达中心

在宝宝成长的同时，我作为一名家长，在这里也认识很多宝妈，在一起交流心得，互相打气！同时也可以见识到多种多样的教养方式。这犹如一面镜子，让我可以取其精华，去其糟粕。

作者：阿哲妈妈
来源：厦门湾悦城中心

从为人母的那一天开始，我就不敢想可以做一个"满分妈妈"，现在更加觉得"满分父母"其实并不存在，每个阶段的孩子都有特殊的问题，我们得不停接受新考验，"满分父母"永远在路上。

作者：星星妈妈
来源：广西柳州中心

初为人母，一切都在摸索中，她一天天地长大，我也跟她一起慢慢成长。怎样理解孩子，感受孩子，引导孩子，让孩子健康成长，已经成为我最重要的任务。

作者：瑶瑶妈妈
来源：太原万达中心

一路走来，真的是收获颇多，很庆幸能和积木宝贝有这样的缘分，感谢它的引领和指导。科学早教，从积木宝贝开始！

作者：尧尧妈妈
来源：山西大同中心

爱没有够与不够，陪伴没有够与不够，用心和孩子相处，珍惜每一次亲子时光，这就够了。

作者：汉堡妈妈
来源：浙江嘉兴中心

早教不仅仅是教孩子，更是教父母，甚至通过孩子和父母将科学育儿的知识传播出去，让更多人受益于科学早教的先进理念。

作者：西西妈妈
来源：大连开发万达中心

虽然养育孩子的过程很漫长，期间有迷茫和痛苦，但是在陪伴他成长的过程中，作为父母，我们也感觉到了自己的成长，与他共享了成长中幸福快乐的时光。

作者：小宝妈妈
来源：洛阳富雅东方中心

有一句非常流行的话："育儿先育己。"对于这句话，我是这样看的：首先，再多的说教也比不上父母的言传身教，想要孩子成为什么样的人，我们做父母的就要示范给孩子，做出榜样。

作者：悠悠妈妈
来源：太原万达中心

虽然我们谈不上是满分父母，但我们在今后也会一如既往地爱她，为她做好榜样，伴她长大。这才是父母的最好时光！

作者：郑雯妈妈
来源：江苏淮安万达中心

第一次做父母，要学习的东西很多，希望所有家长和孩子都可以相处融洽，有美好的亲子时光！

作者：朗朗妈妈
来源：厦门湾悦城中心

未来成长的道路上妈妈希望你能够一步一个脚印，认真、踏实地做人，带着勇气和智慧去创造自己的新生活。也愿你如同一个小公主拥有璀璨的未来！

作者：Lisa 妈妈
来源：山西大同中心

在母子关系中，我最重要的收获，就是拥有了母爱的魔力，魔力的神奇让我们的生活每一天都在发生微妙又振奋人心的变化，我喜欢这样的感觉，成为母亲，并且努力做一个好母亲。

作者：禾禾妈妈
来源：西安龙首印象城中心

从怀孕的时候起，我就暗下决心只要在能力范围内就一定要给孩子最好的，并没有那种望子成龙的期盼，只是想着做一次父母，一定要尽我所能。

作者：雨航妈妈
来源：牡丹江上海印象中心

良师受益终身，积木的老师就是孩子人生起航的老师，教会孩子学会爱，懂得爱，培养孩子的爱心、耐心、信心。

作者：布丁妈妈
来源：厦门湾悦城中心

但愿每一个爸爸妈妈都能认同用爱来早教。这样，我们的出发点就是所有后期科学行为的开始、总和，或者可以说回归。

作者：一杭妈妈
来源：银川大阅城中心

上早教的这两年，它对我女儿的成长影响深远，也给我们带来了好多的欢乐和回忆，我们也更加懂得，孩子成长的路上真的太需要父母的高质量陪伴。

作者：馨馨妈妈
来源：厦门湾悦城中心

结婚之初，是老公让我体会到，世间最浪漫的爱情不是我爱你，而是在一起！

为人之母时，是孩子让我懂得了，世间最奢侈的教育不是我养你，而是陪伴你！

作者：腾腾妈妈
来源：太原南中环中心

宝贝，从孕育你的那天开始，我的角色就发生了新的变化，家庭的氛围也变得更加温馨。从此，我陪你慢慢长大，你陪我慢慢变老。

作者：文文妈妈
来源：哈尔滨爱建中心

"教育干什么？我觉得我们无论是家长还是老师，都要去做值得学生和孩子尊重的人，我们要身体力行，做出榜样。我们要给他们世上最美好的东西，不是分数，不是金钱，不是权力，是尊重，是责任，是爱，是发自内心的持久美，是智慧，是创造和幸福，请许给他们——我们最珍爱的孩子一个美好的人生！"

作者：甜甜妈妈
来源：积木育儿粉丝

宝贝，你在一天天地长大，妈妈也有太多太多需要学习的，才能跟上你的脚步，这也是我最快乐的事情。最后，很感谢积木宝贝给予我们这样的机会去和孩子一起学习、一起成长。

作者：鹏鹏妈妈
来源：厦门湾悦城中心

我相信自己不是满分家长，但是我坚信这样的一句话："播种思想，收获行动；播种行动，收获习惯；播种习惯，收获品格；播种品格，收获命运。"这句话一直在警醒自己，不论是第一个孩子还是即将到来的宝贝，都要这样教育下去。

作者：球球妈妈
来源：积木育儿粉丝

记得龙应台在《目送》中说过"所谓父女母子一场，只不过意味着，你和他的缘分就是今生今世不断地在目送他的背影渐行渐远"，既然不是全程的陪伴，那我们就要珍惜现在的时光，多陪伴孩子，与他一起接触社会，教会他应该获得的知识和技能，让他变得更加坚强、更加自立……

作者：笑笑爸爸
来源：北京大钟寺中心

积木宝贝的老师们，每次都会了解嘟嘟在家的情况，如果我们有育儿方面的问题也能得到及时专业的解答，嘟爸也是从嘟嘟上早教开始对科学育儿越来越重视。

作者：嘟嘟妈妈
来源：广西柳州中心会员

有时候看着小姐俩互动玩耍，我的内心就会不由地涌出一种欣慰的幸福暖流，这种感觉，可能是只有一个孩子的父母所不能体会的。有手足陪伴的童年，真的很幸福。

作者：汐汐妈妈
来源：北京西三旗中心

每天爸爸妈妈都用很温柔很温柔很温柔的眼神看我，有时候我都感觉自己快被他们的爱给融化了。

作者：康康妈妈
来源：北京西三旗中心

我们都是新手爸妈，在教育孩子方面没有任何经验，只能自己摸索着前行。我们向专家请教、向有经验的爸妈咨询，自己悉心学习，关注权威的育儿知识，这一切努力只为在孩子教育上少走弯路。

作者：妥妥妈妈
来源：北京西三旗中心

与其说早教教会了孩子什么，不如说在积木宝贝，父母发现：原来孩子给予了我们更多；原来生命与灵魂是紧密相连却又各自独立成长，相互救赎的；孩子应该被尊重包容，而父母可以被理解原谅，

因为生活于你于我都是砥砺前行。

作者：千千妈妈
来源：太原恒大绿洲中心

早教，不仅是教育孩子，也是教育父母。

作者：cindy 妈妈
来源：太原恒大绿洲中心

一声啼哭，呱呱坠地。挣脱了母亲的身体，你来到爸爸的怀里。我们用世界上最温柔的眼神看着小小的你。只觉你是上天的恩赐，长得那么乖巧；是父母的天使，生得那样美好。你也是开心的糖果，给生活带来无限甜蜜的烦恼。

作者：玲玲妈妈
来源：北京五环中心

如同诸多的新手父母，刚开始我们并不懂得如何更好地照顾这一位新的家庭成员。无论是职场叱咤风云的精英，还是家里万千宠爱的宝贝，或是旅途见识广博的行者，此时我们的这些身份都将搁置一边，在孩子面前，我们只是父母，我们必须做为人父母该做的事情，尽为人父母应尽的责任。

作者：培蔚爸爸
来源：成都温江中心

不禁感慨，孩子的成长真的是一条单行道，那些嗷嗷待哺、站立不稳、口齿不清的时光只有一次，不会重来。所幸，直到现在，我没有一天离开过他的身边，这不是炫耀，也没有刻意强求，不过顺其自然罢了。

作者：任小优妈妈
来源：太原万达中心

给孩子的爱应该是春风化雨、润物细无声般的持久呵护，更应当是给予长

久的陪伴！愿我们的远远快乐健康成长，愿积木宝贝蒸蒸日上！

作者：夷远妈妈
来源：北京四元桥中心

养育孩子不光是吃好、喝好、睡好那么简单，尤其面对两个孩子的时候，如何同时照顾好两个孩子的生活、成长、心理和情感等都是全新的挑战。

作者：米粒妈妈
来源：北京大钟寺中心

所有的父母都是在学习和摸索中跟孩子一起成长的，要达到满分，着实不易！不过，只要倾注心血，全力付出，又何尝不是孩子心中的满分父母？

作者：想想妈妈
来源：北京大钟寺中心

对我而言，她来自意外，却满满惊喜。犹如"来自星星的你"，我爱到骨子里。

作者：Dina 妈妈
来源：北京槐房万达中心

当我被推出产房，从老公手里接过这个娇小的生命时，内心百感交集，这个和我血脉相连的天使终于健康平安地降临到人间。那一刹那，我泪如雨下。

作者：旭锴妈妈
来源：北京房山绿地中心

正如希拉里·克林顿所言："我第一次做你的母亲，你第一次做我的孩子，让我们彼此关照，共同成长。"远远，我们都是第一次充当彼此生命中独特的亲密角色，未来的日子里，让我们大手拉小手，一起向前走！

作者：远远妈妈
来源：北京房山绿地中心

"指导师的孩子，还需要上早教吗？"

这是许多家长在看到我带着自己的孩子上课时，都会问的问题。可是我想说"虽然我是早教老师，但给不了自己的孩子早教环境。"

作者：毛豆妈妈
来源：太原恒大绿洲中心

一转眼你都快 2 岁半了，妈妈每天忙忙碌碌的，感觉都快忘了你出生时的情景了，但当静下心来，那一幕幕又清晰地回到了我的脑海里，原来妈妈从不曾忘记。

作者：高畅妈妈
来源：山东青岛乐客城中心

现在我终于理解那个老师说的，静待花开！因为孩子和花儿一样，需要阳光和雨露！花期不重要，重要的是耕耘！

作者：少岚妈妈
来源：山东青岛乐客城中心

孩子的教育不是一蹴而就，成长的过程本来就是逐渐超越自我、战胜自我的过程，就像破茧成蝶，即便要经历挣扎和艰难，但始终向前，方能美丽蜕变。

作者：憨憨妈妈
来源：太原南内环中心

付出，总会有收获，孩子婴幼时期就这短短的几年，错过了最好的早教启蒙时间，就再也无法重来！

作者：点点妈妈
来源：山东青岛乐客城中心

小小的你每天吃吃睡睡，好乖，不过睡觉的时候得有人在旁边陪着。妈妈知道这是你缺乏安全感，于是顺理成章地成了陪睡妈妈中的一员。妈妈知道，每次睡醒一睁眼能看到我对你来说有多重要。

作者：温蒂妈妈
来源：山东青岛乐客城中心

在我跟宝爸眼中，不论我们的女儿怎么样，都是上帝赐予我们的天使，独一无二，美丽聪慧，善良可爱。

作者：元宝妈妈
来源：山东青岛乐客城中心

真舍不得你长大，担心你这一路遇到的坎坷羁绊，我不能替你承受伤害，可我会拼了命地去保护你，希望你不要嫌弃这个笨手笨脚的我。

作者：张梓墨妈妈
来源：山东青岛乐客城中心

宝宝的世界是空白的，更有无限的发展可能，我们大人不应该按照自己的标准给他定型，应该培养他自己的想象力，自由地放飞。

作者：钢镚妈妈
来源：太原恒大绿洲中心

科学教育让孩子更加独立自主，健康成长。我坚信一个充满爱和正能量的原生家庭会让孩子的世界更美好。在未来的日子里，我们一起学习成长，一起为更好的生活努力、加油！

作者：娜娜妈妈
来源：太原南内环中心

怀她时的各种身体不适、先兆流产、晕倒N次、难产……如此，坚强的果儿还是如期与我们相见。回想当初的一幕幕，仍心有余悸，但眼前的幸福也令我更加珍惜。

作者：果儿妈妈
来源：太原恒大绿洲中心

父亲不会给你答案，只是告诉你我的体会和理解，真正的爱是无私的，也许有的时候，放手也是一种爱，爱未必一定幸福，但是幸福一定存在爱。

作者：舒文爸爸
来源：北京花乡奥莱中心

翻看你从出生到现在的照片，每一张背后都有甜美的回忆，你的笑、你的美，还有你发脾气时噘起的嘴……无论你是什么样子，妈妈依然爱你如初！妈妈希望你能一直快乐，做一个坦诚率真的小女生，幸福一辈子！

作者：阳阳妈妈
来源：浙江台州椒江中心

我们虽为人父母却也会常常迷茫难择，遇事难断，何况去教养一个孩童？幸得早早识得积木宝贝，让我可以在为人父母的路上添薪助力，在孩子成长的年月里春风化雨……其实，教育不只是孩子的坚持，更重要的是父母的坚持！

作者：尹高戈妈妈
来源：太原南中环中心

孩子需要陪伴，需要成长，而我们父母更需要学习和进步，积木宝贝恰在我最需要的时候给予了最好的帮助。

作者：靓宝妈妈
来源：北京大钟寺中心

早教就跟教育一样，不可能立竿见影，却影响深远。写写这段时间来粿妈自己看到粿粿的成长和遇事的表现，有些时候，真不能否认这跟早教有关系。

作者：粿粿妈妈
来源：成都SM广场中心

当时选择积木宝贝，就是因为环境、老师和课程吸引了我。优优上早教后现在最大的变化就是有规矩了、有秩序了，在老师的引导下，上课的情绪可以坚持，从不到5分钟到40分钟，作为父母，

真的很为他感到高兴。

作者：优优妈妈
来源：成都SM广场中心

在家中，我和兜爸都会言传身教、以身作则地引导兜兜。之前某段时间我喜欢耍手机，但是后来我发现兜兜也经常爱盯着我的手机看。这件事引起了我的重视，让我明白最日常的生活教育对他来说才是最好的。

作者：兜妈
来源：成都新城市广场中心

孩子这么小，干净、安全、卫生的环境是首要，所以我非常挑剔。到积木宝贝后，我发现这里真的非常卫生，保洁阿姨消毒让我特别放心不说，他们非常和蔼可亲，爱孩子。当时我就决定选择这里了，因为我知道连保洁阿姨都这么爱孩子的话，其他的工作人员一定更优秀。

作者：潇妈
来源：成都新城市广场中心

孩子在三个月的时候我就让他开始在积木宝贝上早教课了，随着西西一天天地成长和进步，每天都有不一样的惊喜和感悟。他的进步在听故事时特别明显，从一开始忙着来抢书，根本不听；到后来，静静地躺着听你念一会儿；再后来可以坐在你身边安静地看着图片，听大人讲一会儿……我想这是在积木宝贝上早教课提高了宝贝的规则意识。

作者：西西妈妈
来源：江西南昌新建中心

第一次上课，老师建议带上孩子爸爸参与。在和濛濛爸沟通后，决定请假，专门陪孩子上第一次课。在孩子的成长

轨迹中，老师提醒我："父亲的角色十分重要，最好让父亲多多参与孩子的成长和培养。"转眼间，已经在积木宝贝6个月了，在爸爸的主动、高质量的陪伴下，孩子更加自信、更加大胆。

作者：濛濛妈妈
来源：南昌玺悦诚中心

在积木宝贝，我真正体验到了什么是有质量的亲子互动，孩子和父母在互动中相互依偎，相互交流，幸福和快乐也随之流淌其中。

作者：Doria（妈妈）
来源：山西临汾中心

积木宝贝老师对孩子的耐心、细心、责任心，给孩子创造良好的成长环境，感谢积木宝贝给毛豆带来不一样的精彩童年。

作者：毛豆妈妈
来源：重庆荣昌中心

在早教中心老师的指导下，点点的自理能力明显提高，她会自己挑选衣服、戴帽子，自己动手吃饭，这一切都要感谢积木宝贝。

作者：点点妈妈
来源：山西孝义大众中心

积木宝贝对我和家人有很大的影响，接触早教后，他们都会配合课程的指导去分析孩子的成长，而不是按照老一辈的思想去教育孩子。

作者：cindy 妈妈
来源：江苏连云港利群中心

特别喜欢三个吉祥物壮壮、灵灵、聪聪，他们分别代表着跟孩子发展相关的三维平衡理论，这使我更加信服这家机构的教育理念了，早教时光由此开始。

作者：寻鹿人
来源：湖北鄂州恒大中心

感谢积木宝贝科学早教举办的"环球爬行家"活动，这对于我们是一次毕生难忘的经历，同时作为奖品的迪士尼之行，更为我们带来了无限的快乐和美好的亲子时光。

作者：嘟嘟妈妈
来源：浙江瑞安恒盛中心

在积木宝贝这个大家庭里，为了孩子的健康成长，所有的妈妈都在用心学习，努力让自己成长为一个满分妈妈。

作者：曼曼
来源：苏州丰隆中心

在积木宝贝早教课上，游戏中宝宝会在我的引导下完成动作，游戏结束慢慢地还会帮忙把玩具捡回。这让在一旁看着的我很是欣慰，宝贝你又进步了。

作者：蓝妹妹
来源：浙江嘉兴杉杉广场中心

感谢积木宝贝让我们的家庭更加温情，充满关爱，充满幸福感。

作者：倩妮
来源：浙江台州椒江中心

积木宝贝良好的环境和优秀的师资吸引了我，老师们的微笑以及对每个学生的了解，是我最初也是最深的印象！

作者：希希妈妈
来源：南昌盈石中心

参加早教课一段时间后，宝宝的物体认知、运动锻炼、身体协调性、音乐节奏感都有了很明显的提升。积木宝贝在教具的选择、器材的组合、颜色的搭配、音乐的排列等方面也都让家长们觉得很科学、很有美感。

作者：安安妈妈
来源：河南永城中心

我认真学习了科学育儿微学院的课程后，努力控制自己的情绪、转变说话的方式，给予老公更多的理解，给他留面子，传递出想要和解并且互相包容的态度。感谢积木宝贝。

作者：湫浦晴岚
来源：天津嘉里汇中心

读懂孩子·陪TA一起闯世界！

Understanding children, exploring the world with them.

积木宝贝
明星会员风采墙
科学早教成就满分父母

好好妈妈提供
太原万达中心

汤景惟妈妈提供
湖南衡阳中心

七七妈妈提供
晋中唐城银座中心

薇薇妈妈提供
江苏宜兴万达中心

灯火妈妈提供
成都温江中心

Doria妈妈提供
山西长治中心

憨憨妈妈提供
广西柳州中心

明朗妈妈提供
厦门湾悦城中心

晨晨妈妈提供
太原万达中心

moneta妈妈提供
哈尔滨爱建中心

糖果妈妈提供
哈尔滨爱建中心

航航妈妈提供
湖南株洲小巨蛋中心

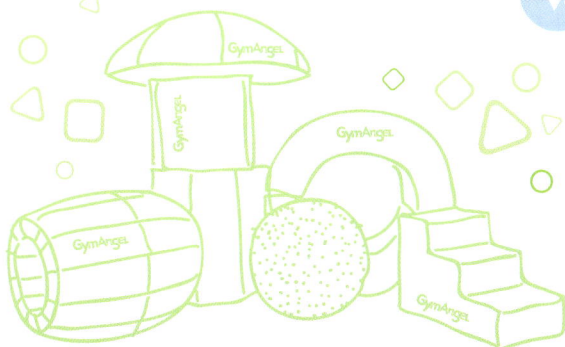

九九妈妈提供
太原万达中心

承承妈妈提供
湖南衡阳中心

宝马妈妈提供
积木育儿粉丝

刘熙瑶妈妈提供
厦门湾悦城中心

悠悠妈妈提供
湖南株洲小巨蛋中心

优优妈妈提供
成都SM广场中心

蕾蕾妈妈提供
太原万达中心

小允妈妈提供
积木育儿粉丝

暖暖妈妈提供
积木育儿粉丝

丫丫妈妈提供
太原恒大绿洲中心

兜妈提供
成都新城市广场中心

小米妈妈提供
石家庄万达中心

潇妈提供
成都新城市广场中心

港港妈妈提供
大连开发万达中心

未未妈妈 提供
积木育儿粉丝

瑾睿妈妈 提供
积木育儿粉丝

豆丁妈妈 提供
西安龙首印象城中心

可儿妈妈 提供
山西长治中心

嘻嘻妈妈 提供
积木育儿粉丝

皮蛋妈妈 提供
山西长治中心

彤彤妈妈 提供
山西长治中心

小·茉莉妈妈 提供
湖南株洲小巨蛋中心

豆叮妈妈 提供
牡丹江上海印象中心

艺阳妈妈 提供
山东诸城中心

毛桃妈妈 提供
太原万达中心

阿哲妈妈 提供
厦门湾悦城中心

西西妈妈 提供
大连开发万达中心

瑶瑶妈妈 提供
太原万达中心

星星妈妈 提供
广西柳州中心

小·宝妈妈 提供
洛阳富雅东方中心

GymAngel

悠悠妈妈 提供
太原万达中心

郑雯妈妈 提供
江苏淮安万达中心

一杭妈妈 提供
银川大阅城中心

Lisa妈妈 提供
山西大同中心

馨馨妈妈 提供
厦门湾悦城中心

布丁妈妈 提供
厦门湾悦城中心

雨航妈妈 提供
牡丹江上海印象中心

朗朗妈妈 提供
厦门湾悦城中心

禾禾妈妈 提供
西安龙首印象城中心

甜甜妈妈 提供
积木育儿粉丝

腾腾妈妈 提供
太原南中环中心

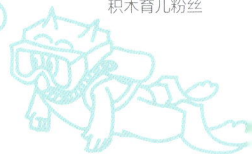

文文妈妈 提供
哈尔滨爱建中心

GymAngel

钢镚妈妈 提供
太原恒大绿洲中心

汐汐妈妈 提供
北京西三旗中心

想想妈妈 提供
北京大钟寺中心

球球妈妈 提供
积木育儿粉丝

小·乐妈妈 提供
山西长治中心

元宝妈妈 提供
山东青岛乐客城中心

远远妈妈 提供
北京房山绿地中心

千千妈妈 提供
太原恒大绿洲中心

cindy妈妈 提供
太原恒大绿洲中心

张钰佳妈妈 提供
成都温江中心

毛豆妈妈 提供
太原恒大绿洲中心

米粒妈妈 提供
北京大钟寺中心

张梓墨妈妈 提供
山东青岛乐客城中心

鹏鹏妈妈 提供
厦门湾悦城中心

舒文爸爸 提供
北京花乡奥莱中心

悠宝妈妈 提供
石家庄勒泰中心

嘟嘟妈妈 提供
广西柳州中心

果儿妈妈 提供
太原恒大绿洲中心

裸果妈妈 提供
成都SM广场中心

娜娜妈妈 提供
太原南内环中心

温蒂妈妈 提供
山东青岛乐客城中心

尧尧妈妈 提供
山西大同中心

呦昔妈妈 提供
北京通州蓝岛中心

柔柔妈妈 提供
太原南中环中心

添添妈妈 提供
湖南株洲小巨蛋中心

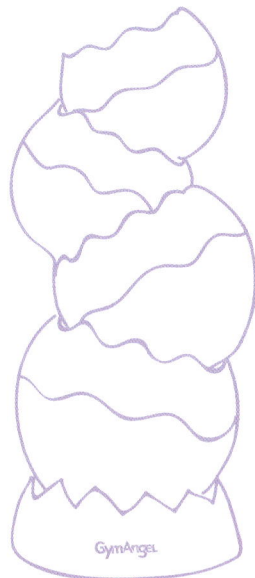

GymAngel

乐·乐妈妈 提供
积木育儿粉丝

轩轩爸爸 提供
积木育儿粉丝

小·荽妈妈 提供
积木育儿粉丝

大川妈妈 提供
积木育儿粉丝

桃子妈妈 提供
积木育儿粉丝

小·北爸爸 提供
积木育儿粉丝

多多妈妈 提供
积木育儿粉丝

涵涵妈妈 提供
积木育儿粉丝

小·西妈妈 提供
积木育儿粉丝

小·树妈妈 提供
积木育儿粉丝

可可妈妈 提供
积木育儿粉丝

小·树爸爸提供
积木育儿粉丝

扬扬妈妈提供
积木育儿粉丝

涵宝妈妈提供
积木育儿粉丝

禾禾妈妈提供
积木育儿粉丝

馨馨·小姨提供
积木育儿粉丝

叮钉爸爸提供
积木育儿粉丝

呜呜妈妈提供
积木育儿粉丝

依依妈妈提供
积木育儿粉丝

贝贝妈妈提供
积木育儿粉丝

璨璨妈妈提供
积木育儿粉丝

欢迎更多粉丝积极投稿